Cornelia & Stephan Schwarz

Richtig gut
rüberkommen

Wie Sie empathisch und
erfolgreich kommunizieren

Mit Praxisübungen

Ausführliche Informationen über
unsere Autoren und Bücher
www.dtv.de

Dieses Buch ist auch als eBook erhältlich.

Originalausgabe
© 2018 dtv Verlagsgesellschaft mbH & Co. KG, München
Das Werk ist urheberrechtlich geschützt.
Sämtliche, auch auszugsweise Verwertungen bleiben vorbehalten.
Für Inhalte von Webseiten Dritter, auf die in diesem Werk verwiesen wird,
ist stets der jeweilige Anbieter oder Betreiber verantwortlich,
wir übernehmen dafür keine Gewähr. Rechtswidrige Inhalte waren
zum Zeitpunkt der Verlinkungen nicht erkennbar.
Umschlaggestaltung: dtv
Satz: Fotosatz Amann, Memmingen
Gesetzt aus der Minion und Akzidenz Grotesk
Druck und Bindung: CPI – Ebner & Spiegel, Ulm
Gedruckt auf säurefreiem, chlorfrei gebleichtem Papier
Printed in Germany · ISBN 978-3-423-26191-3

Gewidmet allen,
die auf dem Weg der inneren Revolution sind,
unermüdlich und beharrlich Liebe,
Wärme und Empathie im alltäglichen Wahnsinn
zu praktizieren. Never give up!

Inhalt

»Die wichtigste aller Fragen ist für mich,
wie sich die Beziehungen zwischen Menschen
verbessern lassen und was ich dazu beitragen kann.«

Dalai Lama

Einleitung

Kommen Ihnen diese Sätze bekannt vor? Mit großer Sicherheit ja. Denn in der täglichen Kommunikation wird nicht nur viel geredet, es wird vor allem viel zu viel aneinander vorbeigeredet. Ob in der Beziehung, in der Familie, im Job – man spricht dieselbe Sprache, trotzdem scheint es, als lebe man auf verschiedenen Planeten. Aus Missverständnissen können dann leicht unerfreuliche Auseinandersetzungen entstehen, bis hin zu Zerwürfnissen und Trennungen.

Auch in Ihrem Leben gibt es bestimmt einige Kandidaten, mit denen Sie immer wieder aneinandergeraten. Obwohl Sie sich vornehmen, dass es beim nächsten Mal rundlaufen soll, scheppert es in unschöner Regelmäßigkeit.

Ihr Partner streitet mit Ihnen, Sie schimpfen mit Ihren Kindern, kommen nicht mit dem schwierigen Kollegen klar oder verprellen einen wichtigen Kunden, vielleicht sogar Ihren Chef. Natürlich haben Sie sich oft gefragt, warum es immer mal wieder hakt. Schließlich sind Sie guten Willens und wollen doch nur Ihren Standpunkt klarmachen. Dennoch kommen Sie oft nicht auf einen Nenner mit Ihrem Gesprächspartner.

Was dieses Buch Ihnen gibt

Gehen wir mal davon aus, Sie sind an mehr Lebensfreude und weniger Konflikten interessiert – dann zeigen wir Ihnen, wie Sie durch bewusste Verhaltensänderungen eine neue Qualität Ihrer privaten und beruflichen Kontakte erreichen. Im Kern geht es dabei um einen Kommunikationsmodus, der Missverständnisse und leidige Streitigkeiten von vornherein ausschließt oder aber auflöst, weil Sie eine gemeinsame Ebene mit Ihrem Gegenüber erschaffen. Auf dieser Basis entsteht ein besonderer Flow, der Ihnen das Leben spürbar einfacher macht: Sie können die Beziehung zu Ihrem Partner harmonischer gestalten, das Familienleben entstressen, Kollegen, Geschäftspartner und Chefs für sich gewinnen. Mit unserem Coaching werden Sie jede noch so komplizierte Situation zielorientiert verwandeln und erreichen, was Ihnen am Herzen liegt.

Das Geheimnis liegt darin, dass Sie lernen, wie man auf Augenhöhe und auf gemeinsamer Wellenlänge kommuniziert. Dafür müssen Sie Ihrem Gesprächspartner in subtiler Weise signalisieren, dass Sie ihn ernst nehmen, sich auf seine Perspektive einlassen können und seine Sicht der Dinge verstehen – aufgrund von Empathie. Die Resultate sind sofort sichtbar. Sobald sich jemand von Ihnen verstanden fühlt, fangen Sie beide unwillkürlich an zu lächeln. Selbst bei der Austragung von Meinungsverschiedenheiten sind Sie miteinander verbunden und erleben eine harmonische Kommunikation, ohne Missverständnisse, ohne destruktive Konflikte.

Unser Konzept für Sie

Unsere Arbeit basiert auf langjähriger Erfahrung mit Kommunikationsberatung in großen und kleineren Unternehmen und hat sich auch in Einzelcoachings bestens bewährt. Wir möchten Ihnen zeigen, wie Sie die Schwere aus Ihrer Kommunikation nehmen, Missverständnisse, peinliches Schweigen, Anstrengung vermeiden – zugunsten von Leichtigkeit und mehr Erfolg. Bei uns lernen Sie, wie Sie bewusst eine emotionale Bindung zu Ihrem Kommunikationspartner herstellen, indem Sie seine Stimmung, sein Verhalten, seine Ausstrahlung in sich aufnehmen und zurückspiegeln.

Bei unserem Coaching verbinden wir neueste Erkenntnisse aus Psychologie, Verhaltensforschung und Neurobiologie zu einem innovativen Konzept, das wir »empathische Spiegelung« nennen.

Die Idee unseres Konzepts folgt einem wichtigen Grundgedanken: Noch bevor Sie Ihren eigenen Standpunkt darlegen, erkennen Sie Ihr Gegenüber erst einmal an, mit allem, was der andere denkt und fühlt. Das heißt nicht, dass Sie sich seine Gedanken und Gefühle eins zu eins aneignen – Sie signalisieren ihm nur, dass Sie all das wahrnehmen und respektieren. Anschließend können Sie über das, was Sie erreichen möchten, mit großer Gelassenheit und erfolgreich verhandeln. Wie das gelingt, erfahren Sie in diesem Buch.

Das Konzept der empathischen Spiegelung basiert darauf, dass Sie Verantwortung für Ihre Beziehungen übernehmen. Warum Sie das tun sollten? Weil ganz allein die Qualität der aktuellen Beziehungsebene darüber entscheidet, ob Sie sich auch inhaltlich mit einem Menschen verständigen können oder nicht. Ja, Sie haben richtig gelesen: Inhaltliche Differenzen spielen eine weit geringere Rolle in Konflikten als Defizite auf der Beziehungsebene. Deshalb möchten wir Ihnen die Augen öffnen, wie Sie eine intensive Verbindung zu einem anderen Menschen aufnehmen können, weil er sich von Ihnen verstanden fühlt. Es hängt dann nur von Ihnen ab, wie ein Gespräch läuft – ob es in angenehmer Atmosphäre stattfindet, befriedigend und mit gutem Ausgang, oder ob Sie gegen eine Wand laufen oder am Ende sogar die Fetzen fliegen. Sie haben es in der Hand!

Empathische Spiegelung setzt auf soziale und emotionale Intelligenz, die durch bewusstes Training wesentlich gesteigert werden kann.

Schon lange werden die sogenannten Soft Skills als Schlüsselkompetenzen eines gelungenen Berufs- und Privatlebens geschätzt. Während es bei den Hard Skills um fachliche Fähigkeiten geht, beschreiben die Soft Skills Eigenschaften wie Einfühlungsvermögen, Teamfähigkeit, Integrationsbereitschaft, Kommunikationsgeschick, Selbstreflexion. Wer heute erfolgreich arbeiten will, muss sich in diesen Disziplinen beweisen. Die Ära der Einzelkämpfer ist im Beruf lange vorbei, im Privatleben versteht sich das gewissermaßen von selbst.

Durch unser Coaching haben Sie die Chance, Ihre sozialen und emotionalen Kompetenzen entscheidend weiterzuentwickeln. Schritt für Schritt zeigen wir Ihnen, wie Sie Ihre Empathie und Ihre Kommunikationsfähigkeit steigern und künftig jeden Gesprächspartner zu nehmen wissen.

Eines können wir Ihnen versprechen: Es macht Spaß, andere zu spiegeln! Sie gewinnen mehr Leichtigkeit und Flexibilität im Umgang mit Menschen, haben die Situation im Griff und können sich darauf verlassen, dass Sie Ihre Anliegen adäquat rüberbringen: in geschäftlichen Meetings; in Beziehungen, im Familienleben; im Freundeskreis; beim Smalltalk.

Rasche Erfolge mit wenig Aufwand

Oft kommen Teilnehmer in unsere Seminare, die kaum glauben können, wie prompt sich Erfolge einstellen, sofern man das Kommunikationsverhalten positiv verändert – wenn man erst einmal die tiefere Problematik von Konflikten verstanden hat und weiß, was man künftig dagegen tun kann. Seminarteilnehmer berichteten, schon nach kurzer Zeit habe sich ihr Leben zum Besseren gewandelt. Auch Sie können von unserem Coaching profitieren:

› Sie kommunizieren überzeugender
› Sie wirken sympathischer
› Ihre Freundschaften werden harmonischer
› Ihr Paar- und Familienleben läuft stressfreier
› Ihre beruflichen Aktivitäten werden wesentlich erfolgreicher

Wie unser Coaching funktioniert

› In anschaulichen Beispielen mit hohem Wiedererkennungswert schildern wir, welche Verhaltensmuster Ihnen begegnen. Es sind kleine Alltagsgeschichten, wie sie jeder schon einmal erlebt hat. Anschließend analysieren wir die Beispiele und machen Ihnen Vorschläge, wie Sie souverän statt konfrontativ reagieren.
› Damit Sie auch wissen, was Sie tun, erläutern wir unser Konzept anhand relevanter Ergebnisse der neueren Kommunikationsforschung. Unser Coaching basiert auf wissenschaftlichem Know how, das viele verblüffende Einsichten bietet und auch Sie überraschen wird. Freuen Sie sich auf Aha-Erlebnisse!
› Anhand einfacher Übungen zeigen wir Ihnen im Praxisteil, wie Sie nach und nach Ihre Empathie schulen und Ihr Verhalten ändern können. Schon nach den ersten Übungen werden Sie

merken, dass sich Ihr Gespür für andere Menschen deutlich verbessert. Dadurch werden Sie zum aktiven Part in Gesprächen und können jederzeit die Weichen für befriedigende Ergebnisse stellen.

> In diesem Buch lernen Sie echte Problemlöser kennen, die sich im Konfliktmanagement bewährt haben: bei Aggressionen, Vorwürfen, Schuldzuweisungen, Beschwerden. Atmen Sie durch, denn selbst für solche unangenehmen Situationen gibt es effektive Lösungen.

Ihre Benefits auf einen Blick

> Sie nehmen das Verhalten der Menschen klarer wahr und können sich entsprechend in sie einfühlen.
> Sie erkennen, wie Mitarbeiter, Kunden, Vorgesetzte, Kollegen, Freunde, Partner, Familienmitglieder »ticken«.
> Sie begreifen, warum Gesprächspartner oft seltsam reagieren und welche tieferen Bedürfnisse und Überzeugungen dahinterstecken.
> Sie versuchen nicht mehr, andere zu ändern, sondern verändern Ihren Kommunikationsmodus.
> Sie gewinnen Sicherheit im Umgang mit anderen, weil Sie wissen, dass Sie jederzeit adäquat reagieren können.
> Sie erkennen typische Kommunikationsfallen und können sie künftig umgehen.
> Sie können sich persönlich weiterentwickeln.

Dies alles zu erreichen, ist keine Zauberei. Dahinter steht ein Konzept, das man ohne großen Aufwand umsetzen kann. Wir zeigen Ihnen, wie Sie sichtbare Signale richtig interpretieren, und werden Sie auch in die Kunst der psychologischen Diagnostik einweihen. Das ist äußerst spannend. Ob Sie den problemorientierten Typ vor sich haben, der jeden Vorschlag sofort mit Bedenken abschmettert, oder den zielorientierten Typ, der ungeduldig auf ein Ergebnis wartet – bald werden Sie Ihre Gesprächspartner richtig einschätzen und behutsam für sich gewinnen.

Ganz nebenbei werden Sie auch ein besseres Gefühl für Ihre eigenen Signale bekommen. Wie treten Sie auf? Was drücken Ihre Mimik, Ihre Körpersprache aus? Haben Sie den magischen Sympathiefaktor, oder geraten Sie leicht mit anderen aneinander? Woran könnte das liegen? Nach der Lektüre dieses Buches wissen Sie es. Und nicht nur das – Sie werden Ihre positive Ausstrahlung um ein Vielfaches verstärken.

Unser Coaching ist für jeden geeignet, leicht zu verstehen und absolut alltagstauglich. Nur Mut – es ist nie zu spät, etwas für sich zu tun und alle selbst gesteckten Ziele zu erreichen. Viel Freude mit diesem Buch!

Ihre Cornelia und Stephan Schwarz

1

Warum wir zum Spiegeln geboren sind – und es trotzdem verlernt haben

Missverständnisse basieren auf Asymmetrie

Nach unserer Erfahrung entstehen schätzungsweise achtzig Prozent aller Konflikte im Alltag nicht etwa durch Meinungsverschiedenheiten, sondern dadurch, dass man aneinander vorbeiredet. Jeder sitzt sozusagen in seiner Raumkapsel und funkt irgendwelche Botschaften, die den anderen nicht erreichen – er kann sie weder verstehen noch akzeptieren. Missstimmungen kommen auf, der Ton wird schärfer, schon befindet man sich mitten in einem handfesten Streit. Und das, obwohl letztlich jeder weiß, dass das Zusammenleben ohne Verständigung und Kompromisse gar nicht funktionieren kann. Woran es liegt, dass trotzdem so viel danebengeht? Um mit einem Klassiker zu antworten: »Denn sie wissen nicht, was sie tun.«

Klar, jeder meint, er beherrsche die Kunst der Kommunikation. Fragt man genauer nach, warum so viel schiefläuft, lautet das Argument meist: »Ich gebe ja mein Bestes, schuld sind die anderen!«

Ein folgenreicher Irrtum. Kommunikation ist Teamsport, und jeder gute Teamplayer wird zunächst einmal überlegen, was er selber beitragen kann, um die Abläufe geschmeidiger zu gestalten. Ein Gedanke, der im Stress des Alltags jedoch oft in Vergessenheit gerät. So wie die Tatsache, dass wir uns den Teampartner nicht nach unseren Wünschen formen können. Sicher, es wäre fantastisch, wenn uns absolut jeder in allen Lebenslagen verstehen würde, doch selbst unsere engsten Freunde, sogar unsere Partner missverstehen uns manchmal.

Im Kern geht es beim »Aneinander vorbeireden« um zwei Systeme, die nicht miteinander kompatibel sind.

Stellen Sie sich vor, Sie müssten eine Apple-Software auf einem Microsoft-Computer installieren. Guter Witz, oder? Läuft nicht, ist doch klar. Aber Sie erwarten, dass Ihre Kommunikation mit einem Menschen funktioniert, der momentan oder permanent völlig anders als Sie drauf ist? Warum eigentlich? Wie in aller Welt soll das reibungslos ablaufen, wenn unterschiedliche Sprechweisen, Temperamente, Stimmungen, Charaktere, Überzeugungen aufeinanderprallen? Bei solchen Gegensätzen wird die Kommunikation oft anstrengend und destruktiv. Man versteht buchstäblich nicht, was der andere meint, Streitigkeiten sind dann quasi vorprogrammiert. Sie beruhen auf Ängsten und Unklarheiten, auch auf falschen Erwartungen, vor allem aber auf Nicht-Verstehen.

Bea und Alex: Grillen oder chillen?

Wochenende, Superwetter – ein gemütlicher Grillabend zu zweit im Garten, das wär's, denken Alex und Bea. Also los. Bea fährt schnell einkaufen, Alex verspricht, schon mal den Grill aufzustellen und anzuwerfen. Doch als Bea eine Stunde später mit vollen Tüten zurückkehrt, hängt Alex mit einem Bier in der Hand im Liegestuhl. Vom Grill ist nichts zu sehen. Bea explodiert. »Wieso hast du nichts vorbereitet?«, schreit sie wild gestikulierend. »Ich rase zum Supermarkt, hetze mich ab, und du? Faulenzt hier rum!«

Alex versucht, sich zu verteidigen, indem er ruhig erklärt, er habe eine harte Woche hinter sich und sei hundemüde. Bea hört gar nicht mehr hin. Sie sieht rot. Dunkelrot. Immer müsse sie alles organisieren, er hingegen sei total antriebsschwach. Eine Weile streiten sie. Alex wirft ihr vor, zickig und total nervig zu sein, dann verzieht sich Bea frustriert auf die Couch und schaut ihre Lieblingsserie. Alex hockt allein im Garten und genehmigt sich das zweite Bier. Der Abend ist komplett im Eimer. Gut möglich, dass das gesamte Wochenende unter einem schlechten Stern steht.

Die Auseinandersetzung von Alex und Bea kennt wohl jeder in der einen oder anderen Abwandlung aus seinem Beziehungsalltag. Und das hat nicht etwa mit Geschlechterklischees zu tun, sondern mit völlig verschiedenen emotionalen Ausgangslagen, die sich in der Körpersprache, der Mimik, der Stimmlage und im Gesagten manifestieren. Schauen wir uns die Situation einmal genauer an, um die Asymmetrien zu verstehen.

Körpersprache: Alex fläzt entspannt im Liegestuhl, Bea steht unter Strom und wedelt mit den Armen.
Mimik: Alex zeigt einen gleichmütigen Gesichtsausdruck, Beas Miene ist wutverzerrt.
Stimmlage: Die Stimme von Alex bewegt sich im unteren Bereich, Bea wütet in den höchsten Tönen.
Argumente: Alex bringt etwas zu seiner Verteidigung vor, Bea greift ihn mit Schuldzuweisungen an.

Eines vorweg: Beide haben gute Gründe, so zu reagieren, wie sie es tun. Alex möchte sich ausruhen, traut sich jedoch nicht, dies zu formulieren, Bea möchte Action und dass Alex seinen Teil dazu beiträgt. Beide haben also prinzipiell recht mit ihrem Verhalten. Leider hilft ihnen das nicht weiter, denn ihre Stimmungen und Erwartungen sind diametral entgegengesetzt, sodass sie einfach nicht auf einen gemeinsamen Nenner kommen. Obwohl sie eigentlich gern Zeit miteinander verbringen, wird es nichts damit.

Ein unlösbares Dilemma? Überhaupt nicht. Am Ende dieses Kapitels zeigen wir Ihnen, was passiert, wenn zumindest einer der beiden Partner bewusst auf den anderen eingeht und ihn spiegelt. Vorher möchten wir Sie mit einigen Fakten bekannt machen, die die Basis unseres Coachings bilden. Schließlich sollten Sie wissen, warum sich Menschen nach harmonischer Kommunikation sehnen, trotzdem so oft daran scheitern, und welche Lösung sich anbietet.

Der Mensch – das soziale Wesen

Als vor etwa 300 000 Jahren die ersten Vorfahren des heutigen Homo sapiens auf der Erde erschienen, zogen sie als Nomaden in großen Verbänden umher. Von Anfang an war der Mensch also, salopp gesagt, ein Herdentier. Interaktion und Kommunikation gehörten bei dieser Lebensweise zu den Grundvoraussetzungen, sie bildeten den Kitt der Gruppenzugehörigkeit. Die Fähigkeit zu kommunizieren war sogar überlebenswichtig, da der Einzelne kaum Chancen hatte, ganz allein den Gefahren in freier Wildbahn zu trotzen. In der Gruppe war man geschützt. Die Starken halfen den Schwachen, durch die Arbeitsteilung bei Verteidigung, Nahrungssuche und Nachwuchspflege entstanden hocheffiziente Gemeinschaften.

> Die simple Gleichung unserer
> stammesgeschichtlichen Vorfahren lautete:
> ohne Zusammenhalt und gegenseitige Verständigung
> kein Überleben.

Heute könnten wir prinzipiell allein zurechtkommen. Allerdings sind die Grundbedürfnisse nach Interaktion und Kommunikation immer noch dieselben wie in der Zeit, als Menschen Bären jagten und Beeren pflückten. Niemand ist eine Insel. Man kann Single sein, schüchtern, menschenscheu, abgekapselt, aber die Sehnsucht nach Gemeinschaft ist quasi in unseren Genen verankert. Im wahrsten Sinne des Wortes sind wir zu Teamplayern geboren. Die meiste Energie verwenden wir daher auf die Erfüllung der ewig gleichen Bedürfnisse:

› Wir möchten dazugehören.
› Wir möchten anerkannt werden.
› Wir möchten nicht einsam sein.

Wie wir handeln und sprechen, wie wir uns kleiden, wie wir auftreten und was wir über uns erzählen, all das folgt der Prämisse,
dass wir Zugehörigkeit und Anerkennung suchen. Im Idealfall
machen wir diese Erfahrung in der Familie, in Partnerbeziehun-
gen, in Vereinen, im Sportclub, in der Firma. Aus diesem Grund
bevorzugen wir übrigens auch »Stamm«-Lokale (schon das Wort
ist bezeichnend!), wo uns die Kellner freundlich begrüßen und
wir uns willkommen fühlen. Finden wir im analogen Leben keine
Gleichgesinnten für unsere Gruppenidentität, probieren wir es
halt in den Social Media. Deren Aufstieg ist der eindrucksvolle
Beweis dafür, dass wir stets auf der Suche nach »Stammesver-
wandten« sind. Jeder Like ist ein Erfolgserlebnis, jeder Smiley
eine virtuelle Umarmung. Denn ganz egal, ob analog oder digital,
stets geht es darum, dass wir die soziale Wärme der Gruppe genießen möchten.

> Ob das Grundbedürfnis nach Zugehörigkeit erfüllt wird
> oder nicht, entscheidet darüber, ob wir uns wohlfühlen.

In Gegenwart von Menschen, die keinerlei Empathie zeigen, fühlt
man sich unwohl und unverstanden, die weitere Kommunikation
und auch die Zusammenarbeit gestalten sich schwierig, wenn
nicht unmöglich. Werden wir solcherart zurückgewiesen, sind wir
kreuzunglücklich. Nicht von ungefähr bezeichnet man Mobbing
als Psychofolter. Ausgegrenzt und abgelehnt zu werden, ist zwar
kein Todesurteil mehr wie bei unseren stammesgeschichtlichen
Vorfahren, jedoch gleichbedeutend mit dem sozialen Tod. Mob-
bingopfer leiden unter ihrer Isolation wie unter körperlicher Ge-
walt. Die einzige Rettung sind dann Menschen, die sich um das

Opfer kümmern, ihm volle Akzeptanz und damit eine neue Gruppenzugehörigkeit vermitteln.

Wie stark wir die Gruppenidentität suchen, zeigt sich auch an unserer Vorliebe für synchrones Handeln. Selbst wenn wir uns für überzeugte Individualisten halten, sind wir doch immer darauf bedacht, möglichst oft Synchronizität zu erleben. Ob wir im Chor singen, in Clubs tanzen, gemeinsam essen oder beim Public Viewing während eines Tors gleichzeitig die Arme hochreißen – schon rein äußerlich mögen wir den Einklang. Was wir dabei spüren, sind Vertrautheit und Verbundenheit. Wir prosten uns synchron zu, bevor wir trinken, wir singen gemeinsam Happy Birthday, um jemandem als Gruppe zu gratulieren, wir absolvieren synchrone Begrüßungsrituale, vom Händeschütteln bis zum High five. Und das alles, um zu spüren: Hey, ich gehöre dazu!

Psychologen und Soziologen wissen, warum das so ist. Mehrfach wurde in den einschlägigen Forschungsdisziplinen nachgewiesen, dass Menschen bei synchron ausgeführten Tätigkeiten ein starkes Wir-Gefühl ausbilden, eher bereit sind zu kooperieren und ihr Einfühlungsvermögen steigern. Formieren sich Personen zu Gruppen, die die gleichen Handlungen ausführen, hegen sie danach sogar mehr Sympathie füreinander.

Im Gleichschritt zum Wir-Gefühl

Ein hochinteressantes Experiment fand an der kalifornischen Stanford University statt. Dort führte der Psychologe Scott Wiltermuth ein eigenwilliges Forschungsprojekt mit seinen Studenten durch: Er ließ sie eine Weile im Gleichschritt marschieren. Bei der Evaluation durch Befragungen und Verhaltensbeobachtungen kam heraus: Die Marschierer fühlten sich hinterher stärker zusammengehörig, unterstützten einander bei einem Spiel und vertrauten einander weit mehr als die Kontrollgruppe, die ungeordnet nebeneinanderher geschlendert war.

Synchronizität schweißt zusammen. Unbewusst favorisieren wir Menschen, die sich ähnlich bewegen wie wir, und teilen anschließend sogar ihre Meinungen. Diesen Zusammenhang von gleichartigem Verhalten und mentalem Gleichklang untersuchte auch der Hirnforscher Christian Keysers von der Universität Groningen. Den Grund fand er in der Hirnchemie. Wir fühlen uns in homogen agierenden Gruppen deswegen so wohl, weil gegenseitige Nachahmung die Ausschüttung des Glückshormons Dopamin nach sich zieht. Haben wir also die Wahl, dann integrieren wir uns lieber in eine Gruppe, als Einzelgänger zu bleiben, und übernehmen auch die Werte der betreffenden Gemeinschaft.

Dieses Phänomen ist evolutionsbiologisch erklärbar. Schon früh bildete das »soziale Herdentier« Mensch Rituale aus, die das Wir-Gefühl steigerten und die Koordination gemeinsamer Handlungen erleichterten. In allen Kulturen formten gemeinsame Gesänge, Tänze und religiöse Riten eine starke Gruppenidentität. Die war auch nötig, um loyal und solidarisch die Aufgabe des Überlebenskampfs zu bewältigen. Noch heute gleichen wir uns lieber an, als von der Gruppe ausgestoßen zu werden. Psychologen nennen es die Sehnsucht nach emotionaler Heimat. Wir suchen sie ein Leben lang, in der Familie, in Beziehungen, bei der Arbeit.

Wie wir andere instinktiv spiegeln

Damit wir uns überhaupt zugehörig fühlen können, muss es natürlich zunächst einmal mit der Verständigung klappen. Ohne gelingende Kommunikation würden wir Außenseiter bleiben und wüssten nicht, wohin wir gehören. Unsere Hirnphysiologie ist daher entsprechend ausgerichtet, und wir verfügen über die Voraussetzungen zur Wahrnehmung anderer Menschen und adäquater Kommunikation. Aber es kommt noch besser: Wir können andere intuitiv verstehen, allein schon, wenn wir sie beobachten, weil wir die Fähigkeit besitzen, uns in sie einzufühlen. Durch Empathie sind wir außerdem in der Lage, die richtige Reaktion auszuwählen, um in Verbindung zu kommen.

Dass wir aus dem Verhalten anderer die richtigen Schlüsse für unser Verhalten ziehen können, verdanken wir speziellen Nervenzellen im Gehirn: den Spiegelneuronen.

Im sogenannten prämotorischen Cortex des Gehirns, wo Handlungen geplant werden, liegen Zellen, die uns befähigen, intuitiv auf andere Menschen zu reagieren. Sehen wir zum Beispiel, wie jemand weint, werden wir ebenfalls traurig. Lächelt uns jemand an, lächeln wir zurück. Das heißt: Unsere eigenen Handlungen folgen dem Code, den jemand aussendet. Blitzschnell entschlüsselt das Hirn diesen: Was bedeuten Mimik, Körpersprache, Worte? Wie antworte ich perfekt darauf?

Die Funktionsweise der Spiegelneurone ist ein wahres Wunderwerk. Obwohl wir nur Beobachter sind, senden diese Nervenzellen Signale aus, als ob wir selbst das Gleiche erleben würden wie unser Gegenüber. Mit-Freude, Mit-Trauer, Mit-Fiebern verdanken wir also den Spiegelneuronen. Erst dieses Mit-Fühlen macht uns zu sozialen Lebewesen, und es funktioniert sogar bei völlig Fremden. Darauf setzen die Filmregisseure, indem sie unsere Fähigkeit der Empathie ansprechen: Wir lachen und weinen mit den Kinohelden, bekommen schweißnasse Hände, wenn sie vor Angst schwitzen, und zucken zurück, wenn sie es tun. Beobachten wir, wie ein Krimiheld einen Boxhieb in den Magen bekommt, krümmen wir uns unwillkürlich zusammen, so, als ob wir selber den Hieb abbekommen hätten.

Spiegelneurone versetzen uns in die Lage, Erfahrungen, Stimmungen und Gefühle eines Gegenübers so hautnah mitzuerleben, als seien es unsere eigenen. Deshalb nennt man diese zerebralen Nervenzellen auch Empathiezellen. Das Besondere ist: Durch sie erleben wir nicht nur intensiv mit, wie sich andere fühlen, wir lassen uns davon »anstecken«, fühlen also dasselbe und – das ist die Pointe – zeigen dies auch, ohne groß darüber nachzudenken. Da die Spiegelneurone im Hirnareal der Handlungsplanung liegen, geben sie gewissermaßen den Befehl, andere zu spiegeln.

Das Er-spüren der Symptome des Gegenübers bezeichnen Wissenschaftler als Shared-Physiology-Phänomen. Durch Empathie und Mitgefühl gelangen wir in den gleichen körperlichen Zustand wie unser Gegenüber. Wie weit diese physiologische Spiegelung geht, bis ins vegetative Nervensystem hinein, belegt die Messung des Hautwiderstands. Therapeuten, die sich intensiv auf ihre Klienten einlassen, weisen nach wenigen Minuten denselben Hautwiderstand auf wie diese. Atmung und Herzschlag synchronisieren sich ebenfalls, sofern man sich in jemanden einfühlt. Aber auch Sie kennen das Phänomen.

Wie wir kleine Kinder spiegeln

Denise liebt ihre dreijährige Nichte über alles, hat sie aber seit einer Woche nicht gesehen. Jetzt ist es endlich so weit. Freudestrahlend läuft die Kleine auf Denise zu, juchzend, mit ausgestreckten Armen. Und was tut Denise? Unwillkürlich geht sie in die Hocke, um auf Augenhöhe zu sein. Sie lächelt das Kind an und streckt die Arme ebenfalls nach ihm aus. Die Juchzer ihrer Nichte beantwortet sie mit freudigen Ausrufen, in hoher Stimmlage und ganz gewiss nicht mit syntaktisch schwierigen Sätzen, sondern in einer Art Babysprache. Unwillkürlich spiegelt sie das Verhalten, die Körpersignale, die Mimik und die Kommunikationsebene des Kindes. Dafür muss sich Denise nicht etwa verbiegen oder verstellen, sondern sich nur auf ihren kleinen Kommunikationspartner einstellen.

Spiegeln ist also ein ganz natürlicher Reflex. Genau so haben Sie bestimmt schon häufig auf ein Kind reagiert. Doch Sie imitieren es nicht einfach, sondern gehen in volle Resonanz, indem Sie sich in das Kind hineinversetzen und seine Gemütslage übernehmen. Es ist wie bei einem Ping-Pong-Spiel: Der Ball wird uns zugespielt, wir spielen ihn zurück. Ein neuer Ball erreicht uns, wieder spielen wir ihn zurück. Im Laufe dieses Matchs gleichen wir uns dem Gegenüber immer mehr an, ohne aber unsere Persönlichkeit zu verlieren. Wir erleben ganz einfach nur die Schnittmenge gemeinsamer Emotionen. Spontan entsteht dabei eine starke Verbindung zwischen Menschen.

> Wenn Sie jemanden spiegeln, zeigen Sie mit Ihrem Verhalten:
> Ich spreche deine Sprache, ich verstehe dich, du erlebst dich
> in mir. Das ist das Geheimnis gelingender Kommunikation.

Wie würde das Kind reagieren, wenn Sie mit verschränkten Armen vor ihm stehen blieben, eine finstere Miene aufsetzten und mit tiefer Stimme die politische Weltlage erläuterten? Es wäre irritiert, würde sich von Ihnen abwenden, vielleicht sogar Angst vor Ihnen haben. In jedem Falle würde die Kommunikation scheitern, und gemeinsame Aktivitäten wären schwierig, wenn nicht sogar unmöglich. Mit Erwachsenen verhält es sich im Prinzip genauso. Wenn Sie jemanden gut spiegeln, schaffen Sie die Voraussetzung für einen ungehinderten Austausch, weil Sie eine Gruppenidentität ausbilden. Ohne Empathie bleiben Sie auf Distanz. Durch Spiegelung erfüllen Sie die elementaren sozialen Grundbedürfnisse nach Anerkennung, Übereinstimmung, Zugehörigkeit.

Es kann keine bessere Bedingung für eine rundum gelungene Kommunikation zweier Menschen geben. Und so wie unsere Urahnen in der Horde besitzen wir immer noch diese besondere Fähigkeit, durch Empathie eine gemeinsame Ebene herzustellen, als Matrix für jegliches Miteinander.

Das Glück der Zugehörigkeit

Von Natur aus verfügen wir über die intuitive Gewissheit, dass wir einen Menschen »lesen« können, dass wir seine Signale ohne Worte verstehen und mit ähnlichen Signalen beantworten können. Dabei gilt: Je stärker die emotionale Intensität ist, desto müheloser gelingt uns dies.

Zwei Herzen schlagen synchron

Haben Sie mal ein frisch verliebtes Paar im Restaurant beobachtet? Unbewusst nehmen die beiden die gleiche Körperhaltung ein. Der eine lächelt, wenn der andere lächelt, oder er zieht erstaunt die Augenbrauen hoch, wenn der andere es tut. Oft greifen Verliebte sogar im selben Augenblick zum Weinglas. Instinktiv synchronisieren sie sich. Auch die Stimmhöhen gleichen sich an, das Sprechtempo, die Ausdrucksweisen. Sie spiegeln einander.

Das Beispiel der beiden Verliebten ist sehr aufschlussreich. Spiegelung hat viel mit positiven Gefühlen zu tun, die durch die Bereitschaft entstehen, sich voll und ganz auf jemanden einzulassen. Unwillkürlich beginnt man, den anderen nachzuahmen: in Mimik, Körpersprache, Sprechweise, Denkweise, Emotionalität. Aber wie bereits erwähnt, ist das keine bloße Imitation.

Wir werden keineswegs zu Schauspielern, wenn wir jemanden spiegeln, sondern stellen unbewusst eine Übereinstimmung her, die wir als großes Glück empfinden.

Diese Spiegelung geschieht nicht nur bei Liebespaaren, wir genießen die unwillkürliche Übereinstimmung auch mit Freunden, Kollegen, sogar mit Wildfremden, weil unser Leben so begonnen hat: spiegelnd. Schon kleine Babys ahmen die Miene der Mutter nach und nehmen auf diese Weise emotionalen Kontakt auf, lange bevor sie sprechen können. Später formen sie Laute, die sie von der Mutter oder einer anderen Bezugsperson gehört haben, wiederholen Silben, üben sich im Hin und Her der gegenseitigen Spiegelung und verfeinern auf diese Weise ihre Kommunikationsfähigkeiten.

Diese empathisch-soziale Komponente des Verhaltens hört beim Erwachsenen nicht etwa auf. Unbewusst passen wir uns den Gepflogenheiten unseres »Stamms« an. Gehören wir zu einer coolen Clique, bemühen wir uns, ebenfalls möglichst cool aufzutreten. Haben wir einen neuen Job, adaptieren wir die Umgangsformen in der Firma, um akzeptiert zu werden. Nicht etwa aus Kalkül, sondern weil es zu unserem genetischen Programm gehört, in Gruppen aufgenommen werden zu wollen.

Pretty Woman, eine Spiegel-Transformation

Auf der Hitliste der erfolgreichsten Filme aller Zeiten rangiert ›Pretty Woman‹ ganz oben. Die Geschichte von der Prostituierten, die ihren Traumprinzen findet und zum Schluss mit ihm aufs Schloss darf, rührte Millionen. Vor dem Happy End muss Julia Roberts allerdings eine Reihe von Angleichungen vornehmen, um akzeptiert zu werden. Anfangs ist ihre Sprache zu ordinär, ihr Benehmen – etwa das Kaugummikauen – zu undamenhaft, und mit ihrem billigen Straßenlook wird sie in der edlen Boutique am Rodeo Drive nicht bedient; erst später, als sie elegant gekleidet ist, behandelt man sie zuvorkommend.

Ihre Motivation ist klar: Sie will sich nicht einfach einen Millionär angeln, sie ist fasziniert von ihm und seiner Welt. Deshalb tut sie alles, um dazuzugehören: ändert ihre Frisur, ihren Kleidungsstil, ihre Sprache, ihre Essmanieren. Das tut sie jedoch ohne das Gefühl, sich verleugnen zu müssen. Vielmehr hat sie den Eindruck, dass sie gar nicht in ihre alte Welt gehört, den Straßenstrich von Los Angeles, sondern in die Welt von Richard Gere. Er spiegelt sie zu Beginn, weil er sich von ihrer unbekümmerten Art und ihrer Lebensfreude anstecken lässt. Danach spiegelt sie ihn, um anerkannt zu werden. Und das im Bewusstsein, dass er ihre »wahre Natur« enthüllt hat – also die bislang unerkannte Zugehörigkeit zur kultivierten Welt der Oper, der schönen Hotels, der exquisiten Restaurants.

Das Beispiel zeigt: Es kommt nicht darauf an, ob wir uns in Face-to-face-Kommunikation befinden, vor dem Computer, im Kino oder vor dem Fernseher: Stets suchen wir das Gefühl der Gruppenzugehörigkeit – und Menschen, die uns sympathisch sind, denen wir spontan vertrauen und die wir als ähnlich empfinden, weil wir ihr Verhalten nachvollziehen können. Und noch etwas: Wir finden unbewusst Leute toll, die uns ähneln, weil wir uns selbst mögen möchten.

Ein sehr menschliches Phänomen, nicht wahr? Wer hat schon Freude daran, sich selbst abzuwerten? Menschen, die uns in Ausstrahlung, Verhalten und Sprachgebrauch ähnlich sind, bestätigen uns deshalb indirekt: Ja, ich bin okay, und ich gehöre dazu. Differenz hingegen verunsichert uns. Wer völlig andersartig ist, aber selbstbewusst auftritt, weckt nicht nur Zweifel, ob wir ihn richtig deuten und verstehen, er weckt auch Zweifel, ob wir »falsch«-liegen und der andere »richtig«.

Das betrifft zuweilen Kleinigkeiten. Jeder hat zum Beispiel schon einmal wie Pretty Woman erlebt, dass er über bestimmte Gepflogenheiten unsicher ist: Wann legt man im Restaurant die Serviette auf den Schoß? Gleich nach dem Hinsetzen? Oder erst, wenn der Kellner den gefüllten Teller bringt? Entfaltet man als Erster die Serviette, das Gegenüber wartet aber noch, erleben wir das als unangenehme Asymmetrie. Stellen wir jedoch fest, dass wir es im selben Augenblick tun wie das Gegenüber, fühlen wir uns wohl. Wir »stimmen« und mögen uns dafür, dass wir dazugehören. Wir spiegeln und werden gespiegelt – der absolute Glückszustand.

Der geniale Moderator

Haben Sie sich einmal überlegt, warum Günther Jauch eine derartig erfolgreiche und langlebige Karriere aufzuweisen hat? ›Wer wird Millionär?‹ startete 1999 im deutschen Fernsehen, ein Ende ist nicht abzusehen. Wie konnte sich eine Quizsendung, an deren Konzept nie etwas geändert wurde, fast zwei Jahrzehnte in der Zuschauergunst halten? Das Geheimnis ist der Moderator. Wie kein Zweiter beherrscht Günther Jauch die Kunst, seine Kandidaten zu spiegeln. Ziehen sie die Nase kraus, tut er es ebenfalls, grinsen sie, grinst auch er, legen sie ihre Stirn sorgenvoll in Falten, reagiert er mit mimischer Nachahmung. Seine Grimassen sind Legende. Es ist vergnüglich, ihm dabei zuzusehen. Vor allem aber macht es ihn ungeheuer sympathisch, denn durch seine Fähigkeit des Spiegelns löst er die Distanz zwischen Moderator und Kandidat auf. Er stellt sich auf eine Stufe mit seinen Gästen und formt ein Team mit ihnen. Jeder Kandidat fühlt sich spontan bei ihm wohl, fast jeder überwindet sein Lampenfieber, öffnet sich und zeigt sich von einer sehr persönlichen Seite.

Was da allwöchentlich vorgeführt wird, ist ein Idealfall empathischer Spiegelung. Die Gäste spüren Wärme und Nähe, einen »menschlichen« Moderator, keinen gestrengen Spielleiter. Das macht den immensen Erfolg der Sendung hierzulande aus. Die Zuschauer identifizieren sich normalerweise mit den Kandidaten, doch da Günther Jauch diese mit traumwandlerischem Gespür spiegelt, können sich die Zuschauer auch mit ihm identifizieren. Es gibt keinerlei Tests, ob sich die TV-Konsumenten daheim an der Spiegelung beteiligen, aber wenn Sie sich selbst beobachten, dann stellen Sie sicherlich fest, dass auch Sie zuweilen mitmachen: die Nase krausziehen und so weiter. So erleben Sie die Sendung als eine emotionale Heimat.

Fehlende Spiegelung in der Alltagskommunikation

Mittlerweile werden Sie sich fragen, warum das empathische Spiegeln nicht völlig selbstverständlich ist. Wenn wir so angelegt sind, dass wir mit anderen in Resonanz gehen, wie kann es dann sein, dass wir so oft das Gegenteil erleben? Warum begegnen uns Differenzen statt Übereinstimmung, Konflikte statt harmonischer Verbundenheit, Streit statt Austausch? Ganz offensichtlich ignorieren wir häufig unsere Intuition, die uns sagt, dass wir unser Gegenüber spiegeln möchten. Krass gesagt, unterdrücken wir häufig die Tätigkeit unserer Spiegelneurone, weil wir verlernt haben, im Wir zu denken. In einer Zeit, die das Ich feiert, grenzen wir uns lieber ab.

> Viele Menschen sind derart überzeugt davon,
> ihr Ego und ihre Individualität hätten Vorrang,
> dass sie die Spiegelung abblocken.

Eine heute weitverbreitete Überzeugung lautet, es sei wichtiger, die eigene Persönlichkeit auszuleben, als auf andere einzugehen. Was fehlt, ist die Einsicht, dass eine intensive Spiegelung die Grundvoraussetzung für gelingende Kommunikation ist – mit Freunden, Kollegen, Chefs oder Partnern. Die schlechte Nachricht besteht darin, dass uns bei dieser negativen Einstellung auch die Spiegelneurone nicht weiterhelfen. Sie entstehen zwar bereits im Babyalter, müssen aber benutzt werden, um nicht zu verkümmern. Denn: Unser Gehirn ist keineswegs eine Festplatte, die alles unterschiedslos speichert, es befindet sich permanent im Umbau.

Sie kennen das von Ihren Gedächtnisleistungen: Angelerntes Wissen, das Sie nicht regelmäßig verwenden, geht wieder verloren. Oder beherrschen Sie noch sämtliche binomischen Formeln, die Sie als Schüler gelernt haben? Wenn Sie die Formeln nie wieder gebrauchen, bilden sich die Neurone, die die Formeln einst gespeichert haben, zurück.

Wie für alle Nervenzellen des Gehirns gilt auch für die Spiegelneurone der Satz: Use it or lose it – benutze sie, oder du verlierst sie.

Hat man sich erst einmal daran gewöhnt, anderen im immer selben stereotypen Modus zu begegnen, schwinden das Einfühlungsvermögen und die Fähigkeit der Spiegelung. Für das jeweilige Gegenüber wirken solche Menschen gleichgültig und verschlossen, keinesfalls aber sympathisch. Das Kommunikationsverhalten wird als schroff, abweisend und stur empfunden. Deshalb möchte man so wenig wie möglich mit ihnen zu tun haben – was die Reste ihrer Spiegelungsfähigkeit tragischerweise weiter reduziert.

Gründe für fehlende Empathie

Es klang bereits an, dass Selbstbezogenheit, Konkurrenzdenken und Narzissmus zunehmen. Neben der allgemeinen Tendenz zum Egotrip in der Ich-Gesellschaft gibt es eine ganze Reihe weiterer Gründe, warum wir versäumen, auf Menschen einzugehen, obwohl wir durchaus fähig dazu wären. Übrigens sind es allesamt Gründe, die Verständnis verdienen, nicht Verurteilung. Das Leben wird immer komplizierter und anstrengender, daher kommt es rasch zu Überforderungen. Niemand verweigert aus bösem Willen das Einfühlungsvermögen. Viele können einfach nicht anders. Doch wenn man die Ursachen kennt, kann man bewusst ansetzen und seine Kommunikationsfähigkeit verbessern. Im Einzelnen geht es um Faktoren wie:

> Stress
> Ungeduld
> Vorurteile
> Gleichgültigkeit
> Problematische Kindheit
> Schlechte Erfahrungen

Stress: Viele Menschen erleben sich in einem Hamsterrad aus Terminen und Verpflichtungen. Um dennoch allem gerecht zu werden, schalten sie gewissermaßen auf Autopilot: Augen zu und durch. Wenn sie unter Dauerdruck stehen, fokussieren sie nur noch auf sich selbst, die eigenen Anliegen und Befindlichkeiten. Eine Routine schleicht sich ein, auch eine Kommunikationsroutine. Das Gegenüber gerät dabei aus dem Blickfeld, es entstehen unweigerlich Fronten und massive Konflikte. Hier ist dringend mehr Flexibilität statt Routine im Umgangsstil gefragt, damit die Voraussetzung für Spiegelungen geschaffen wird.

Ungeduld: Der Zeitmangel, unter dem fast jeder heute leidet, erzeugt permanente Ungeduld in Gesprächen. Man will möglichst viel in möglichst kurzer Zeit erledigen, alles soll schnell gehen und effizient ablaufen. Deshalb nimmt man sich nicht die Zeit, erst einmal eine gute Gesprächsbasis durch Spiegelung zu kreieren. Mit diesem ungeduldigen Verhalten erreicht man allerdings das Gegenteil: Der Gesprächspartner »funktioniert« nicht wie gewollt, es kommt zu Komplikationen, die noch mehr Ungeduld provozieren. Unerlässlich ist es daher, sich die wirklich kurz bemessene Zeit zu nehmen, erst einmal durch Spiegelung auf eine Wellenlänge zu kommen.

Vorurteile: Obwohl wir bei der Beurteilung von Menschen differenzieren sollten, sortieren wir sie gern in Schubladen. Und auf einigen Schubladen kleben dann wenig schmeichelhafte Etiketten: Zicke, Hirni, Dumpfbacke, zum Beispiel, um noch die harmloseren zu nennen. Haben wir jemanden aber erst einmal innerlich abqualifiziert, sind wir wenig geneigt, ihn richtig wahrzunehmen und uns zu öffnen. Wir können niemanden spiegeln, den wir insgeheim als »doofen Chef«, »böse Schwiegermutter« oder »nervigen Kunden« bezeichnen. Solange der Verstand mit seinen Vorurteilen die Regie übernimmt, hat die Intuition keine Chance. Gerade deshalb ist bewusstes Spiegeln eine Lösungsperspektive, um den verlorenen Kontakt wieder aufzubauen.

Gleichgültigkeit: Die Anonymität des modernen Lebensstils führt häufig in die Gleichgültigkeit und verhindert Spiegelungen. Man weiß ja nie: Ist der Typ, der mich in der U-Bahn anlächelt, freundlich, aufdringlich oder am Ende ein Taschendieb, der mich ablenken will? Vorsichtshalber setzt man eine gleichmütige Maske auf, und das ist prinzipiell auch in Ordnung. Schwierig wird es, wenn man dann niemanden mehr spiegelt, also das Lächeln eines Kollegen unerwidert lässt oder die aufgeregte Stimmung des Partners ignoriert. Hier hilft es, das Spiegeln wieder bewusst in die Kommunikation einzubauen, sei es mit Menschen, die einem wichtig sind, sei es mit der netten Kellnerin im Restaurant.

Problematische Kindheit: Falls die erste Bezugsperson etwa durch eine Depression unfähig ist, feinfühlig auf ein Baby zu reagieren, bildet sich dessen Empathievermögen nicht richtig oder gar nicht aus. Eine große Rolle spielt außerdem die Erziehung. Kinder, die weinen, können bei einer vertrauensvollen Elternbindung damit rechnen, dass Mutter oder Vater ebenfalls traurig das Gesicht verziehen, in einem mitleidigen Tonfall tröstende Worte sprechen und auf diese Weise das Kind spiegeln. Zeigen die Eltern aber Unmut oder schimpfen sogar auf das Kind ein, es solle sich gefälligst zusammenreißen, erlebt es keine Spiegelung. Sehr wahrscheinlich wird es dann später auch nicht die Trauer und Freude anderer spiegeln können – es sei denn, als Erwachsener macht man sich diese Vorgeschichte bewusst und beginnt, an seinem Einfühlungsvermögen zu arbeiten.

Schlechte Erfahrungen: Das menschliche Hirn befindet sich lebenslang in einer ständigen Wechselwirkung mit Umwelteinflüssen, und somit können sich Spiegelneurone auch zurückbilden. Durch schlechte Erfahrungen mit anderen baut man eine Haltung des Misstrauens auf. Gibt es in der Vorgeschichte viele Enttäuschungen – beispielsweise vorgespielte Gefühle –, lehnt man es unbewusst ab, das Gegenüber mit seinen Stimmungen ernst zu nehmen. Man hält es einfach nicht mehr für möglich, dass jemand authentisch reagiert. Diese negative Vorprägung kann jedoch den Falschen treffen. Deshalb ist es wichtig, das eigene Misstrauen zu hinterfragen, um wieder gesunde Beziehungen aufzubauen.

Es gibt also eine ganze Reihe von Gründen, warum die Empathiefähigkeit gestört sein kann, und damit auch die Fähigkeit zur Spiegelung. Stellen Sie sich einen beschlagenen Spiegel im Badezimmer vor: Was sehen Sie darin? Wohl kaum Ihr Spiegelbild, nur den feuchten Belag des kondensierten Wasserdampfs. Nun fragen Sie sich mal ernsthaft, wie Sie andere spiegeln sollen, wenn Ihr Bewusstsein von einem Belag negativer Gefühle überzogen ist. Sofern Sie mit unverarbeiteten Emotionen beschäftigt sind, laufen Sie nicht nur Gefahr, beim geringsten Anlass zu explodieren, es fällt Ihnen auch schwer, andere zu spiegeln. Wer unausgeglichen, verstimmt oder verärgert ist, führt das Gegenüber unbewusst in einen ähnlich negativen Zustand, projiziert sozusagen den eigenen Stress auf andere. Man braucht einen guten inneren Zustand, um sich selbst und andere richtig wahrzunehmen und zu spiegeln.

Vermutlich sind auch bei Ihnen Faktoren wie Stress, Zeitnot oder schlechte Erfahrungen im Spiel. Machen Sie sich deshalb bewusst, dass Sie gewissermaßen den Spiegel putzen sollten, bevor Sie sich in Gesprächssituationen begeben. Das Motto heißt: Detox your mind! Die Seele zu entmüllen, ist eine der wichtigsten Voraussetzungen, um die Fähigkeit der Spiegelung in vollem Umfang wiederzuerlangen. Ganz gleich, was Sie ärgert, belastet oder stört – das liegt in der Vergangenheit. Lassen Sie sich auf die Gegenwart ein, leben Sie den Moment, gestalten Sie ihn. Leicht gesagt, schwer getan? Nein, so schwer ist das gar nicht, denn die Forschung stellt uns wertvolle Erkenntnisse zur Verfügung.

Diverse Studien lassen erkennen, wie sich ein gutes Einfühlungsvermögen auswirkt. Die neuere Kommunikationsforschung widmet sich dem Thema Empathie deshalb mit dem Ziel, diese soziale Schlüsselkompetenz sowohl im Privatleben als auch in beruflichen Kontexten zu untersuchen und zu schulen. Große Fortschritte konnten Arbeitspsychologen erzielen. Sie stellten fest:

› dass sämtliche Arbeitsprozesse innerhalb einer Firma harmonischer ablaufen, wenn die Mitarbeiter ein gutes Einfühlungsvermögen besitzen;
› dass man durch Empathie ein gutes Gespür für eigene und fremde Bedürfnisse entwickelt;

> dass empathische Mitarbeiter schneller Konfliktpotenziale erkennen und auflösen, bevor zeitaufwendige und demotivierende Streitigkeiten entstehen;

> dass Menschen mit ausgeprägter Empathie besser mit negativen Emotionen umgehen, weil sie sich bewusst damit auseinandersetzen;

> dass durch empathische Mitarbeiter die Arbeitszufriedenheit steigt und sich das Betriebsklima erheblich verbessert.

Kann man Empathie trainieren?

Wer Glück hat, trifft auf einen Arbeitgeber, der Fortbildungen über Empathie und Teamfähigkeit anbietet. Angesichts eines um sich greifenden Verlusts von Empathie hat die Frage, inwieweit diese Fähigkeit für jedermann trainierbar ist, hohe Relevanz. Inzwischen weiß man, dass es einen signifikanten Trend zu weniger Einfühlungsvermögen gibt. Denken Sie beispielsweise an die Gaffer, die nach einem Verkehrsunfall Handyfotos machen, statt den Verletzten beizustehen und Erste Hilfe zu leisten. Sie sind nur noch unbeteiligte Zuschauer. Dass dieses distanzierte Verhalten mittlerweile symptomatisch für einen gesellschaftlichen Wandel ist, belegt unter anderem eine Langzeitstudie der Universität Michigan. Seit einigen Jahrzehnten wird dort das Verhalten der Studenten anhand von standardisierten Persönlichkeitstests erforscht. 2010 konstatierte man gegenüber den Siebzigerjahren ein Minus von 40 Prozent, was Empathie und Mitgefühl betrifft. Die Studenten seien wesentlich seltener in der Lage, die Perspektive ihrer Mitmenschen zu verstehen und deren Gefühle nachzuempfinden. Stattdessen neigten sie zu Selbstsucht, Narzissmus, Konkurrenzdenken und Egomanie. Dass man diese Entwicklung negativ bewertet, dürfte sich von selbst verstehen. Eine gesellschaftliche Kälteperiode scheint anzubrechen. Bisher herrschte allerdings zuweilen Unklarheit darüber, ob und wie Empathie über das berühmte Teambuilding hinaus wirklich erlernbar ist.

Kann ein Bewusstseins- und Verhaltens-Coaching überhaupt etwas ändern? Seit man mit dem bildgebenden Verfahren der Magnetresonanztomografie die Hirnaktivitäten von Menschen

beobachten kann, ist man den Phänomenen Empathie und Mit-
gefühl wissenschaftlich auf der Spur. Mit erstaunlichen Ergeb-
nissen.

Die mitfühlenden Mönche

Der Hirnforscher Antoine Lutz von der University of Wisconsin-
Madison stellte Experimente mit buddhistischen Mönchen an,
die für ihre altruistische Orientierung bekannt sind. Sie mussten
mindestens zehntausend Stunden meditativer Praxis absolviert
haben, um an dem Versuch teilzunehmen. Während die Mönche
meditierten, spielte man ihnen Geräusche wie Babyschreien
und Hilferufe vor, parallel zeichnete man ihre Hirnaktivitäten auf.
Es zeigte sich, dass die Aktivitäten in jenen Hirnarealen, die für
Empathie und Mitgefühl verantwortlich sind, bei den medita-
tionsgeschulten Mönchen wesentlich höher waren als bei den
Novizen, die erst am Anfang ihrer meditativen Erfahrungen
standen.

Damit konnte Lutz nachweisen, dass Empathie tatsächlich trainierbar ist. Auch Wissenschaftler der Universität Zürich haben
dies jetzt experimentell bewiesen. Vor Kurzem stellten sie Versuche mit Probanden an, deren neuronale Aktivität gemessen
wurde, während sie positive Erfahrungen mit Fremden machten,
die sie vorher abgelehnt hatten. Das Fazit: »Die neuronale Empathie nahm umso mehr zu, je stärker das neuronale Lernsignal
war, das durch die positive Erfahrung mit dem Fremden hervor-
gerufen wurde.«

Aufschlussreich ist der Hinweis auf die positiven Erfahrungen.
Genau das wollen wir mit unserem Coaching erreichen: Durch
die Anregungen und Übungen werden Sie positive Feedbacks bekommen und dadurch Ihre neuronale Empathie trainieren.

Mit unserem Coaching und den Praxisübungen haben Sie die Möglichkeit, Ihre empathischen Fähigkeiten durch Spiegelung zu optimieren. Im Einklang mit der Hirnforschung setzen wir auf Lerneffekte, die sich in vermehrter Aktivierung von Spiegelneuronen zeigen. Die Devise heißt: je häufiger, desto besser. Je häufiger Sie also versuchen, die Gedanken und Gefühle anderer nachzuvollziehen und zu spiegeln, desto besser werden Sie darin, sich in andere einfühlen zu können und deren Kommunikationsverhalten adäquat zu beantworten. Der Hirnforscher Gerhard Roth stellt zu diesem Thema fest: »Die revolutionäre Einsicht für die Neurowissenschaften liegt darin, dass die Kommunikation und Interaktion das Gehirn formen, oft in Minutenschnelle. Das Ich entsteht aus dieser Interaktion, genauso wie Gene durch Umwelteinflüsse aktiviert werden.«

Empathie ist jedoch keine Frage des Wollens oder der mechanischen Übung, sie ist eine Frage des Bewusstseins und der inneren Haltung.

Am Anfang steht eine Bilanz Ihrer eigenen Emotionen: Was fühlen Sie wirklich, wenn Sie Ihrem Chef gegenüberstehen? Was bewegt Sie, wenn Sie nach einem langen Arbeitstag nach Hause kommen und Ihren Partner wiedersehen? Machen Sie sich bewusst, welche emotionalen Gemengelagen dabei entstehen, denn meist treffen mehrere Gefühle zusammen: grundsätzliche Sympathie bei gleichzeitiger Unlust, zum Beispiel, oder Liebe und Stress. Ein brisanter Mix, der Ihren inneren Spiegel mit einem grauen Film überzieht.

Benennen Sie Ihre Gefühle, lassen Sie nichts aus und hegen Sie keinerlei Schuldbewusstsein, wenn negative Emotionen dabei sind. Hauptsache, Sie wissen, wie es um Sie steht, und können sich anschließend bewusst für die positive Emotion entscheiden. Unaufgelöste »mixed emotions« verwirren Sie und Ihren Gesprächspartner, weil Sie ungewollt widersprüchliche Signale aussenden.

Fokussieren Sie sich in Gesprächen auf das positivste Gefühl, denn nur dann sind Sie bereit für eine Intimität, die Einfühlungsvermögen ermöglicht.

Empathische Spiegelung erfordert stets ein gutes eigenes Gefühlsmanagement. Sie sollen aber nicht etwa Ihre eigenen Gefühle *unterdrücken*, nur *adäquat ausdrücken*. Und das, *nachdem* Sie das emotionale Erleben Ihres Gegenübers wahrgenommen, verstanden und gespiegelt haben. Keine Sorge: Danach steht Ihr eigenes Erleben wieder im Blickpunkt. Um die Phase dazwischen konstruktiv zu gestalten, haben Sie ein exzellentes Werkzeug in der Hand:

Fragen Sie Ihren Gesprächspartner, wie es ihm geht. Erkundigen Sie sich genau und wiederholen Sie seine Äußerungen mit Ihren eigenen Worten, um sie richtig zu verstehen.

Mit dieser Fragetechnik befinden Sie sich sofort auf der Beziehungsebene. Bevor Sie also über Themen und Inhalte sprechen – und eventuell streiten, ist das ehrliche Interesse an der anderen Person der beste Auftakt für alles Folgende. Falls Sie unsicher sind, ob Sie Ihren Gesprächspartner wirklich empathisch wahrnehmen, scheuen Sie sich bitte nicht, mehrmals nachzufragen. In den folgenden Kapiteln werden Sie konkrete Hinweise erhalten, wie Sie diese Fragetechnik verfeinern.

Wie Spiegelung Konflikte löst

Damit Sie einen ersten Eindruck gewinnen, wie sich Ihr Leben ab sofort positiv ändern könnte, kommen wir nun noch einmal auf Bea und Alex zurück. Sie erinnern sich? Der geplante Grillabend scheitert daran, dass keiner von beiden bereit ist, den anderen zu spiegeln. Trotz großer Nähe verharrt jeder in seinem Muster, nimmt das Ich wichtiger als das Wir.

Stress und Ungeduld kommen hinzu, außerdem vielleicht Vorurteile. Bea denkt womöglich: »Alex ist sowieso antriebsschwach, das nervt mich.« Und Alex meint: »Bea geht mir auf den Zeiger mit ihrer Betriebsamkeit.« Nun könnte man einwenden, dass Beas Reaktion nachvollziehbar ist. Natürlich ärgert sie sich darüber, dass Alex untätig war. Aber auch Alex ärgert sich, denn er erwartet, dass Bea Verständnis für seine Erschöpfung aufbringt. So entsteht ein Machtkampf um die Deutungshoheit: Wer hat recht? Falsche Frage! Die richtige Frage lautet: Wie kommen wir auf eine Ebene, statt die Konfrontation zu riskieren?

Bei Asymmetrien führen empathische Spiegelung und aktive Gestaltung zu einer einvernehmlichen Konfliktlösung.

Machen wir uns zunächst klar, dass sowohl Alex als auch Bea auf Zugehörigkeit und Anerkennung bedacht sind. Ihre Beziehung steht sozusagen für die Gruppe, in der sie ihre Wohlfühlzone suchen. Dafür benötigen sie die Faktoren Interaktion und Kommunikation, aber wie gesehen, läuft beides schief. Alex wie Bea könnten sich in einer Konfliktsituation aber auch verantwortlich für die Entwicklung der Beziehung und konkret für einen gelingenden Abend fühlen. Statt in der jeweils eigenen Welt zu schmollen, bietet sich ihnen eine Alternative: den anderen bewusst wahrnehmen, ihn spiegeln und dann die Situation zu beider Zufriedenheit neu gestalten.

Erster Schritt: Die Vergegenwärtigung des übergeordneten Ziels – Was möchte ich?
Bei Alex und Bea lautet das übergeordnete Ziel: Ich möchte mit meinem Partner eine harmonische Beziehung leben und mich ihm zugehörig fühlen.

Zweiter Schritt: Die bewusste Wahrnehmung – Wie ist der andere drauf?
Alex muss Bea nur anschauen, um zu merken, dass sie abgehetzt und hektisch agiert. Bea wiederum könnte zunächst einmal registrieren, dass Alex erschöpft ist und keine Lust auf Aktionismus hat.

Dritter Schritt: Die Definition des aktuellen Ziels – Was wünsche ich mir für die konkrete Situation?
Jetzt ist eine genauere Zielbeschreibung nötig. Was will ich wirklich? In unserem Beispiel geht es ja letztlich nicht ums Grillen, sondern um gemeinsame Quality Time. Es wäre deshalb unsinnig, den sich abzeichnenden Konflikt eskalieren zu lassen.

Vierter Schritt: Die einfühlsame Spiegelung
Einer von beiden kann nun seine Ich-Zentriertheit verlassen und sich mit dem Partner synchronisieren. Er/sie fühlt sich in sie/ihn ein und spiegelt ihre/seine Gemütslage durch ähnliche Körpersprache, Mimik, Stimme und Argumentation. Zugegeben: Dafür muss man bereit sein, sein Ego mal kurz beiseite zu stellen. Doch der Lohn für diese Strategie ist weit höher als der Frust über missglückte Kommunikation.

Fünfter Schritt: Die aktive Gestaltung

Für den weiteren Verlauf des Abends eröffnen sich anhand der erklärten Ziele diverse Handlungsmöglichkeiten. Das konfrontative Verhalten wurde am Beginn des Kapitels beschrieben. Schauen wir also, was geschieht, wenn einer von den beiden Streithähnen die Kunst der Spiegelung beherrscht.

Bea und Alex: Bewusste Spiegelung

Variante 1: Bea spiegelt Alex

Bea kommt mit ihren vollen Tüten nach Hause und sieht Alex unverrichteter Dinge im Liegestuhl fläzen. Sicher, sie könnte jetzt ausrasten, doch sie hat nicht vergessen, was ihr aktuelles Ziel ist: zusammen mit Alex einen schönen Abend zu verbringen. Auch das übergeordnete Ziel ist ihr bewusst: eine harmonische Beziehung mit Alex.

Bea stellt die Tüten ab und geht zu Alex. Sie lässt sich in einen zweiten Liegestuhl fallen und atmet tief durch. Dann sagt sie vollkommen ruhig: »Hey, du siehst erschöpft aus. Ich bin auch ziemlich fertig. Hast du ein Bier für mich?« Alex lächelt sie an. »Klar doch. Der Einkauf kurz vor Ladenschluss war bestimmt stressig, was?« »Und wie«, bestätigt Bea. »Wieso hängst du eigentlich so durch?« Nachdem Alex ihr ein Bier gereicht hat, seufzt er: »Ich hatte eine harte Woche. Tut mir leid, dass ich den Grill noch nicht vorbereitet habe, aber das hole ich gleich nach. Danke übrigens, dass du eingekauft hast.« Bea prostet ihm zu. »Hab ich gern gemacht. Wir können ja erst mal ein bisschen abhängen«, schlägt sie vor, »später legen wir dann gemeinsam das Fleisch auf den Grill, okay?« Alex gibt ihr einen Kuss. »Du bist ein Schatz.«

Variante 2: Alex spiegelt Bea

Bea stellt die Tüten ab und explodiert. »Wieso hast du nichts vorbereitet?«, schreit sie wild gestikulierend. »Ich rase zum Supermarkt, hetze mich ab, und du? Faulenzt hier rum!« Sofort erkennt Alex, dass seine entspannte Stimmung äußerst provozierend wirkt. Deshalb springt er auf und stellt sich vor Bea hin, wobei er ihre hektische Gestik und ihren Tonfall spiegelt. »Stimmt! Ich verstehe, dass du dich tierisch aufregst! Schließlich bist du zum Supermarkt geflitzt, und ich habe hier nichts auf die Reihe gekriegt!« Er hebt beschwörend die Hände. »Tut mir leid, Schatz, ich hatte eine total harte Woche, aber das ist kein Grund, dich hängen zu lassen! Ich weiß, deine Woche war stressig, und jetzt bist du auch noch zum Supermarkt gehetzt.« Etwas leiser fügt er hinzu: »Komm, setz dich erst mal, wir trinken einen Schluck zusammen, später packe ich die Tüten aus und hole den Grill.« Langsam kommt Bea runter. Sie lässt sich von Alex ein Bier geben. »Was war denn eigentlich bei dir los?«, fragt sie. Alex erzählt nun vom Stress in seinem Job. Sie unterhalten sich bis spät in die Nacht.

Ganz gleich, ob Bea Alex spiegelt oder umgekehrt: Sobald der eine auf den anderen eingeht, entsteht ein Wir-Gefühl, das Streit verhindert. Die Lösung heißt in jedem Fall Einfühlungsvermögen statt Konfrontation, Verständnis statt Frontbildung. Dies erfordert eine reife Haltung, also einen bewussten Umgang mit den eigenen eventuell negativen Gefühlen. Ihnen freien Lauf zu lassen, mag kurzfristig befreiend wirken, läuft aber unweigerlich auf einen Streit hinaus. Wesentlich klüger und energieschonender ist die Haltung der einfühlenden Spiegelung. Auch Sie können Ihr Verhalten in empathischer Weise verändern! Erfahren Sie im nächsten Kapitel, wie Sie sich innerlich darauf vorbereiten.

2

Wie Sie das Spiegeln perfektionieren – und dabei eine ganze Menge über sich selbst erfahren

Warum unser Coaching Ihnen Sicherheit im Umgang mit anderen Menschen gibt

Schon lange beschäftigen wir uns als Coaches mit Kommunikationsprozessen und haben durch unsere Seminare jahrelange Erfahrung mit den wirkungsvollsten Methoden. Eine wichtige Anregung erhielten wir, als wir auf die Forschungen des amerikanischen Psychologen Carl Rogers stießen. Seine Theorie fußt darauf, dass es in allen Bereichen unseres sozialen Lebens stets um Begegnungen (Encounter) geht, und dass sie nicht nur das Ausgesprochene betreffen, sondern auch sämtliche nonverbalen Signale. Diese deutete er als Ausdruck von Gefühlen, die durch Personen, Orte und Ereignisse ausgelöst werden. Um zu jemandem in guten Kontakt zu kommen, so der Psychologe, müsse man diese Gefühle erkennen, verstehen und akzeptieren, ohne sie zu bewerten.

Unser Ansatz der empathischen Spiegelung geht noch darüber hinaus, indem wir den Sprung von der Theorie zur aktiven Gesprächsgestaltung wagen, das Konzept weiter fassen und alltagstauglich machen. Dabei stützen wir uns speziell auf Rogers' Erkenntnisse über ein positives Selbstkonzept. Wie sehe ich mich? Was traue ich mir zu? Was gestehe ich mir zu? Bei einem positiven Selbstkonzept fallen die Antworten auf diese Fragen optimistisch aus. Wer sich selbst als »richtig« und wertvoll erlebt, vertraut darauf, dass er eigenständig denken und handeln kann, dass seine Gefühle, aber auch die des Kommunikationspartners berechtigt sind, und dass er über eine gute Beziehungsfähigkeit verfügt.

Unsere gute Botschaft für Sie: Mit der empathischen Spiegelung können Sie etwas dafür tun, ein positives Selbstkonzept zu entwickeln. Das mag verblüffend klingen. Spiegelung als Kommunikationsprinzip wirkt ja zunächst einmal so, als ob Sie Zugeständnisse an Ihren Gesprächspartner machten. Immerhin empfehlen wir Ihnen, dass Sie gewissermaßen den ersten Schritt tun: Sie sind diejenige bzw. derjenige, der das Gegenüber spiegelt und damit die eigene Stimmung zunächst hintenanstellt. Nun könnte man daraus folgern, es handele sich hierbei um die alte Regel: Der Klügere gibt nach. Doch so einfach ist es nicht. Denn empathische Spiegelung ist keineswegs eine Einbahnstraße, ganz im Gegenteil.

Sobald Sie durch Spiegelung eine harmonische Beziehungsebene hergestellt haben, wird Ihr Gegenüber automatisch anfangen, Sie ebenfalls zu spiegeln.

Das wurde am Beispiel von Bea und Alex deutlich: Sofern einer dem anderen mit Einfühlungsvermögen begegnet, geschieht das bald auch vice versa. Wie das abläuft? Sie wissen ja bereits: Indem Sie jemanden spiegeln, fühlt er sich hundertprozentig angenommen und akzeptiert. Und sobald Sie eine vertrauensvolle Atmosphäre gegenseitiger Akzeptanz geschaffen haben, passiert etwas Entscheidendes: Ihr Gesprächspartner öffnet sich ebenfalls. Daraufhin nimmt er Sie viel aufmerksamer wahr und reagiert wiederum empathisch auf alles, was Sie sagen und tun. In dieser Phase des Gesprächs können Sie Ihre eigenen Anliegen konfliktfrei aushandeln, also aktiv gestaltend Ihre Ziele verfolgen.

> Die Erfahrung erfolgreicher Kommunikation verändert Ihr
> Selbstbild auf positive Weise. Sie erleben sich souverän,
> beziehungsfähig und überzeugend.

Ein weiterer positiver Effekt kommt hinzu: Sie lernen sich selbst besser kennen. Dies geschieht zunächst dadurch, dass Sie in der Spiegelung bewusst wahrnehmen, was Sie vom Gegenüber unterscheidet. Danach, wenn Sie selber gespiegelt werden, schauen Sie buchstäblich in einen Spiegel: Aha, so verhalte ich mich also, das löse ich aus. Auf diese Weise erhalten Sie die Chance zur Selbstreflexion und Weiterentwicklung. Dass wirklich jeder diesen Paradigmenwechsel von der Selbstbezogenheit in die Spiegelung verwirklichen kann, zeigt die folgende Geschichte, die mitten aus dem Leben gegriffen ist.

Die beliebte Kassiererin

Vor einiger Zeit erregte eine Kassiererin in einem Hamburger Supermarkt das öffentliche Interesse: Seit vielen Jahren ist die Schlange vor ihrer Kasse immer am längsten. Die Supermarktkunden haben zwar die Wahl zwischen acht Kassen und könnten Zeit sparen, indem sie sich in eine kürzere Schlange einreihen, möchten aber unbedingt bei Dagmar Prüter bezahlen, die ihre Rente mit dem Supermarkt-Job aufbessert. Zum 75. Geburtstag wurde die alte Dame von ihren Kunden mit zwei Einkaufswagen voller Geschenke beglückt. Wie es dazu kam? Ihr

Geheimnis hat sie in einem Interview erläutert: »Ich bin schon immer gern auf Menschen zugegangen, wenn man freundlich und aufmerksam ist, kann das sehr ansteckend sein.«

Jeden begrüßt sie individuell, erkundigt sich danach, wie es so geht, es wird auch rumgealbert, wie sie erzählt, und wenn jemand Geburtstag hat, singt sie ins Supermarkt-Mikrofon ein »Happy Birthday«. An ihrer Kasse findet ein Austausch statt. Leute kommen miteinander ins Gespräch, und es gibt schon drei Paare, die sich bei ihr kennengelernt haben – eines wollte sich sogar im Supermarkt trauen lassen, was zwar am Veto des Standesbeamten scheiterte, jedoch demonstriert, wie stark die Bindungen sind, die Frau Prüter aufbaut. Ihre Erklärung für den Zuspruch, den sie bekommt: »Ich glaube, die Leute nehmen meine offene Art so gut an, weil sie das Bedürfnis haben, nicht in der Anonymität der Stadt zu verschwinden. Im Supermarkt gegrüßt zu werden, vermittelt ja auch das Gefühl, dort, wo man einkauft, zu Hause zu sein. Die Gewissheit, dass man aufeinander achtet, und sei es nur für den Moment an der Kasse.«

Mit ihrer Diagnose beschreibt die quicklebendige Seniorin punktgenau, worum es geht: Wir möchten gesehen und anerkannt werden, wir möchten uns zugehörig fühlen. Und absolut jeder hat es in der Hand, ein Miteinander herzustellen, in dem Sinne, wie es der amerikanische Psychologe Marshall Rosenberg definiert: »Dinge so zu tun, dass ich dabei mein Leben und das der anderen bereichern möchte.« Dagmar Prüter hat diese Devise intuitiv befolgt. Sie bereichert nicht nur das Leben ihrer dankbaren Kunden, sie macht die Erfahrung, dass ihr die Herzen zufliegen, weil sie bereit ist, andere zu spiegeln.

Die Voraussetzungen gelingender Kommunikation

Wir sind der Ansicht – und das hat sich in unseren Seminaren bestätigt –, dass die idealen Voraussetzungen für empathische Kommunikation jenen ähneln, die Carl Rogers für die einfühlsame Erziehung festlegte. Deshalb haben wir seine Parameter für unser Kommunikationscoaching neu überdacht und modifiziert.

1. Bedingungsloses Wohlwollen: Der wohlwollende Kontakt in Beziehungen darf nicht von Bedingungen abhängen. Oft neigen wir dazu, Menschen nach unseren Erwartungen zu beurteilen. Verhalten sie sich anders als erwünscht, lehnen wir sie ab. Stattdessen sollten wir lernen, Menschen so zu nehmen, wie sie sind. Die Beziehungsebene, die man qua Spiegelung kreiert, ist nicht an Wohlverhalten nach eigenen Kriterien geknüpft. Man sollte nichts fordern, was das Gegenüber nicht erfüllen kann oder will. *Merksatz:* »Ich akzeptiere dich, obwohl du dich anders verhältst, als ich es gern hätte.«
Beispiel: Die Kassiererin widmet sich absolut jedem Kunden mit gleichbleibender Empathie, gestresste oder unfreundliche Kunden »bestraft« sie nicht mit Zurückweisung.

2. Wertschätzung: Echte Wertschätzung bedeutet, die Bedürfnisse des Gegenübers anzuerkennen. Dessen Bedürfnisse mögen sich von den eigenen unterscheiden, müssen aber respektiert werden, wenn man eine Verbindung aufbauen will.
Merksatz: »Ich respektiere, dass du ganz andere Bedürfnisse hast als ich.«

Beispiel: Die Kassiererin hat das Bedürfnis, ohne Hektik und mit einem gewissen emotionalen Mehrwert ihren Job zu erledigen. Ihre Kunden dagegen wollen entweder kurz plauschen oder aber so schnell wie möglich bezahlen. Sie respektiert diese Unterschiede und behandelt jeden so, dass sie sich in der Mitte treffen.

3. Ehrliches Interesse: Interessiert es uns wirklich, wie es jemandem geht, wie er sich fühlt, welche Erfahrungen er macht? Oft fragen wir das nur floskelhaft ab und wollen es dann gar nicht so genau wissen. Ehrliches, also nicht gespieltes Interesse intensiviert Bindungen, Gleichgültigkeit verhindert sie.

Merksatz: »Ich interessiere mich für dich, weil du in diesem Moment eine Bezugsperson für mich bist.«

Beispiel: Die Kassiererin nimmt sich Zeit, ehrlich interessiert nachzufragen, und erfährt vieles, worauf sie später zurückkommt – ob die Ehefrau wieder gesund ist, wie es den Kindern geht. Damit erschafft sie Nähe.

4. Wertfreiheit: In Beziehungen ist es unerlässlich, die Autonomie des anderen anzuerkennen. Man sollte daher vermeiden, andere zu kontrollieren oder zu bevormunden. Kurz gesagt, bedeutet das, offen zu bleiben, negative Werturteile zu vermeiden und andere Bewertungssysteme zuzulassen. Sonst stülpen wir unserem Gesprächspartner die eigene Bewertung über, lehnen ihn ab und können ihn nicht mehr spiegeln.

Merksatz: »Ich bevormunde dich nicht durch meine subjektiven Werturteile.«

Beispiel: Die Kassiererin maßt sich kein Urteil über das Verhalten ihrer Kunden an. Sie akzeptiert sie auch, wenn sie anderer Meinung sind, und belegt sie nicht innerlich mit negativen Etikettierungen. (Zum Vergleich: Ohne Empathie bewertet Bea Alex als »faul« und »antriebsschwach«, Alex qualifiziert sie als »zickig« und »total nervig« ab. In der Spiegelung akzeptieren sie einander.)

5. Unterstützung: Wir sollten niemandem unsere Hilfe aufdrängen, aber durchaus fragen, ob sie erwünscht ist, sofern wir den Eindruck haben, dass jemand Hilfe benötigt. Das gilt auch für Anregungen und Ratschläge. Jeder Mensch braucht dann und wann unsere Unterstützung.

Merksatz: »Ich unterstütze, berate und inspiriere dich, falls du mich darum bittest.«

Beispiel: Die Kassiererin hat ein Gespür dafür entwickelt, wie viel Aufmerksamkeit und Gespräch ihre Kunden möchten. Dabei gibt sie schon mal Ratschläge oder stellt Menschen einander vor – sodass sich sogar Paare bei ihr gefunden haben, weil sie eine offene, kommunikative Atmosphäre herstellt.

6. Sicherheit und Zuverlässigkeit: Als soziale Wesen sind wir voneinander abhängig. Deshalb sollten wir keine Zweifel über die Qualität unserer Beziehungen erzeugen, uns also nicht widersprüchlich oder unzuverlässig verhalten. Jede noch so kleine Enttäuschung bedeutet einen Vertrauensbruch und führt zu Rissen in der Beziehung.

Merksatz: »Ich gebe dir die Sicherheit, dass unsere Beziehung keinen willkürlichen Schwankungen unterliegt.«

Beispiel: Die Kassiererin bleibt gleichbleibend freundlich und zugewandt – sie selbst sagt, dass sie keine »schlechten Tage« hat, weil sie sich immer die Mühe des einfühlsamen Gesprächs macht. Ihre Kunden können darauf bauen, dass sie gesehen und gespiegelt werden. Deshalb nehmen sie das längere Anstehen in Kauf.

7. Zulassen von Gefühlen: Egal, welche Gefühle jemand äußert – er hat das Recht dazu. Auch wenn es unangenehme Gefühle wie Trauer, Wut, Angst oder Enttäuschung sind. Ignorieren und abwiegeln führen zu tiefer Frustration. Die Akzeptanz von Gefühlen ist ein wesentliches Merkmal der Spiegelung und schafft ein Klima des Vertrauens.

Merksatz: »Ich erlaube dir, dass du mir deine Gefühle zeigst, und du kannst auf mein Verständnis setzen.«

Beispiel: Die Kassiererin spiegelt beispielsweise die Trauer eines Kunden, der seine Frau verloren hat, statt dieses negative Gefühl zu ignorieren oder mit einer beiläufigen Reaktion abzuweisen.

Stellen Sie sich nun vor, wie es wäre, wenn jemand Ihnen all das geben und zugestehen würde. Wäre das nicht eine ungeheure Entlastung? Würden Sie es nicht als großes Glück empfinden? Sicherlich ja. Aber erst dann, wenn Sie sich selbst über Ihre Bedürfnisse, Wünsche und Absichten im Klaren sind, können Sie auch Verständnis für die Bedürfnisse, Wünsche und Absichten anderer aufbringen. Gehen Sie in sich. Sobald Ihnen bewusst ist, wie Sie behandelt werden möchten, fällt es Ihnen leicht, diese Verhaltensmaximen auf andere zu übertragen. Sie möchten, dass man Ihnen mit Respekt, Wohlwollen und Empathie begegnet? Dann geben Sie anderen genau das. Nun ja, könnten Sie argumentieren, aber warum sollte ich andere damit beschenken und selbst darauf verzichten?

Indem Sie Ihrem Gegenüber geben, was Sie sich auch für sich selbst wünschen, bekommen Sie all das auf Dauer wieder zurück – denn Sie motivieren Ihren Kommunikationspartner zur Spiegelung, der Sie selbst einen Raum geöffnet haben.

Ein eindringlicher Beleg dafür ist wiederum die Geschichte der Supermarkt-Kassiererin. Ihre Fähigkeit, ein empathisches, harmonisches Klima zu gestalten, wird dadurch belohnt, dass auch sie nun stärkere Bindungen genießen kann, mehr Verständnis, mehr Vertrauen und weniger Alltagsärger, wie er für gewöhnlich in Supermärkten vorkommt. Aus einem oft anonymen, stressigen Arbeitsplatz hat die Kassiererin einen Ort gelingender Kommunikation gemacht, mit positiven Feedbackschleifen, an deren Anfang die Spiegelung stand.

Die Rolle der Beziehungsdynamik

Im ersten Kapitel wurde bereits klar: Wie ein Gespräch verläuft, hängt immer davon ab, welche Qualität die menschliche Ebene hat, die man aktuell herstellt. Egal, um welche Themen es sich dreht, ganz gleich, ob man berufliche Dinge, Erziehungsmaximen oder partnerschaftliche Belange diskutiert, es geht vorrangig um die Beziehungsdynamik. Driftet sie in eine gleichgültige oder feindselige Richtung, wird es auch inhaltlich nicht funktionieren. Gelingt es jedoch, durch Spiegelung auf ein gemeinsames Level zu kommen, kann man sich sogar über strittige Themen friedlich austauschen und zu einer Einigung kommen. Denn:

> Beziehungen sind wichtiger als Inhalte.

Der Satz mag Ihnen nach wie vor merkwürdig erscheinen. Schließlich wollen wir doch etwas erreichen, wenn wir das Gespräch suchen. Sind Inhalte denn nicht das Thema von Kommunikation? Verhandeln wir nicht ständig über bestimmte Sachverhalte oder Anliegen? Die Antwort ist ein entschiedenes Jein. Sicher, Gespräche sind keine reinen Pausenfüller, sondern durch Ziele motiviert. Doch wie bei Bea und Alex gibt es immer ein übergeordnetes und ein konkretes Ziel. So auch in der folgenden Geschichte.

Der gestrichene Flug

Der Mann im dunkelblauen Anzug ist wütend, sehr wütend. Mit erhobenen Armen steht er am Flughafen vor der Angestellten einer Airline und brüllt: »Mein Flug wurde gestrichen! So eine

Unverschämtheit! Ich muss zu einem dringenden beruflichen Termin, und wenn ich den verpasse, entgeht mir eine Riesenchance!« Die Angestellte, eine junge Frau, springt auf. »Das ist ja furchtbar!«, ruft sie aus. »Wie schrecklich für Sie!« Auf der Stelle beruhigt sich der Mann ein wenig. Immer noch erregt, aber deutlich leiser fragt er: »Wie geht es denn jetzt weiter?« Die Angestellte setzt sich wieder und klickt auf der Tastatur ihres Computers herum. »Ich schaue mal, was ich für Sie tun kann. Versprechen kann ich Ihnen nichts, aber vielleicht ist es möglich, Sie auf eine andere Airline umzubuchen.« Jetzt entspannt sich der Mann immer mehr. »Danke schön. Wäre wirklich toll, wenn Sie das hinbekämen.«

Eine kleine Geschichte, eine große Botschaft. Die Angestellte hat den Ärger des Mannes gespiegelt und ihm damit signalisiert: Ich verstehe, dass du wütend bist, ich erkenne deine Gefühle an. Auf diese Weise nahm sie ihm einen großen Teil seiner Aggression – ein beispielhafter Fall gelungener Spiegelung. Leider passiert häufig etwas ganz anderes: Viele Menschen lassen ihr Gegenüber mitsamt seinen Emotionen vor die Wand laufen. Das hätte dann so aussehen können:

Mit erhobenen Armen brüllt der Mann: »Mein Flug wurde gestrichen! So eine Unverschämtheit! Ich muss zu einem dringenden beruflichen Termin, und wenn ich den verpasse, entgeht mir eine Riesenchance!«

1. Die Angestellte verdreht die Augen und brummt genervt: »Nun regen Sie sich mal ab. Sie sind nicht der Einzige, der hier festsitzt.«
2. Die Angestellte reagiert ärgerlich: »Da kann ich doch nichts dafür! Machen Sie mal nicht so ein Theater!«

Bestimmt haben Sie selbst schon solche Abfuhren erlebt und kennen den Frust, der damit verbunden ist. Doch die Angestellte hat goldrichtig reagiert. Entweder intuitiv, oder weil sie in ihrem Beruf, bei dem sie mit sehr vielen Menschen zusammenkommt, schon die Erfahrung gemacht hat, dass Abblocken nicht weiterhilft. Vielleicht hat sie auch ein Deeskalationstraining absolviert oder beobachtet, wie Kollegen vergeblich versuchten, aufgebrachte Fluggäste zu beruhigen. In jedem Fall hat sie die positive Wirkung der Spiegelung begriffen und ideal umgesetzt.

Wenn man jemanden spiegelt, kann derjenige durchatmen. Die negative Emotion darf Raum haben, schwächt sich ab und löst sich idealiter von selbst auf.

Dies entspricht dem 7. Kriterium, das wir weiter oben aufgelistet haben: Wut, Ärger und Frustration werden von der Umwelt oft als unangenehm und lästig bewertet, beim empathischen Spiegeln aber lässt man auch diese Emotionen zu. Andernfalls entsteht ein Gefühlsstau, der sich in weiteren Aggressionen entlädt, und das Gespräch eskaliert. Analysiert man die Situation nach dem Aktionsschema aus dem ersten Kapitel, erkennt man das Vorgehen der Angestellten:

Erster Schritt: Die Vergegenwärtigung des übergeordneten Ziels – Was möchte ich?
Die Angestellte möchte ihren Beruf entspannt und ohne ärgerliche Vorkommnisse ausüben.

Zweiter Schritt: Die bewusste Wahrnehmung – Wie ist der andere drauf?
Sie hat registriert, wie wütend der Mann ist, und diese Wahrnehmung nicht etwa als unerwünschte Störung abgeblockt, sondern ernst genommen.

Dritter Schritt: **Die einfühlsame Spiegelung**

Statt konfrontativ oder gelangweilt zu reagieren, spiegelt sie Körpersprache, Mimik, Stimmlage und Argumentation des wütenden Fluggasts, wodurch er sich respektiert fühlt.

Vierter Schritt: **Die Definition des aktuellen Ziels – Was wünsche ich mir für die konkrete Situation?**

Die Angestellte möchte die Problematik des ausgefallenen Flugs so rasch und stressfrei wie möglich auflösen.

Fünfter Schritt: **Die aktive Gestaltung**

Nachdem sie den Mann gespiegelt und eine ruhige Gesprächssituation geschaffen hat, kann sie gelassen nach einer Lösung des faktischen Problems suchen, nämlich einen Ersatzflug zu finden.

Das Beispiel zeigt: Spiegelung ist nur möglich, wenn Sie Ihr Gegenüber bewusst wahrnehmen, verstehen und ihm dies durch entsprechende Reaktionen zeigen. Und noch etwas wird deutlich: dass Beziehungen tatsächlich wichtiger als Inhalte sind.

Der Gesprächsinhalt – die berechtigte Beschwerde – hätte in dieser Geschichte zu einem lautstarken und sehr unerfreulichen Streit ausarten können. Durch das kluge Konfliktmanagement mittels Spiegelung hat die Angestellte stattdessen eine gemeinsame Beziehungsebene hergestellt. Damit konnte sie eine Eskalation des Konflikts verhindern. So schwierig der Inhalt auch war, die Beziehungsqualität hat alle Wogen geglättet.

Was passiert, wenn die Spiegelung ausbleibt

Werden wir nicht gespiegelt und verweigern wir selbst die Spiegelung anderer, widerspricht das unseren ureigenen Bedürfnissen. Rasch geraten wir dann in einen Zustand großer Frustration und Einsamkeit. Der schwedische Dichter Hjalmar Söderberg hat ebenso einleuchtend wie klar geschildert, wie eine negative Spirale entsteht:

> Wir wollen alle geliebt werden.
> Werden wir nicht geliebt,
> wollen wir bewundert werden.
> Werden wir nicht bewundert,
> wollen wir gefürchtet werden.
> Werden wir nicht gefürchtet,
> wollen wir gehasst und missachtet werden.
> Wir wollen ein Gefühl in unserem Mitmenschen auslösen,
> Ganz gleich, um welches es sich dabei auch handeln mag.
> Die Seele zittert vor der Leere und sucht den Kontakt
> um jeden Preis.

Diesen Text sollte man am besten gleich zweimal lesen, so großartig ist er. »Die Seele zittert vor der Leere und sucht den Kontakt um jeden Preis« – das ist die poetische Umschreibung für die Tatsache, dass wir soziale Wesen sind und sowohl Interaktion als auch Kommunikation brauchen. Gelingt dies nicht, suchen wir negative Aufmerksamkeit und damit gleichsam negative Zugehörigkeit, um Unruhe zu stiften, oder als Hassobjekt. Alles erscheint uns besser, als gar nicht wahrgenommen zu werden.

Aggressionen werden ausgelebt,
wenn sich jemand zurückgewiesen fühlt und
durch Angriffe wahrgenommen werden will.

Dies führt uns zu einem tieferen Verständnis für Menschen, die erst einmal nur unangenehm auffallen, letztlich aber gespiegelt werden möchten. Am Beispiel mit dem wütenden Passagier und der Flughafenangestellten ist das deutlich sichtbar: Sobald die Frau ihm signalisiert, dass sie ihn mit einer negativen Emotion anerkennt, statt ihn abzulehnen, baut er seine Wut im Handumdrehen ab. Er selbst wäre wohl kaum in der Lage gewesen, umgekehrt die Angestellte zu spiegeln, weil sein innerer Spiegel beschlagen war.

Wer sich innerlich »vermüllt« auf andere zubewegt, hat kaum eine Chance auf Kooperation. So ergeht es auch dem Protagonisten in der nächsten Geschichte, die uns ein Seminarteilnehmer erzählte.

Die missglückte Konferenz

Ein wichtiges Meeting steht an, fünf Abteilungsleiter warten bereits im Konferenzraum. An einem langen Tisch sitzend, unterhalten sie sich halblaut, bis mit zehn Minuten Verspätung das angekündigte Vorstandsmitglied eintrifft. Hektisch stößt Herr Dr. Becker die Tür auf, läuft auf den Tisch zu und bleibt an dessen Kopfende stehen. Während die Abteilungsleiter ruhig dasitzen, spricht er sehr schnell und laut zu ihnen, immer wieder unterstreicht er das Gesagte mit abgehackten Gesten seiner Arme. Auch sein Gesichtsausdruck ist hart, zwischendurch beißt er sich auf die Lippen. Dr. Becker will den Abteilungsleitern neue Strukturen erklären, die vom Vorstand beschlossen wurden, und er will dafür werben, dass sie ohne Widerstände umgesetzt werden.

Doch sein Anliegen misslingt. Nach dem Meeting kehren die Teilnehmer frustriert und genervt in ihre Abteilungen zurück, wo sie die Neuigkeiten mitsamt der schlechten Stimmung weiterkommunizieren. Überall in der Firma regt sich Unmut, es wird gestritten und debattiert. All das ereignet sich kurz vor Weihnachten, und eine Mitarbeiterin seufzt: »Das wird für viele kein schönes Weihnachtsfest, weil sie ihren Ärger mit nach Hause nehmen.«

Was für ein Desaster. Dr. Becker hat so ziemlich alles falsch gemacht, weil er unfähig war, sich auf die Situation einzulassen und die Abteilungsleiter zu spiegeln. Die Hintergründe wurden erst später bekannt: Im Vorstand waren die neuen Strukturen äußerst kontrovers diskutiert worden, mit einem knappen Abstimmungsergebnis zugunsten der Neuordnung der Abteilungen. Begleitet wurden die Diskussionen von Unterstellungen und Anfeindungen, und dieses negative Klima brachte Dr. Becker eins zu eins mit in das Meeting. Er war unfähig zu erfassen, dass die Abteilungsleiter sich gerade in entspannter Atmosphäre unterhielten. Wie eine Dampfwalze stürmte er in den Raum, erfüllte ihn mit Hektik und schlechter Stimmung, was die Abteilungsleiter sofort mit Abwehr auf das Inhaltliche reagieren ließ.

Auch die äußeren Signale zeigen seine Unfähigkeit zur Spiegelung. Dr. Becker blieb stehen, statt sich zu den anderen Teilnehmern des Meetings zu setzen. Er sprach zu schnell und zu laut, und seine aggressive Gestik stand in scharfem Kontrast zur ruhigen Körpersprache der Sitzenden. Die als hart empfundene, wie versteinerte Mimik und das nervöse Lippenbeißen bildeten einen Gegensatz zur Mimik der übrigen Anwesenden, die ihn anfangs mit offenen Gesichtern betrachteten. Doch auch sie verschlossen sich nach einer Weile, angesteckt von seiner negativen Ausstrahlung. Anschließend reichten sie die Hektik und Aggressivität an ihre Mitarbeiter weiter.

Durch fehlende empathische Spiegelung entstehen negative Ursache-Wirkung-Schleifen, die sich weit ausbreiten können.

In dieser Geschichte kommt es zu einer fatalen Kettenreaktion, die, wie von einer Mitarbeiterin befürchtet, vermutlich auch das Familienleben der Angestellten beeinträchtigt. Die Ursache liegt in der angespannten Vorstandssitzung, doch Dr. Becker hätte die Ausbreitung des vergifteten Klimas verhindern können. Es wäre für ihn wichtig gewesen, in den Moment zu kommen, Ballast abzuwerfen und sich ganz seinen Gesprächspartnern zu öffnen.

Dafür braucht man allerdings ein Gespür für sich selber: Wie fühle ich mich? Was ist das aktuelle Ziel, was das übergeordnete? Das aktuelle Ziel bestand bei Dr. Becker darin, die neuen Strukturen zu erläutern. Das übergeordnete Ziel aber lautete, die Abteilungsleiter vom Sinn dieser Strukturen zu überzeugen und dafür zu sorgen, dass sie es bejahend weiterkommunizierten. Insofern hat er das übergeordnete Ziel verfehlt und unbeabsichtigt viele Komplikationen ausgelöst.

Spiegelung – fauler Kompromiss oder authentisches Handeln?

Diese Frage wurde uns schon oft gestellt. Und genauso oft haben wir geantwortet: »Du kannst entweder recht haben oder glücklich sein.« Zugegeben, das klingt nach einem Kompromiss. Faul ist er aber ganz und gar nicht, wenn man bedenkt, wie viele Menschen sich in Konkurrenzgefechten verbeißen. Aggressiv verteidigen sie den eigenen Standpunkt, statt sich zuerst auf das Gegenüber einzustellen. Sie sind ängstlich darauf bedacht, bloß keinen Millimeter zurückzuweichen. Was sie damit erreichen? Wenig bis nichts. Wie sie sich dabei fühlen? Angestrengt und genervt.

Bei näherem Hinsehen entpuppt sich auch die gängige Rechthaberei oft als unsinnig, denn selten geht es dabei um wirklich substanzielle Themen. So mancher Streit entzündet sich an Kleinigkeiten. Partnerschaftskonflikte, Nachbarschaftsstreitigkeiten, Ärger im Büro – dahinter stehen in Wahrheit oft Probleme auf der Beziehungsebene. Wenn man den Kollegen nicht mag oder umgekehrt, kann schon eine schmutzige Kaffeetasse in der Gemeinschaftsküche zu erbitterten Auseinandersetzungen führen. Schaut man hinter die Kulissen, liegen ganz andere Dinge im Argen: Mindestens einer der Kontrahenten fühlt sich permanent unverstanden oder respektlos behandelt.

Warum aber sollte man seinen negativen Gefühlen nicht einfach freien Lauf lassen? Schließlich leben wir in einer Welt der Unaufrichtigkeit, so denken viele. Wenn schon Politiker um den heißen Brei herumreden und auch in der Geschäftswelt gelogen wird – dann will ich wenigstens in meinem Umfeld Klartext reden. Doch die verständliche Sehnsucht nach Aufrichtigkeit mündet oft in Übersprungshandlungen. Wer im Beruf dauernd seufzt: »Ich hasse diesen Job!«, verhält sich nicht authentisch, sondern verrennt sich in die Sucht nach negativer Aufmerksamkeit und hofft, auf diese Weise Gleichgesinnte zu finden. Empathiefähigkeit hat auch mit Selbstkontrolle und Sozialdistanz zu tun, während uneingeschränkte »Aufrichtigkeit« die Regeln des Zusammenlebens verletzt.

Fenja geht auf eine Party

Fenja ist Anfang dreißig und nicht wirklich zufrieden mit ihrem Leben. Es könnte besser laufen, meint sie, der Job, die Beziehung, einfach alles. Als sie auf der Party ihres Chefs eingeladen ist, trinkt sie dummerweise ein Glas zu viel. Der Alkohol löst ihre Zunge, und prompt sagt sie, was ihr gerade durch den Kopf schießt: »Sorry, bin gleich wieder da, muss mal eben meinen Tampon wechseln.« »O Mann, ich würde ja zu gern mal eine Nacht mit dem Chef verbringen.« »Schau mal, der Kollege X, wie fett der geworden ist.« Als ihr jemand schockiert zuflüstert, dass sie sich ziemlich danebenbenimmt, sagt sie: »Quatsch, ich bin voll authentisch!«

Selbstverständlich ist das ein extremes Beispiel, wenn auch mit einem tragischen Wahrheitsgehalt. Wer hätte nicht schon im alkoholisierten Zustand Dinge geäußert, die ihm hinterher peinlich waren? Oder spätnachts nach einem Glas Wein zu viel den oder die Ex angerufen und wirre Liebesgeständnisse gestammelt? Später bereut man solche Ausfälle. Es hat schon einen Grund, warum wir unser Herz nicht auf der Zunge tragen: Ohne jede Selbstkontrolle begehen wir Tabubrüche, deren destruktive Folgen wir kaum abschätzen können. Doch auch ohne Alkohol können wir unter Umständen ungewollt verletzend oder ausfallend werden.

Oft haben Menschen falsche Vorstellungen von Authentizität. Sie meinen, man müsse sich ohne Rücksicht auf Verluste durchsetzen und alles sagen, was man gerade denkt.

Leider wird oft auf der persönlichen Ebene gekämpft. Es geht unfreundlich zu, manchmal sogar beleidigend. Ein gewisser Narzissmus greift um sich, der nicht nur empathische Kommunikation verhindert, sondern auch konstruktive Lösungen. Narzisstische Menschen haben meist eine unreife Persönlichkeit und fallen durch eine geradezu pubertäre Angriffslust auf. Ihre Gefühlsausbrüche wirken regressiv, nicht authentisch.

Gunther und Tim: Regressiver Streit

Gunther und Tim sind Kollegen, doch vom ersten Tag an schepperte es zwischen ihnen. Beide neigen zu unbeherrschtem Verhalten und cholerischen Ausbrüchen. Obwohl sie bei diversen Projekten kooperieren müssen, ist keiner von ihnen in der Lage, auf den anderen zuzugehen. Auch heute kommt es wieder zu einer Auseinandersetzung. Gunther pflanzt sich in drohender Körperhaltung mit verschränkten Armen vor dem sitzenden Tim auf: »Hast du die Daten aufbereitet, die ich dir gemailt habe?«

Tim lehnt sich betont gelangweilt auf seinem Stuhl zurück: »Ach, die Daten, nee, wieso?«

Gunther verdreht die Augen: »Typisch! Hier klappt gar nichts mehr!«

Tim tippt sich an die Stirn: »Jetzt spinnst du völlig! Wieso soll ich denn immer für dich springen? Und auch noch für dich die Daten aufbereiten?«

Gunther stemmt die Hände in die Hüften: »Weil ich dich darum gebeten habe. Aber du stellst dich mal wieder quer! Geht gar nicht!«

Tim starrt zur Decke: »Das ist ja voll daneben, wie du dich hier aufführst!«

Gunther verzieht verächtlich den Mund: »Danke, gleichfalls.«
Tim schaut demonstrativ auf seinen Monitor: »Dann mach deinen Kram doch alleine. Ich bin raus.«

Gut möglich, dass Gunther und Tim meinen, sie hätten sich authentisch verhalten. Doch wie authentisch kann man sein, wenn man sich zu beleidigenden Äußerungen hinreißen lässt, die den Graben zwischen einem selbst und dem Gesprächspartner vertiefen? Hinterher zur Rede gestellt, sagen Kontrahenten wie Gunther und Tim gern: »Ich stand völlig neben mir« oder: »Ich war nicht ich selbst.« Damit geben sie letztlich zu, dass sie eben nicht authentisch, sondern »außer sich« waren. Schon die sprachliche Umschreibung zeigt: Man ist nicht bei sich und ruht auch nicht in sich selbst, wenn man es auf solch einen Schlagabtausch ankommen lässt.

> Authentisch sein, das heißt: Man spricht offen und ehrlich aus, was man denkt und fühlt, aber mit dem Filter der sozialen Intelligenz; einfühlsam und respektvoll.

Theoretisch hätte die wertfreie Frage von Gunther eine sachliche Antwort verdient, doch da die beiden Kollegen im Dauerclinch liegen, hängt von Anfang an Aggression in der Luft. Gunthers Körpersprache – er hat sofort eine Drohhaltung eingenommen – erheischt Dominanz. Tim wiederum reagiert darauf mit einer bewussten Asymmetrie, indem er sich zurücklehnt. Im weiteren Verlauf des Streitgesprächs verstärken beide verbal, mimisch und körpersprachlich die Asymmetrie. Der schwelende Zwist explodiert. Wenn überhaupt einer der beiden eine Einigung im Blick hatte, so ist davon nichts zu spüren. Sie verhalten sich beide unreif, unklug und tun alles dafür, dass sich die Konfliktsituation steigert.

Die reife Form der Authentizität

Ohne sonderlich kulturpessimistisch zu sein, kann man beobachten, dass in den modernen Industriegesellschaften ein seltsamer Widerspruch vorliegt: Einerseits werden von uns geistige Höchstleistungen verlangt, andererseits neigen immer mehr Menschen zu infantilem Verhalten. Wir sollen lebenslang lernbereit sein, mit neuen technologischen Entwicklungen Schritt halten und uns im Job als Multitasker beweisen, doch was die Beziehungsfähigkeit betrifft, stehen die Zeichen weniger gut. Kindisch sind viele Menschen nicht etwa im Sinne fröhlicher Unbekümmertheit, ihre Infantilität im Sinne von Unreife zeigt sich in fehlendem Gespür für das empathische Miteinander.

Wir alle wissen, dass Kinder liebenswerte kleine Egoisten sind, die erst nach und nach lernen müssen, auf andere Rücksicht zu nehmen und ihre Bedürfnisse zu managen. Dieser Lernprozess kommt allerdings immer häufiger ins Stocken. Sei es, dass mehr und mehr Kinder als Einzelkinder aufwachsen, sei es, dass zu wenig Zeit für das Familienleben bleibt und die elektronischen Kommunikationsalternativen die Herausbildung selbstbezogener Persönlichkeiten befördern – im Resultat zeigt sich der Hang zu unreifem, sozial inkompatiblem Verhalten. Es fehlt an Rücksichtnahme und gegenseitigem Respekt. So hat sich auch die Vorstellung von Authentizität verschoben. Viele meinen, Sie hätten das Recht, rücksichtslos zu sein. Nur, dass das nichts mit reifer Authentizität zu tun hat, eher mit sozialer Brutalität.

Reife Authentizität ist reflektiert: Man ist sich seiner Gefühle bewusst und schätzt ab, was man seinem Gegenüber zumuten kann, ohne damit die Beziehung zu gefährden oder zu verschlechtern.

Nehmen wir einmal an, Gunther möchte nicht nur die aufbereiteten Daten bekommen (aktuelles Ziel), sondern auch langfristig eine gute Zusammenarbeit mit Tim etablieren (übergeordnetes Ziel). Dann steht für ihn nicht Negatives im Vordergrund – die schlechte Beziehung, der Ärger über die fehlenden Daten, Tims provozierendes Verhalten –, sondern die Perspektive eines erfolgreichen Projekts und einer konfliktfreien Zusammenarbeit. Dafür muss er seinen Kollegen bewusst spiegeln und ihn damit zur Kooperation bewegen:

Gunther und Tim: Bewusste Spiegelung

Gunther nimmt sich einen Stuhl und setzt sich zu Tim an den Schreibtisch, wobei er darauf achtet, die gleiche Körperhaltung einzunehmen. Dann fragt er: »Hast du die Daten aufbereitet, die ich dir gemailt habe?«

Tim lehnt sich betont gelangweilt auf seinem Stuhl zurück und schlägt die Beine übereinander, um sich körpersprachlich von Gunther abzugrenzen: »Ach, die Daten, nee, wieso?«

Gunther lehnt sich nun ebenfalls zurück und schlägt ebenfalls die Beine übereinander: »Ich weiß, du hast eine Menge zu tun – wäre verständlich, wenn du es vergessen hast. Allerdings müssen wir unser Projekt in der kommenden Woche präsentieren. Schaffst du das bis morgen? Oder ist dir das zu viel Stress? Dann könnte ich den Teamleiter bitten, einen anderen Kollegen hinzuzuziehen.«

Tim setzt sich gerade hin. Er schaut Gunther irritiert an: »Wieso das denn? Natürlich kriege ich das hin.«

Gunther steht von seinem Stuhl auf: »Freut mich, dass du das hinkriegst. Kannst du mir eine Timeline geben, damit ich weiß, bis wann ich die Daten bekomme?«

Tim steht ebenfalls auf: »Morgen, vierzehn Uhr.«

Gunther hebt den Daumen: »Morgen um vierzehn Uhr. Super. Danke. Ich verlasse mich auf dich.«

Tim hebt ebenfalls den Daumen: »Ist schon okay. Läuft.«

Dieses Gespräch zeichnet sich dadurch aus, dass Gunther gleich zu Beginn eine Gemeinsamkeit durch die gleiche Körperposition herstellt. Während der Unterhaltung ahmt er Tims Körpersprache konsequent nach, um mit ihm verbunden zu bleiben. Verbal gibt er dann einen neuen Ton vor. Er lässt sich nicht aus der Reserve locken, sondern erwidert Tims leicht provokantes »Ach, die Daten, nee, wieso?« mit einer empathischen Antwort: »Ich weiß, du hast eine Menge zu tun – wäre verständlich, wenn du es vergessen hast.« Selbst wenn er den Verdacht hegen sollte, Tim habe die Aufgabe absichtlich beiseitegeschoben, verfällt er nicht in den Fehler, Vorwürfe zu äußern. Dadurch vermeidet er negative Emotionen und kann sachlich bleiben.

Ganz wichtig ist die verbindliche Vereinbarung am Ende: Tim verpflichtet sich, das Gewünschte zu liefern. Und Gunther sagt nicht etwa etwas Abfälliges, wie: »Wer's glaubt, wird selig« oder »Na, da bin ich ja mal gespannt, ob du Wort hältst«, sondern bedankt sich und artikuliert sein Vertrauen: »Ich verlasse mich auf dich.« Dass eine gemeinsame Ebene erreicht wurde, merkt man daran, dass Tim am Ende Gunthers Körpersprache spiegelt: Er steht ebenfalls auf und hebt einen Daumen. Gunther verstärkt diese Ebene, indem er bewusst zwei von Tims Formulierungen wiederholt und ihn damit noch einmal verbal spiegelt: »Freut mich, dass du das hinkriegst« und »Morgen, vierzehn Uhr«.

Auch wenn dies ein idealtypischer Verlauf ist und unter Umständen mehrere solcher Gespräche nötig sind, bis sich das Verhältnis entspannt, kann man einige wichtige Elemente festhalten, die hier zur gelungenen Kommunikation führen:

- › Körpersprache spiegeln
- › Empathie signalisieren
- › Formulierungen spiegeln
- › Vorwürfe vermeiden
- › abfällige Bemerkungen vermeiden
- › Zielvereinbarung treffen
- › Vertrauen zeigen

Nun wäre erneut zu fragen: Hat Gunther sich verbogen? Hat er Tim manipuliert? Nein, keineswegs. Er hat sozial intelligent, emotional autark und in jedem Fall konstruktiv gehandelt. Seine Bereitschaft zur Spiegelung erspart ihm Ärger, Stress und eine eventuelle Gefährdung des Projekts.

Menschen bewusst zu spiegeln, bedeutet, klug zu verhandeln. Verbiegen müssen Sie sich dabei nicht. Sie bleiben in jedem Moment authentisch und Sie selbst. Sie finden es ja auch nicht unaufrichtig, einem Kind mit Freude und Überschwang zu begegnen, seine Sprachebene zu berücksichtigen und mit hoher Stimme zu sprechen. Genauso können Sie jeden anderen Menschen spiegeln, sogar Personen, mit denen Sie Probleme haben. Worum es dabei geht, ist ein spielerischer Umgang mit den eigenen Kommunikationsmöglichkeiten, die uns auf Dauer in solidarische Bindungen führen. Lassen Sie sich auf das Spiel ein. Folgen Sie Ihrer Intuition, die ohnehin die Spiegelung favorisiert, nicht die Konfrontation.

Natürlich ist es richtig, dass Sie einen gewissen Vorteil haben, wenn Sie das Geheimnis der Spiegelung kennen. So, wie auch Gunther im Vorteil ist, weil er bewusst die Position des Reiferen einnimmt, der Tim unbemerkt auf seine Seite zieht. Machen Sie sich diese Vorteile zunutze:

- › Sie gestalten Ihre Kommunikation konfliktfrei
- › Sie können mehr Verständnis für Ihren Standpunkt erreichen
- › Sie gefährden selbst bei Meinungsverschiedenheiten nie Ihre sympathische Ausstrahlung

Neudeutsch würde man von einer Win-win-Situation sprechen. Deshalb bedeutet die Kunst der Spiegelung auch keineswegs eine besonders raffinierte Methode der Manipulation. Wir alle haben eine gesunde Aversion gegen Opportunisten, die uns nach dem Munde reden, um uns in irgendeiner Weise einzulullen. So, wie wir auch keine »aalglatten« Verkäufer mögen, die uns durch Schmeicheleien zu etwas überreden wollen, was wir gar nicht brauchen. Das Grundmotiv der Spiegelung bleibt demgegenüber immer, für den anderen da zu sein, nicht, ihn sich in irgendeiner Weise »hinzubiegen«.

Deshalb muss es Sie nicht irritieren, dass Sie es sind, die oder der die Situation gestaltet. Das Einlenken Ihres Gegenübers ist der Lohn für Ihre Mühe, sich auf jemanden einzulassen. Sie haben sich die Kooperation und den kräftigen Sympathiebonus redlich verdient.

Die empathische Ministerin

In einer Talkshow ereignete sich neulich ein Schlagabtausch zwischen einer Ministerin und ihren politischen Kontrahenten. Zum Erstaunen des Talkmasters machte die Ministerin einem gegnerischen Gast ein Kompliment für seine brillante Argumentation. Sofort kam die Nachfrage des Talkmasters, was das bedeuten solle – ob sie sich etwa einschmeicheln wolle? Die Ministerin schüttelte den Kopf, dann erklärte sie lächelnd: »Herr X und ich, wir mögen uns, auch wenn wir uns in der Sache hart auseinandersetzen müssen.« Sowohl der Talkmaster als auch die anderen Gäste waren baff. Daraufhin legte die Ministerin nach: »Warum sollten wir einander bekämpfen und schlecht machen? Wir sind doch bloß unterschiedlicher Meinung!« Im weiteren Verlauf der Sendung wurde sie mit außerordentlichem Respekt behandelt, was ihre positive Ausstrahlung noch erhöhte. Für alle war klar, dass sie als heimliche Siegerin aus der Sendung ging.

Eine sehr kluge Politikerin. Sie hat verstanden, dass gerade bei strittigen Themen eine empathische Gesprächskultur nötig ist, um Verletzungen zu vermeiden und eine gute Figur zu machen. Im Laufe der Talkshow bewies sie immer wieder Einfühlungsvermögen, indem sie ihren politischen Gegnern Respekt und Verständnis entgegenbrachte und auf die üblichen Sticheleien verzichtete. Damit nahm sie die Aggression aus der Debatte. Es blieb genügend Zeit für Erörterung der Sachthemen, wobei die Ministerin ausgesprochen überzeugend wirkte, wesentlich überzeugender als ihre anfangs angriffslustigen Kontrahenten.

Das Beispiel belegt: Es geht immer um die Gestaltung einer Beziehungsebene, von der alle profitieren. Doch wer in die Spiegelung geht, hat einen klaren Vorteil: Er wirkt sympathischer und souveräner, weil er sich nicht die Blöße einer unerfreulichen Konfrontation gibt. Außerdem hat er einen unschätzbaren Vorteil:

Wer empathisch kommuniziert, kann die Situation unbemerkt steuern, da er sich bewusst ist, was er erreichen will, und vor allem, WIE er es erreicht.

Entwickeln Sie Steuerungskompetenz

Die Inspiration zu diesem Begriff entstammt dem Bild eines Schiffs, das übers Meer segelt. Damit es im Zielhafen ankommt, muss der Steuermann nicht nur die richtige Himmelsrichtung wählen, er muss sein Schiff auch sicher durch raue Gewässer und Untiefen navigieren – also im wahrsten Sinne des Wortes gefährliche Klippen umschiffen. Genau so verhält es sich mit Gesprächen. Nehmen wir an, Sie kennen die gewünschte Richtung und wissen, wie Sie mit Einfühlungsvermögen die Segel setzen – dann stellt sich immer noch die Frage nach der Steuerung, vor allem dann, wenn knifflige Themen oder ernsthafte Probleme zur Sprache kommen. Wie können Sie den Verlauf des Gesprächs günstig beeinflussen? Wie bringen Sie Ihren Gesprächspartner dazu, einzulenken und auf Ihre Anliegen einzugehen?

Oft bleibt dieser sehr wichtige Punkt unbeachtet. Man lässt die Sache einfach laufen und beobachtet gespannt, wie sie ausgeht. Leider reibt sich dann so mancher hinterher verwundert die Augen: Warum ist trotz guter Vorbereitung und empathischer Spiegelung nicht alles so harmonisch und konstruktiv abgelaufen wie erwünscht? Wie konnte es passieren, dass das Gespräch unbefriedigend blieb oder in harten Auseinandersetzungen endete?

> Erst die Steuerungskompetenz vollendet
> das Konzept der empathischen Spiegelung.

Wenn Sie jemandem mit Empathie begegnen, aber keine Vorstellung haben, wie Sie das Gespräch über alle Klippen hinweg bis zum Ende klug navigieren, bleibt der Ausgang offen. Wenn Sie aber den festen Willen – und das Know-how der Spiegelung – haben, dass Sie und Ihr Gesprächspartner am Schluss lächelnd auseinandergehen, mit dem Gefühl, dass Sie beide erreicht haben, was Sie wollten, können Sie den Weg dorthin aktiv gestalten. Da Sie zuvor eine Gesprächssituation gegenseitigen Wohlwollens und gegenseitiger Akzeptanz erschaffen haben, brauchen Sie dafür keine auftrumpfende Dominanz. Die empathische Steuerung kommt auf leisen Sohlen daher. Sie beruht auf Werten wie Zugewandtheit, Vertrauen und Augenmaß im Umgang mit anderen. Sie behalten den Partner mit seinen Bedürfnissen immer im Fokus Ihres Handelns und übernehmen Verantwortung für das Gelingen des Gesprächs.

Wer bewusst spiegelt und steuert,
übernimmt Verantwortung für seine Beziehungen.

Verantwortung? Dieser Gedanke ist fundamental, aber alles andere als selbstverständlich. In einer Gesellschaft der Ich-Zentriertheit erwarten wir viel von anderen, um nicht zu sagen: Wir erwarten *fast alles* von den anderen. Der Partner soll uns gefälligst glücklich machen, die Kinder sollen uns Freude bereiten. Der Chef soll unsere Leistungen loben, die Kollegen sollen bitte schön voller Sympathie auf uns zugehen. Wir möchten beschenkt werden, ein verständlicher Wunsch. Doch wir fragen uns zu selten, wie unsere eigene Rolle in solchen Beziehungen aussieht. Noch weniger ist uns bewusst, dass wir selber die Initiative ergreifen sollten, statt uns enttäuscht abzuwenden, wenn nicht alles wie erhofft läuft.

Haben Sie den Mut, Ihre Kommunikation zu einem befriedigenden Erlebnis zu machen. Trauen Sie sich, Gespräche sanft zu steuern, mit einer inneren Stärke, die niemals aufdringlich oder bevormundend nach außen dringt. Man kann auch von innerer Autorität sprechen. Diese entsteht immer dann, wenn Sie in jeder

Phase des Gesprächs Ihre Ziele vor Augen haben: eine gute Beziehungsqualität sowie das aktuelle und das übergeordnete Ziel. Von Ihrer Verantwortungsbereitschaft – und nicht vom Gegenüber – hängt dann ab, ob Sie all das erreichen.

Wann ist der richtige Zeitpunkt für die Steuerung?

Spiegelung ist gewissermaßen das Warm-up des Gesprächs. So, wie vor Fernsehshows das Publikum durch einen launigen Entertainer in die richtige Stimmung gebracht und gelockert wird, können Sie auch mit Ihrem Gesprächspartner verfahren. Die Aufwärmphase dient jedoch immer einem Zweck – dass Sie irgendwann die Führung übernehmen. Führung klingt vielleicht allzu hart in Ihren Ohren? Gemeint ist »Quiet Leadership«. Dabei handelt es sich um eine empathische Kommunikationshaltung, die auf den anderen motivierend und ermutigend wirkt. Er hört aufmerksamer zu und folgt dann wie aus einem eigenen Impuls heraus Ihren Vorschlägen, weil er weiß, dass Sie diese Vorschläge quasi für ihn maßgeschneidert haben.

Das perfekte Timing für Ihre Steuermann-Rolle können Sie anhand des Phasenmodells leicht erkennen.

› In der ersten Phase des Gesprächs bestehen meist Asymmetrien.
› In der zweiten Phase, wenn Sie in die Spiegelung gehen, öffnet sich Ihr Gesprächspartner langsam. Er fühlt sich wohl, Sie verstehen sich.
› In der dritten Phase beginnt Ihr Gegenüber, nun auch Sie zu spiegeln.
› In der vierten Phase werden Sie steuernd aktiv durch die Verhandlung über Ihr Ziel, auf eine ebenfalls empathische, also nicht-konfrontative Weise.

› In der fünften Phase sind Sie und Ihr Gesprächspartner synchronisiert, und Sie haben freie Fahrt für eine einvernehmliche Gestaltung Ihres Vorhabens.

Karen und Thomas: Allein oder zu zweit?

Karen freut sich auf einen gemeinsamen Samstag mit ihrem Freund Thomas. Sie sind vor Kurzem zusammengezogen, und Karen ist sehr verliebt. Nur eines stört sie an Thomas: Er hat eine ausgeprägte Vorliebe für Computerspiele. Manchmal hält sie ihn geradezu für spielsüchtig. Darüber hat es schon oft Streit gegeben, denn Karen möchte lieber mit Thomas auf der Couch kuscheln und einen Film sehen oder gemeinsam mit ihm kochen. Bisher hat sie es jedoch oft nicht geschafft, ihn vom Laptop loszueisen. Und wenn, dann meist um den Preis schlechter Laune. Deshalb überdenkt sie noch einmal, wie die Sache normalerweise vor sich geht:

Thomas sitzt gebannt am Laptop, sie platzt herein und stellt sich hinter ihn. Deutlich genervt weist sie ihn darauf hin, dass er nicht mehr allein wohnt, sondern eine Partnerin hat, die sich auf einen Samstag zu zweit freut. Er murmelt dann ebenso genervt, sie solle ihn nicht stören. Ein gereizter Wortwechsel folgt. Gibt sich Thomas geschlagen, dauert es mindestens eine halbe Stunde, bevor er sich entspannt. Heute hat sich Karen vorgenommen, Thomas bewusst zu spiegeln und dann subtil auf einen Samstag zu zweit hinzusteuern.

1. Phase: Karen vermeidet bewusst Asymmetrie

Karen kommt leise ins Zimmer von Thomas, der völlig ins Spiel versunken vor seinem Laptop hockt. Sie platzt also nicht lautstark herein. Stattdessen schaut sie auf den Laptop und registriert, dass er »Need for speed« spielt. Ohne ein Wort stellt sie Thomas eine kalte Cola hin, sein Lieblingsgetränk.

2. Phase: Karen geht in die Spiegelung, indem sie Körpersprache und Handlungsmuster von Thomas übernimmt

Sie setzt sich auf die andere Seite des Tisches. Dann holt sie ihr Handy heraus und schaut sich ein paar Posts auf Facebook an. Thomas, ohne aufzusehen, brummt: »Danke für die Cola.«

Karen murmelt, ohne aufzusehen: »Gern geschehen.«

Thomas nimmt einen Schluck und sieht kurz zu Karen: »Hallo, Liebling.«

Karen schaut ihn nun ebenfalls kurz an: »Hallo, Schatz. Na, wie viele Punkte hast du bei ›Need for speed‹ geholt?«

Thomas schaut auf seinen Laptop. »Highscore. Habe heute sogar schon online gegen Luca gewonnen.«

Karen, mit Blick auf ihr Handy: »Wow! Gegen Luca, den Champion?«

3. Phase: Thomas beginnt, Karen zu spiegeln

Er hält inne, schaut länger rüber: »Ja, bin voll der virtuelle Held. Da staunst du, was?«

Karen, funkelt ihn lachend an: »Künstliche Intelligenz ist mir immer noch lieber als natürliche Dummheit.«

Thomas lacht nun auch und schaut ihr direkt in die Augen: »Was 'n das für 'n Hammerspruch?«

4. Phase: Karen geht in die Steuerung

Sie legt das Handy weg und verschränkt die Arme hinter dem Kopf. »Hat Hajo gestern im Büro rausgehauen. Du, der hat die neueste Version von ›Assassin's Creed‹!«

Thomas drückt die Pausentaste und verschränkt ebenfalls die Hände hinter dem Kopf. »Echt? Kenne ich ja noch gar nicht. Wie findet er die Version?«

Karen beugt sich zu ihm vor. »Erzähle ich dir gleich in der Küche. Hunger?«

Thomas beugt sich ebenfalls zu ihr vor. »Und wie. Gestern Abend hab ich gar nichts Richtiges gegessen wegen meines Termins mit dem Kunden.«

Karen steht auf. »Okay. Ich mache einen Salat, du kannst die Tiefkühlpizzen in den Ofen schieben.«

Thomas steht auch auf. »Also, wie war das jetzt mit Hajo und ›Assassin's Creed‹?«

Sie gehen redend in die Küche, bereiten zusammen das Essen vor und verbringen den Nachmittag gemeinsam auf der Couch. Und das ohne jede Auseinandersetzung.

Karen geht ausgesprochen klug vor. Sie achtet zunächst darauf, Thomas nicht durch aggressives »Reinplatzen« zu stören, und signalisiert ihm mit der Cola ihr Einverständnis, dass er vor dem Laptop sitzt. Sie respektiert also seine Bedürfnisse. Daraufhin spiegelt sie seine Körpersprache, sein Tun und seinen gedämpften Kommunikationsmodus, indem sie sich genauso hinsetzt wie er und sich mit ihrem Handy beschäftigt. Verbal erfolgt die Spiegelung zusätzlich dadurch, dass sie sein Computerspiel nicht unterbricht, sondern Interesse dafür zeigt. Eine gemeinsame Beziehungsebene entsteht. Karen vermeidet es, ihre Bewertung der Freizeitgestaltung über seine zu stellen, und bevormundet ihn nicht. Stattdessen bestätigt sie ihn, erkennt ihn an, auch mit dem passenden Spruch zu Computern. Thomas, der anfänglich vermutlich befürchtet hat, es gebe wieder Streit, entspannt sich. Er ist erleichtert, dass er Verständnis erhält, und beginnt nun, Karen zu spiegeln.

Daraufhin kann Karen durch sanfte Steuerung – immer noch mit einfühlendem Verständnis für Thomas' Spielleidenschaft – das Gesprächsthema aufs Essen und Kochen lenken.

Bestimmt denken Sie schon seit einigen Minuten über eigene spannungsgeladene Situationen nach. Etwa sonntagnachmittags, wenn Ihr Partner zur Couch-Potato mutiert, Sie hingegen spazieren gehen wollen? Vielleicht liegt Ihr emotionales Sperrgebiet ja auch im Job, weil Sie mit dem einen Kollegen immer und immer wieder stundenlang darüber diskutieren, wer wann welche Aufgaben erledigt. Probieren Sie bei nächster Gelegenheit die empathische Spiegelung aus. Lassen Sie sich auf Ihr Gegenüber ein. Empfinden Sie nach, was der andere denkt und fühlt. Spiegeln Sie ihn. Und dann dürfen Sie subtil steuern.

Der Praxisteil weiter hinten im Buch hilft Ihnen, sich mit allen Elementen der Spiegelung eingehend vertraut zu machen. Sobald Ihnen die empathische Kommunikation gewissermaßen in Fleisch und Blut übergegangen ist, spüren Sie intuitiv, in welcher Phase des Gesprächs Sie sich befinden.

Achten Sie besonders darauf, ob Ihr Kommunikationspartner Sie irgendwann tatsächlich spiegelt oder nicht.

Es kann durchaus schon mal passieren, dass die Spiegelung lange einseitig bleibt, dass Sie also nicht so rasch zurückgespiegelt werden wie Karen. Dann üben Sie sich in Geduld. Verstärken Sie Ihre empathischen Signale durch ähnliche Köpersprache, Mimik, Stimme und Angleichung der verbalen Ebene. Da Sie jedoch nicht stundenlang zugetextet werden wollen, müssen Sie irgendwann sozusagen die Notbremse ziehen.

Bewährt haben sich intensive Nachfragen, die sukzessive ausführlicher werden. So spürt das Gegenüber Ihre Anteilnahme, fängt aber gleichzeitig an, sich für Ihre Perspektive zu interessieren und Sie ebenfalls etwas zu fragen – auch das ist ein Zeichen dafür, dass das Zurückspiegeln beginnt. Nun sollten Sie sofort Ihre Intention ins Spiel bringen. Nutzen Sie die Gunst des harmonischen Austauschs, denn das ist Ihr Werk!

So wie die empathische Spiegelung können Sie auch
Ihre Steuerungskompetenz trainieren.

Bleiben Sie wach für die Reaktionen anderer. Registrieren Sie aufmerksam, wann Ihnen in Gesprächen der Kommunikationspartner »entgleitet«, wann er sich innerlich und äußerlich von Ihnen entfernt. Merken Sie sich, unter welchen Bedingungen Nähe entsteht, und woran es lag, dass sich plötzlich eine Distanz einstellte. Knapp formuliert: Knacken Sie den Beziehungscode Ihres Gegenübers. Jeder Mensch hat eine Wohlfühlzone. Sobald Sie sie entdeckt haben, können Sie jederzeit wieder Nähe und Wärme herstellen, um dann steuernd die Situation zu gestalten.

Formen Sie ein glückliches Gehirn!

Nach all den Vorteilen, die aufgelistet wurden, sind Sie möglicherweise noch im Zweifel, ob es bei der Spiegelung eigentlich mit rechten Dingen zugeht. Darf man andere derart ungeniert für sich einnehmen? Die Antwort lautet: Ja, denn das empathische Verhalten ist eindeutig menschenfreundlicher als das konfrontative.

Abgesehen von dem Mehrwert eines gelingenden Austauschs, hat die empathische Spiegelung auch eine altruistische Dimension. Man kann Spiegelung als gelebte Nächstenliebe bezeichnen, da empathische Kommunikation die Grundbedürfnisse des Gegenübers nach Zugehörigkeit erfüllt. Bei der Spiegelung entsteht eine energetische Komponente, die allen nützt: Man erlebt Synergie statt Konfrontation.

> Empathische Spiegelung ist wie ein gelungener Paartanz:
> Ein guter Tänzer beherrscht nicht nur die richtigen Schritte,
> er geht auf seinen Partner ein und möchte, dass beide
> Spaß haben.

Wenn Sie Menschen spiegeln, kreieren Sie positive Erfahrungen. Sie erschaffen mehr Freude, mehr Wärme, mehr Heiterkeit. Man fühlt sich zu Ihnen hingezogen, weil man ein Teil Ihrer gelassenen, positiven Welt werden möchte. Wer will schon gern mit jemandem kommunizieren, der mauert oder sogar Ablehnung signalisiert? Einfach gesagt, haben Sie absolut nichts davon, wenn Sie Rechthaberei und Prinzipienreiterei auf Ihre Fahnen schreiben. Also stellen Sie die Sachthemen ein Stück beiseite, und kümmern Sie sich immer als Erstes um die Beziehungsebene.

Wie entspannt es dabei zugeht, kann man gut in anderen Kulturen beobachten. In Thailand beispielsweise wird viel gelächelt und gelacht, weil die Menschen dort wesentlich offener füreinander sind. Geschieht irgendetwas Unvorhergesehenes oder klappt etwas Geplantes nicht, wird das mit einem Lachen quittiert, was sofort die Situation entschärft. In Thailand sind Beziehungen völlig selbstverständlich wichtiger als die Dinge, und die Gemeinschaft steht als Wert über allem anderen. Sicherlich ein Grund, warum die Menschen dort nach unserem Eindruck wesentlich glücklicher sind als in westlichen Industrieländern. Sie kultivieren eine gewisse Demut, weil sie nie ihr Ego in den Vordergrund stellen. Doch Sie müssen nicht nach Thailand auswandern, um diese Haltung zu leben.

Ein glückseliges Weihnachtsfest

In einem der inzwischen kultigen Weihnachtsspots einer großen Lebensmittelkette sieht man eine Familie bei den Weihnachtsvorbereitungen. Die Eltern stehen unter ungeheurem Druck, weil sie einfach alles perfekt machen wollen: die perfekte Dekoration anbringen, die perfekten Plätzchen backen, die perfekten Geschenke kaufen. Das Ziel ist ein wunderschönes Weihnachtsfest. Doch dabei gehen die Kinder völlig unter. Ihre freudige Erwartungshaltung wird nicht gespiegelt, sondern gedämpft. Die Eltern verhalten sich launisch und meckern an ihnen herum.

Die Geschichte endet damit, dass die Eltern diese Asymmetrie erkennen, und auch, wie unglücklich alle darüber sind. Deshalb beschließen sie, auf die Kinder einzugehen, statt immer neue Anstrengungen für das unerreichbare Ideal der perfekten Kulisse zu unternehmen. Sie stellen sich mit den Kindern in die Küche und backen gemeinsam mit ihnen Plätzchen. Dass die Küche dabei »schmutzig« wird, hat angesichts der Freude an der gemeinsamen Aktivität keine Bedeutung. Die Lehre daraus: Wenn man Beziehungen wichtiger nimmt als die Dinge, lebt man einfach glücklicher.

Ja, das Leben ist kein Werbespot, das wissen wir. Aber die Botschaft dieses Filmchens ist ebenso umwerfend schlicht wie überzeugend: Man muss nicht notgedrungen alles mitmachen, was einem durch gesellschaftliche Normen diktiert wird. Jederzeit kann man beschließen, seinen individuellen Weg zu gehen, seine eigenen Prioritäten zu setzen. Ausgetretene Pfade sind kein lebenslanges Schicksal. Wir sind frei, auch frei, uns zu ändern.

Neurologen sind sich einig, dass man durch Verhaltensänderungen seine Hirnphysiologie positiv beeinflussen kann. Das betrifft zum einen die erwähnten Spiegelneurone, deren Aktivität Sie durch einfühlsame Kommunikation steigern. Zum anderen können Sie gezielt Stress und Ängste abbauen, indem Sie bei der empathischen Spiegelung vermehrt die für Emotionen zuständigen Hirnareale aktivieren. Das ist ein sehr wichtiger Vorgang. Im Widerstreit zwischen Verstand und Gefühl lassen wir nämlich zumeist den Verstand siegen, was mit unserer rational geprägten Kultur konform geht. Allerdings geraten dadurch unsere emotionalen Kompetenzen und Bedürfnisse in den Hintergrund, wir verhärten innerlich und fühlen uns unwohl, da wir trotz unseres glänzend funktionierenden Verstandes stabile soziale Beziehungen vermissen.

Sie können jederzeit neuronale Neuverschaltungen initiieren, indem Sie sich bewusst empathisch verhalten und die Fähigkeit zur Spiegelung trainieren. Der Hirnforscher Richard Davidson hat die erfreulichen Auswirkungen aufgelistet:

> Sie erwerben die Fähigkeit, sich rasch von negativen Emotionen zu befreien.

> Sie genießen beglückende Zustände intensiver und länger.
> Sie senden keine widersprüchlichen Signale mehr aus, die zu Missverständnissen führen.
> Sie entwickeln Eigenschaften wie Nachsicht und Großzügigkeit, die Sie sympathischer machen.

Das ist ein starkes Plädoyer für die Kunst der Empathie. Kreieren Sie beglückende Erlebnisse mit anderen! Wagen Sie, aus sich herauszugehen. Beantworten Sie Freude, Trauer, Überschwang, Ärger mit der entsprechenden Spiegelung, damit Ihre Kommunikation lebendiger, direkter und ohne Missstimmungen abläuft. Trainieren Sie Ihre kommunikativen Fähigkeiten, und freuen Sie sich auf die neue Leichtigkeit, mit der Sie Menschen begegnen.

Was Spiegeln im Einzelnen bedeutet – Übungen für jeden Tag

Empathisches Spiegeln

Im Praxisteil dieses Buchs lernen Sie, Menschen wirklich zuzuhören, sie zu »lesen« und zu spiegeln. Es geht also zunächst darum, den Gesprächspartner zu analysieren: Wie ist er drauf? In welcher emotionalen Verfassung befindet er sich? Welche Rückschlüsse lassen sich aus seinem Verhalten und den Aussagen über seine Bedürfnisse und Werte ziehen? Auf dieser Grundlage können Sie ihn dann bewusst spiegeln lernen. Für alle Übungen gelten die fünf Schritte, die Sie aus Kapitel 1 und 2 bereits kennen und die Sie dabei beherzigen sollten:

Erster Schritt: Die Vergegenwärtigung des übergeordneten Ziels – Was möchte ich?
Zweiter Schritt: Die bewusste Wahrnehmung – Wie ist der andere drauf?

Dritter Schritt: Die einfühlsame Spiegelung
Vierter Schritt: Die Definition des aktuellen Ziels – Was wünsche ich mir für die konkrete Situation?
Fünfter Schritt: Die aktive Gestaltung

Empathische Kommunikation beruht darauf, dass wir unseren Gesprächspartnern helfen, ihre Charakteristika und Fähigkeiten für ein gemeinsames Ziel einzusetzen. Denn ob Gespräche angenehm, zielorientiert und effektiv verlaufen, ist entscheidend davon abhängig, wie die Beteiligten ihre Person ins Spiel bringen und was sie von ihrem Potenzial ausschöpfen können. Ein genauerer Blick auf typische Gesprächssituationen enthüllt, wie nachhaltig und quasi vorhersagbar der Verlauf ist, abhängig davon, inwieweit eine Atmosphäre gegenseitiger Anerkennung erschaffen wird. Ignorantes und konfrontatives Verhalten führt dazu, dass man sich schützt, zurückzieht und weder seine Persönlichkeit noch seine Potenziale einbringt. Ganz anders verläuft ein Gespräch, bei dem mindestens ein Kommunikationspartner bewusst empathisch agiert: Damit baut er die Brücke zum anderen und schafft die Voraussetzungen für ein Miteinander, das Synergien eröffnet.

Großen Wert legen wir bei unserem Coaching auf eine Kultur der Achtsamkeit und der Offenheit für andere. Immer wieder haben wir nämlich festgestellt, dass es mit der gegenseitigen Wahrnehmung hapert. Man redet nicht nur aneinander vorbei, man lebt auch aneinander vorbei. Genau das wollen wir zusammen mit Ihnen ändern. Deshalb finden Sie hier zahlreiche Übungen, die sich leicht in den täglichen Ablauf einbauen lassen. Und wir können Ihnen versprechen: Niemand wird bemerken, dass Sie überhaupt eine Übung absolvieren, allenfalls wird auffallen, dass Sie sich einfühlsamer verhalten. Probieren Sie es aus! Die Qualität Ihrer Gespräche wird eine neue Dimension erhalten, weil Sie bewusst kommunizieren, statt die Dinge irgendwie laufen zu lassen.

In den einzelnen Abschnitten stellen wir Ihnen die verschiedenen Elemente des Spiegelns vor:

› Empathisches Zuhören
› Stimme, Mimik und Körpersprache spiegeln
› innere Einstellungen und Wertesysteme verstehen
› Handlungstypen erkennen

Das Ziel ist es, am Ende ganzheitlich zu agieren, also sämtliche Elemente zu beachten, die gespiegelt werden können. Allein mit dem Verstand ist das jedoch nicht zu schaffen, das wäre zu kompliziert. Deshalb setzen wir bei unserem Coaching darauf, dass Sie die Übungen der einzelnen Trainingseinheiten regelmäßig wiederholen und mit der Zeit verinnerlichen. Um dieses Verhalten fest zu verankern, hilft Ihnen erfahrungsgemäß das positive Feedback Ihrer – unwissenden – »Übungsobjekte«. Wenn Sie erst einmal erlebt haben, welche positive Wirkung schon kleine Verhaltensänderungen zeigen, werden Sie nicht mehr darauf verzichten wollen und Sie wenden die Kunst der Spiegelung ganz intuitiv an. Sie wissen ja: Sie sind dazu geboren und reaktivieren im Grunde nur etwas, was Ihnen im Alltag verloren gegangen ist.

Die Bedeutung des Zuhörens

Es klingt so einfach. Zuhören kann jeder, denkt man. Und doch ist auch dies eine Kunst. Jemandem empathisch zuzuhören, erfordert hohe Aufmerksamkeit und Konzentration. Man muss sich dafür Zeit nehmen, und sei das Gespräch noch so kurz. Durch ungeduldiges Ins-Wort-Fallen und vorschnelles Kommentieren erzeugt man den Eindruck von Gleichgültigkeit. Erst einmal geht es darum, dem Gegenüber eine Spielfläche zu geben. Das ist keineswegs gleichbedeutend mit Passivität. Durch die Spiegelung der emotionalen Verfassung Ihres Gesprächspartners werden Sie zum Mitakteur.

Gute Zuhörer sind keine passiven Statisten. In jedem Moment sollten Sie »mitgehen«, also empathisch reagieren. Dazu gehören auch Nachfragen. Jede Geschichte, die erzählt wird, ist ein Angebot, eine Verbindung herzustellen. Wenn Sie interessiert nachfragen, fühlt sich Ihr Gegenüber wahrgenommen und anerkannt. Manchmal ist es angebracht, dass Sie ihm mehr Redezeit als sich selbst einräumen, weil derjenige etwas Wichtiges mitteilen will. Lassen Sie sich darauf ein. Sonst entgehen Ihnen Momente einfühlender Intensität, in denen sich die Beziehung zum Partner, zu Freunden, Kollegen, Kindern festigen könnte.

Susanne und Andreas: Mit Anlauf aneinander vorbei

Susanne und Andreas arbeiten beide. Wie jeden Tag, kommen sie abends etwa zur selben Zeit nach Hause.

Susanne: »Uff, das war vielleicht ein blöder Tag! Nur Stress in der Firma!«

Andreas: »Hi, Schatz, hast du daran gedacht, meinen Anzug aus der Reinigung zu holen?«

Susanne: »Ach, vergiss den Anzug. Ich bin froh, dass ich es überhaupt geschafft habe, noch ein Geburtstagsgeschenk für deine Mutter zu besorgen.«

Andreas: »Aber ich habe morgen ein wichtiges Meeting!«

Susanne: »Das Geschäft war proppenvoll. Ich dachte, ich sterbe, als ich die lange Schlange vor der Kasse sah. Meine Füße tun total weh.«

Andreas: »Hallo? Mein Meeting?«

Susanne: »Hallo, meine Füße?«

Andreas: »Du bist echt das Letzte. Wie soll ich denn morgen ohne den Anzug zum Meeting gehen, kannst du mir das mal verraten?«

Inzwischen wird es Ihnen leichtfallen zu erkennen, was hier falsch läuft: Keiner von beiden geht auf den anderen ein, fragt nach, interessiert sich für die angesprochenen Themen. Sowohl Susanne als auch Alex sind auf dem Egotrip und halten nur die eigene Perspektive für relevant. Jeder erzählt etwas, was ohne Nachfragen im Raum stehen bleibt. Dadurch baut sich bei beiden eine Frustration auf, die sich immer mehr steigert. So schaukelt sich das Gespräch in zunehmender Schärfe hoch, sehr wahrscheinlich werden sie noch eine Weile streiten. Und so sähe es aus, wenn Andreas und Susanne einander spiegeln würden:

Susanne und Andreas: Bewusste Spiegelung

Susanne: »Uff, das war vielleicht ein Tag! Nur Stress in der Firma!«

Andreas: »Hi, Schatz, was war denn los?«

Susanne: »Der Chef hatte schlechte Laune, und Kollege Meyer

hat wichtige Unterlagen verschlampt. Den Frust haben sie an mir ausgelassen.«

Andreas: »Was haben sie genau gemacht?«

Susanne: »Na ja, der Chef hat mir einen Anpfiff verpasst, weil meine Präsentation noch nicht fertig ist, und der Meyer hat mir vorgeworfen, mein Ablagesystem sei Mist.«

Andreas: »Das ist ja voll gemein.«

Susanne: »Ja, und lange gedauert hat das Ganze auch. Hab's gerade noch geschafft, das Geschenk für deine Mutter zu kaufen.«

Andreas: »Danke. Was hast du für sie ausgesucht?«

Susanne: »Ihr Lieblingsparfüm.«

Andreas: »Super, dass du daran gedacht hast. Übrigens: Hast du meinen grauen Anzug aus der Reinigung geholt?«

Susanne: »Tut mir leid, so viel Zeit war nicht mehr.«

Andreas: »Hm, schade, morgen habe ich ein wichtiges Meeting.«

Susanne: »Ja, das ist wirklich schade. Ich verstehe, dass du gern den (wurde ja schon gereinigt, ist also nicht neu) grauen Anzug getragen hättest. Aber vielleicht klappt's ja auch mit dem dunkelblauen beim Meeting.«

Andreas: »Vom Anzug hängt der Erfolg natürlich nicht ab. Kein Problem, ich sehe ja, du hattest Stress ohne Ende.«

Dieser Dialog gelingt deshalb, weil Andreas hinhört, statt sofort mit seinem eigenen Thema, dem Anzug, herauszuplatzen. Er nimmt sich die Zeit, nachzufragen (»Was war denn los?«), fragt ein weiteres Mal konkret nach (»Was haben sie genau gemacht?«) und zeigt Susanne, dass er mit ihr fühlt (»Das ist ja voll gemein«). Als Susanne das Geschenk erwähnt, fragt er nach und dankt ihr. Dann erst trägt er sein eigenes Anliegen vor. Da Susanne sich von ihm verstanden fühlt, kann sie nun ganz entspannt erwidern, warum sie nicht in der Reinigung war. Sie kann ihn sogar beruhigen und ihm Zuversicht vermitteln, dass er das Meeting trotzdem erfolgreich durchstehen wird.

Übung: Fragen statt erzählen

Dies ist eine Partnerübung, die Ihre Wahrnehmung schulen soll, indem Sie sich bewusst zurücknehmen und dem Gegenüber Raum geben.

› Wählen Sie einen Abend aus, den Sie mit Ihrem Partner zu zweit verbringen.
› Nehmen Sie sich vor, absolut nichts von sich selbst zu erzählen.
› Stellen Sie Ihrem Partner Fragen und hören Sie ihm aufmerksam zu.
› Nehmen Sie bei Ihren Nachfragen seine Perspektive ein (»Wie hast du reagiert? Was ging dir dabei durch den Kopf?«).
› Ziehen Sie danach eine Bilanz: Wie habe ich mich dabei gefühlt? Wie hat sich mein Partner gefühlt?

Wiederholen Sie diese Übung mit anderen Personen, die Ihnen nahestehen: mit einer engen Freundin/einem engen Freund, mit einer Kollegin/einem Kollegen, den Sie mögen. Dafür ist nicht immer ein ganzer Abend nötig, schon eine kurze Kaffeepause reicht aus. Notieren Sie anschließend Ihre Erfahrungen: Was war anders als sonst? Was haben Sie Neues erfahren? Welche Intensität hatte das Gespräch?

Lars und Annette: Hilfe, ich werde übersehen!
So wie jeden Tag holt Annette nach dem Job ihren vierjährigen Sohn Lars aus dem Kindergarten ab.

Lars: »Mami, Mami, ich habe ein ganz tolles Bild gemalt, guck mal! Die Erzieherin sagte, das ist das schönste Bild von allen!«

Annette (schaut an ihm vorbei): »Sekunde, ich muss mal eben ans Handy gehen.«

Lars: »Mami …«

Annette (tippt aufs Handy): »Warte bitte, Lars, ja?«

Sie telefoniert, Lars schwenkt deutlich weniger enthusiastisch sein Bild herum.

Annette (sieht auf ihre Uhr): »So, fertig. Komm, trödel nicht, zieh die Schuhe an, wir müssen uns beeilen, weil Oma auf uns wartet.«

Lars: »Mami, das Bild …«

Annette: »Ja, ja, sehr schön.« Sie streift das Bild mit einem flüchtigen Blick. »Oma geht mit dir auf den Spielplatz, ich muss noch was erledigen.«

Lars: »Ich will aber nicht zu Oma.«

Annette (wühlt in ihrer Handtasche herum, um ihren Auto-schlüssel zu suchen): »Hör auf zu quengeln. Kannst ja Oma das Bild schenken.«

Lars: »Nein, das Bild ist doch für dich.«

Annette (wendet sich ab und geht voran): »Ich habe schon eine ganze Sammlung. Warum musst du immer Ärger machen? Habe ich nicht schon genug Stress an der Hacke? Komm jetzt.«

Lars: »Nein, nein! Ich will nicht zu Oma!!«

Eine ganz alltägliche Situation: Das Kind ist in freudiger, über-schwänglicher Stimmung. Die kippt aber schnell, weil es sich nicht im Mindesten gespiegelt fühlt. Annette ist ungeduldig, ge-stresst, telefoniert nebenbei. Sie schaut Lars in keinem Moment aufmerksam an, hört nur oberflächlich zu. Lars' Freude verwan-delt sich in Enttäuschung und mündet in eine Verweigerungshal-tung, was Annette noch mehr auf die Palme bringt. Sie ist unfähig, aus ihrem Stressmodus auszusteigen und sich auf ihren Sohn einzulassen. Theoretisch könnte sie das durchaus, doch sie verkennt die besondere Abholsituation, in dem ein Kind die Wiedersehensfreude ausleben und gespiegelt spüren möchte.

Lars und Annette: Bewusste Spiegelung

Lars: »Mami, Mami, ich habe ein ganz tolles Bild gemalt, guck mal! Die Erzieherin sagte, das ist das schönste Bild von allen!«

Annette (sieht ihm in die Augen, dann auf das Bild): »Oh, das ist wirklich wunderbar!« Ihr Handy klingelt, sie ignoriert es. »Ich mag vor allem, wie du die Sonne gemalt hast!«

Lars: »Ja, die Sonne, die hat ganz viele Strahlen, und bei mir sind sie bunt!«

Annette (betrachtet das Bild): »Eine tolle Idee.«

Lars: »Ich schenk es dir!«

Annette (sucht Augenkontakt zu Lars): »Da freue ich mich, danke schön. Hast du vielleicht noch eines gemalt, das wir Oma schenken könnten? Wir fahren gleich zu ihr.«

Lars: »Ja, ich habe noch eins.«

Annette (schaut ihn weiter an): »Da wird Oma aber Augen machen. Dann fahren wir jetzt ganz schnell los, okay?«

Lars: »Ja, ich beeil mich!«

Dieses Mal spiegelt Annette die Freude und den Stolz ihres Sohnes (»Oh, das ist wirklich wunderbar!«). Sie teilt diese Emotion mit ihm und interessiert sich sowohl für ihn als auch für das Bild (»Ich mag vor allem, wie du die Sonne gemalt hast!«). Außerdem hält sie bewusst Blickkontakt. Das hat sie ganz wenig Zeit gekostet, jedoch eine Beziehungsebene hergestellt, die Lars aufnahmefähig für den nächsten Programmpunkt werden lässt. Indem Annette Lars' Freude spiegelt, kann sie die Situation steuern und ihrem Sohn ein gutes Gefühl dabei geben. Er bleibt in freudiger Stimmung und zeigt keinerlei Trotzreaktion.

Eine große Rolle spielt hier, so wie immer beim empathischen Zuhören, der Blickkontakt. Mehr noch als über das Gehör nehmen Menschen über die Augen Kontakt miteinander auf. Bezeichnenderweise gibt es den Ausdruck »Vieraugengespräch«, womit man einen intensiven Gedankenaustausch, nicht nur eine Plauderei meint. Empirisch wurde nachgewiesen, dass stetiger Blickkontakt – nicht unnatürliches Anstarren – emotionale Botschaften verstärkt. »Sich tief in die Augen schauen« ist ein Synonym für ungehinderten Austausch. Blickkontakt verbindet Menschen, weil er Vertrauen erzeugt. Nicht umsonst heißt es, man kann jemandem »nicht in die Augen sehen«, wenn man ein schlechtes Gewissen hat. Intuitiv messen wir also der Sprache der Augen eine hohe Bedeutung zu. Sofern wir den Blickkontakt verweigern, meiden oder abgelenkt sind, fehlt daher eine elementare Komponente der empathischen Kommunikation.

Übung: Ungeteilte Aufmerksamkeit

Muss man die volle Aufmerksamkeit für den Gesprächspartner überhaupt trainieren? Ja, zumindest sollte man das, denn ohne es selbst zu bemerken, sind wir in Gesprächen oft fahrlässig zerstreut. Beobachten Sie mal Leute im Restaurant oder in einer Bar. Fast alle haben ihr Smartphone in der Hand, auf das sie regelmäßig schauen. Zusätzlich lassen sie ihre Blicke schweifen, stets neugierig, was am Nachbartisch passiert. Oder sie sehen so aus, als seien sie vollkommen geistesabwesend. Auch wenn diese Verhaltensweisen fast schon als normal gelten, sind sie kränkend, weil sie Unaufmerksamkeit, Desinteresse und emotionale Gleichgültigkeit signalisieren.

> Beschließen Sie, sich beim nächsten Gespräch mit Kollegen, Freunden oder mit dem Partner ausschließlich auf Ihr Gegenüber zu konzentrieren.

> Lassen Sie Ihr Handy in der Tasche, auch wenn es klingelt oder wenn eine Nachricht eintrifft.

> Lassen Sie sich nicht durch das Drumherum ablenken.

> Halten Sie Blickkontakt zum Gesprächspartner, aber starren Sie nicht hypnotisch. Lassen Sie also zwischendurch (etwa alle drei Sekunden) den Blick kurz schweifen.

> Beobachten Sie, wie sich die Augenpartie Ihres Gegenübers verändert (Ist der Blick strahlend oder müde? Sind die Lider weit geöffnet oder verkniffen? Schneller oder langsamer Lidschlag? Ruhige Blickrichtung oder schnelle Augenbewegungen?).

> Überlegen Sie während des Zuhörens anhand der Augensignale, welche Emotion gerade vorherrscht (Freude, Müdigkeit, Anspannung, Euphorie, Langeweile).

Reflektieren Sie nach dem Gespräch, was anders war als sonst. War die Kommunikation beispielsweise intensiver und fließender? Machen Sie sich Notizen, wenn Ihnen etwas Besonderes auffällt. Gut zu wissen: In Bewerbungsgesprächen ist stetiger Blickkontakt ein Kriterium, weil Personalchefs daraus auf Interesse, geistige Präsenz, Aufrichtigkeit und Selbstsicherheit schließen. Wie unglaublich stark intensiver Augenkontakt wirkt, sogar ohne Worte, beweist eine Studie im Auftrag der Deutschen Bahn, in der Paare gebeten wurden, einander vier Minuten lang in die Augen zu schauen. Alle gaben an, danach eine innigere Verbundenheit gespürt zu haben.

Greta und Nadine: Story-Crasher in Aktion

Greta und Nadine sind Freundinnen, regelmäßig treffen sie sich auf einen Kaffee in einem Bistro. Auch heute. Greta: »Du, ich bin ganz schlecht drauf. Mein Opa hatte einen Schlaganfall, er liegt im Krankenhaus auf der Intensivstation. Ich mache mir echt Sorgen.«

Nadine: »Ich kenn das, meine Tante hatte vor einem Jahr einen Schlaganfall und noch dazu einen Herzinfarkt! Das war echt krass. Sie konnte nicht sprechen, das musste sie in der Reha wieder lernen. Wir hatten alle Angst, dass sie es nicht schafft.«

Greta: »Also, mein Opa …«

Nadine: »Die Medizin ist heute echt weit. Meiner Tante geht's wieder gut, sie ist sogar vor Kurzem in den Urlaub nach Mallorca geflogen, weil sie die spanische Küche so liebt.«

Greta: »Hast du mir überhaupt zugehört?«

Eine Pause entsteht. Greta starrt entnervt in ihre Tasse, Nadine checkt unauffällig ihr Handy. Nach einer Weile überwindet sich Greta, das abgebrochene Gespräch wieder aufzunehmen.

Greta: »Da fällt mir ein: Hier in der Nähe hat eine Tapas-Bar aufgemacht, La Casa, mit diesen leckeren spanischen Kleinigkeiten, da könnten wir mal hingehen.«

Nadine: »Ja, hört sich ganz gut an, aber ich habe am Stadtrand einen absolut genialen Spanier entdeckt, der die Paella in einer offenen Küche zubereitet.«

Greta: »War ja klar, dass du immer alles besser weißt. Ciao.«

Es ist offensichtlich, dass Nadine Gretas Geschichte über deren kranken Großvater nur als Aufhänger für eine eigene Geschichte wahrnimmt. So nach dem Motto: »Apropos …« Sie hört kaum zu, zeigt Greta keinerlei Mitgefühl, hakt auch nicht nach, was genau passiert ist. Stattdessen toppt sie Gretas Geschichte und erzählt etwas, was noch weit spektakulärer klingt – Nadine ist ein klassischer Story-Crasher. Solche Personen übertrumpfen alles, was jemand erzählt, mit einer anderen, vermeintlich besseren Geschichte. Auch die Erwähnung der Tapas-Bar toppt Nadine mit der Behauptung, ihre Restaurantentdeckung sei weit attraktiver. Für Greta ist das frustrierend, denn sie spürt keine Anteilnahme an ihrem Leben, ihren Emotionen.

Greta und Nadine: Bewusste Spiegelung

Greta: »Du, ich bin ganz schlecht drauf. Mein Opa hatte einen Schlaganfall, er liegt im Krankenhaus auf der Intensivstation. Ich mache mir echt Sorgen.«

Nadine: »Wie schrecklich, du bist auch ganz blass um die Nase.«

Greta: »Ja, ich bin total durch den Wind und habe große Angst um ihn.«

Nadine: »Wie hast du es erfahren?«

Greta: »Gestern Nachmittag kam der Anruf meiner Oma. Mein Opa hat im Garten gearbeitet und ist einfach umgefallen.«

Nadine: »Das muss ein Schock für dich gewesen sein.«

Greta: »Ja, für mich war er immer eine starke Schulter, ich habe ihn noch nie schwach erlebt.«

Nadine: »Das kann ich gut verstehen, es ist schwer, wenn man plötzlich mit Schwäche konfrontiert ist. Du weißt ja: Ich bin immer für dich da.«

Greta: »Danke, das baut mich richtig auf.«

Nadine: »Leider habe ich heute nur Zeit für einen Kaffee. Wollen wir morgen Abend zusammen essen gehen?«

Greta: »Gern. Hier in der Nähe hat eine Tapas-Bar aufgemacht, La Casa, mit diesen leckeren spanischen Kleinigkeiten, da könnten wir hingehen.«

Nadine: »Hört sich gut an. Dann bis morgen.«

Ein völlig anderes Gespräch als vorher – Nadine reagiert voller Empathie (»Wie schrecklich«), zeigt, dass sie Gretas Verfassung registriert (»Du bist auch ganz blass um die Nase«), und erkundigt sich, was sich aus Gretas Perspektive zugetragen hat (»Wie hast du es erfahren?«). Auch die weiteren Nachfragen spiegeln Gretas Gemütsverfassung (»Das muss ein Schock gewesen sein«). Bewusst verzichtet Nadine darauf, ihre eigene Geschichte zu erwähnen, um Gretas Erfahrung nicht »kleinzureden«. Zu einem späteren Zeitpunkt kann sie durchaus von ihrer Tante berichten, doch in dem Moment, in dem Greta sichtlich aufgelöst ist, wäre das zu früh. Auch Gretas Restaurantempfehlung stellt Nadine nicht durch den Hinweis auf ein noch besseres Lokal in Frage. Durch die empathische Spiegelung schenkt sie ihrer Freundin Anerkennung und vermittelt ihr das Gefühl freundschaftlicher Zugehörigkeit.

Übung: Nachfragen statt toppen

Diese Übung zielt darauf ab, dass Sie Ihrem Gegenüber Raum für seine Erlebnisse geben. Jeder Erzähler hält seine Geschichte für einzigartig; wird sie aber nicht weiter kommentiert, sondern übertrumpft, entfernt das die Gesprächspartner voneinander. Sie können sich nicht ineinander einfühlen, weil sie ihre eigene Geschichte für wichtiger halten.

› Warten Sie eine Situation ab, in denen Ihnen eine beliebige Person eine besondere Erfahrung mitteilt: beispielsweise eine lustige Anekdote oder eine unerfreuliche Begegnung.
› Denken Sie nach, ob Sie etwas Ähnliches auch schon erlebt haben.
› Halten Sie diese vergleichbare Geschichte bewusst zurück.
› Stellen Sie stattdessen Nachfragen über den genauen Hergang.
› Spiegeln Sie die Stimmung Ihres Gegenübers, indem Sie sich von Freude, Wut, Amüsement oder Trauer anstecken lassen.

Zunächst werden Sie den Impuls verspüren, sofort Ihre eigene Geschichte loszuwerden. Indem Sie diesen unterdrücken, geben Sie Ihrem Gegenüber die volle Aufmerksamkeit. Lassen Sie danach das Gespräch Revue passieren. Wie haben Sie sich gefühlt? Was haben Sie Ihrem Gesprächspartner vermittelt? Welchen Eindruck machte er auf Sie nach der Spiegelung? Fühlte er sich verstanden? Notieren Sie Ihre Erfahrungen und überlegen Sie, wie die Begegnung verlaufen wäre, wenn Sie sofort Ihre eigene Geschichte zum Besten gegeben hätten.

Marc und Elena: Wer den Schaden hat ...

Marc und Elena sind Kollegen, aber auch gut miteinander befreundet. Nach der Arbeit nehmen sie oft noch einen Absacker in einem Lokal.

Elena: »Du, was ich dir schon den ganzen Tag erzählen wollte – Niko hat mich betrogen. Ich habe die ganze Nacht geheult.«

Marc: »Niko, klar, dieser Vollspack. Dem habe ich noch nie über den Weg getraut.«

Elena: »Er war immer so ritterlich, so aufmerksam, aber ...«

Marc: »Ich habe dir hundert Mal gesagt, dass du viel zu vertrauensselig bist!«

Elena: »Gestern habe ich mitbekommen, wie er mit der anderen telefoniert hat.«

Marc: »Ich sage immer: Vertrauen ist gut, Kontrolle ist besser. Wie naiv –, einem wie Niko die lange Leine zu lassen.«

Elena: »Seit gestern frage ich mich, ob ich in letzter Zeit zu gestresst war, ob er etwas vermisst hat.«

Marc: »Fürs Fremdgehen gibt es keine Entschuldigung! Für Naivität auch nicht!«

Elena (schluchzt): »Ich bin total am Ende.«

Marc: »Ach, Quatsch, sei froh, dass du den Blödmann los bist!«

Elena: »Ich geh dann mal.«

Arme Elena. Für sie ist gerade die Welt untergegangen, aber Marc hat nur eines im Blick: seine Bewertung der Situation. Er hört Elena nicht richtig zu, will auch gar nicht wissen, was genau gelaufen ist. Er nimmt Elenas verzweifelte Verfassung überhaupt nicht wahr. Stattdessen macht er aus seiner Abneigung gegen Elenas Freund keinen Hehl und verkündet irgendwelche Lebensweisheiten über Beziehungen. Mit ihrem Leid bleibt Elena in diesem Gespräch ganz allein. Sie spürt keinerlei Mitgefühl und auch kein Interesse an den Details der Geschichte, weil für Marc die eigene Bewertung des Geschehens wichtiger ist als empathisches Zuhören. Diese Ichbezogenheit wirkt äußerst verletzend und führt dazu, dass Elena das Gespräch frustriert abbricht.

Marc und Elena: Bewusste Spiegelung

Elena: »Du, was ich dir erzählen wollte – Niko hat mich betrogen. Ich habe die ganze Nacht geheult.«

Marc: »Das ist ja schrecklich! Ich hatte schon den ganzen Tag das Gefühl, dass etwas nicht mit dir stimmt.«

Elena: »Ich konnte mich kaum auf die Arbeit konzentrieren.«

Marc: »Du Arme, das verstehe ich voll. Wie hast du das mit Niko denn erfahren?«

Elena: »Ich habe zufällig gehört, wie er mit der anderen telefonierte. Dauernd sagte er, ›Schatz, Liebling, Hase‹ – so hat er mich früher immer genannt.«

Marc: »Furchtbar, so was mit anzuhören.«

Elena: »Ich fühle mich so austauschbar, als wäre ich nie etwas Besonderes für Niko gewesen.«

Marc: »Nachvollziehbar, dass du das jetzt denkst. Aber vergiss nicht: Du bist definitiv etwas Besonderes! Nur, weil Niko dich betrügt, ändert das nichts daran, dass du eine tolle Frau und eine großartige Freundin bist.«

Elena: »Danke, das tut gut.«

Marc: »Du kannst mich jederzeit anrufen, wenn du darüber reden möchtest.«

In diesem Gespräch wird Elena so richtig aufgefangen. Marc spiegelt ihre Verzweiflung (»Das ist ja schrecklich!«), er zeigt ihr, dass er ihre Verfassung wahrgenommen hat (»Ich hatte schon den ganzen Tag das Gefühl, dass etwas nicht mit dir stimmt«), und er signalisiert sein Verständnis (»Du Arme, das verstehe ich voll«). Durch seine Nachfragen und Kommentare kann Elena ihre Gefühlslage ausleben. Außerdem tröstet Marc sie (»Du bist definitiv etwas Besonderes! Nur, weil Niko dich betrügt, ändert das nichts daran, dass du eine tolle Frau und eine großartige Freundin bist«). Auf diese Weise vermittelt er ihr die Zugehörigkeit innerhalb der Freundschaft, ein echter Trost, wenn jemand Liebeskummer hat. Was Marc über Niko und über Beziehungen im Allgemeinen denkt, verschweigt er, um sich ganz auf Elenas desolate Verfassung einzustellen. Wer sich selbst in den Vordergrund spielt, kann den anderen nicht spiegeln.

Übung: Bestätigen statt bewerten

Häufig werden wir mit Geschichten konfrontiert, zu denen wir eine eigene Meinung haben, und zwar eine ganz andere als der Erzähler. So ist es nur nachvollziehbar, dass wir ungebeten sofort »unseren Senf« dazugeben. Oft sind wir jedoch sehr schnell mit unseren Bewertungen und nehmen dem Erzähler die Luft zum Atmen – er kann gar nicht mehr alle Details ausbreiten, weil er von Urteilen überrollt wird und sich unverstanden fühlt. Deshalb versuchen Sie es mal mit folgender Übung:

› Suchen Sie das Gespräch mit einer Person, die Sie kennen, mit der Sie aber schon öfter aneinandergeraten sind, weil Sie in vielem unterschiedlicher Meinung sind.
› Fragen Sie diese Person, wie es ihr geht, was sie erlebt hat.
› Sobald die Person eine Geschichte erzählt, gehen Sie in die Spiegelung, indem Sie Anteil nehmend nachfragen.
› Nehmen Sie bewusst wahr, dass Sie eine eigene, abweichende Meinung über das Geschehen haben, doch halten Sie diese bis zum Ende des Gesprächs zurück.
› Nachdem Sie die Person ausführlich gespiegelt haben, können Sie nun auf diplomatische Art Ihre eigene Bewertung formulieren.
› Achten Sie darauf, dass Ihre Bewertung nicht die Sicht Ihres Gegenübers durch Rechthaberei beiseiteschiebt, sondern betonen Sie, dass es immer unterschiedliche Blickweisen gibt.

Mit dieser Übung werden Sie nicht nur eine entspannte Gesprächssituation erschaffen, Sie können auch die Beziehung zu der betreffenden Person wesentlich verbessern. Künftig werden Sie beide leichter miteinander klarkommen, weil sich diese Person nicht ständig bevormundet fühlt. Notieren Sie Ihre Erfahrungen, vor allem die Unterschiede zu früheren Gesprächen. Machen Sie sich bewusst, dass Sie keineswegs jemandem nach dem Munde reden müssen. Vielmehr kommt es darauf an, ein Klima der Akzeptanz herzustellen, bevor Sie Ihre eigene Meinung kundtun.

Die Bedeutung der Stimme

Gefühle sind für jeden körperlich spürbar, im Magen, bei der Atmung, durch die Körpertemperatur, und auch die Stimme passt sich der emotionalen Verfassung an. Stimmtrainer Torsten Schröder, der Schauspieler, Sänger, Moderatoren und Vortragende unterrichtet, nennt die Stimme einen »unverwechselbaren Fingerabdruck in der Kehle«. Sie ist also etwas sehr Individuelles, verändert sich aber auch, je nachdem, in welcher »Stimmung« man sich befindet. Das hat physiologische Gründe. Unsere Stimmbänder reagieren prompt, wenn wir erregt oder traurig sind, wenn wir uns freuen oder uns fürchten. Der berühmte »Kloß im Hals« bei Angst und Beklommenheit lässt uns gepresst sprechen, Aufregung und Freude treiben die Stimme in höchste Höhen, unterdrückter Ärger entlockt uns ein unfreundliches Brummen.

Sprechen ist ein komplexes Geschehen mit oft widersprüchlichen Botschaften, aber an der Stimme können Sie gut erkennen, wie sich der Auftakt eines Gesprächs gestaltet. Dabei geben Ihnen Stimmlage, Stimmklang, Sprechtempo und Atmung Aufschluss über die »Gestimmtheit« einer Person. All das können Sie spiegeln, sodass sich Ihr Gegenüber spontan verstanden fühlt. Dafür muss man ein subtiles Gespür für Stimmqualitäten entwickeln. Flüstern oder Schreien wird jeder mühelos erfassen können, aber dazwischen liegen feine Abstufungen. Je genauer Sie eine Stimme einordnen können, desto besser können Sie sie spiegeln. Das Resultat zeigt sich in der höheren Beziehungsqualität, denn nicht umsonst spricht man von »Unstimmigkeiten«, wenn es um Meinungsverschiedenheiten geht, und von »Übereinstimmung« bei einem harmonischen Austausch.

Christiane: Nie wieder Elternabend!

Christiane ist eine selbstbewusste Frau und eine leidenschaftliche Mutter. Nie lässt sie einen Elternabend in der Grundschule aus. Heute hat sie ein besonderes Anliegen: Sie möchte ein Handyverbot auf dem Schulhof anregen, weil sie den Eindruck hat, dass sich die Kinder in der Pause zu wenig bewegen. Nachdem der Lehrer die Eltern begrüßt hat, wird zunächst entspannt und sachlich über die bevorstehende Klassenreise gesprochen: Informationen des Lehrers, Fragen der Eltern, Antworten des Lehrers. Danach meldet sich Christiane zu Wort. Sie ist erfüllt von ihrer Mission. Deshalb spricht sie hoch und schnell. Schon nach wenigen Sekunden fällt ihr auf, dass einige Eltern entnervt die Augen verdrehen, was sie sehr unhöflich findet. Irritiert macht sie weiter. Aber sie spürt den Druck einer gewissen Missachtung, sodass ihre Stimme schrill wird und sie noch schneller spricht. Danach schaut sie in die Runde. Die meisten Eltern zucken mit den Schultern, und in der darauffolgenden Diskussion wird ihr Vorschlag abgeschmettert, trotz ihrer guten Argumente. Offenbar hat sie nicht überzeugt.

Bei Themen und Anliegen, die uns besonders wichtig sind, zeigen wir eine hohe emotionale Beteiligung, auch Erregung. Dadurch rutscht meist die Stimme höher, wird eng und schrill. Auch das Sprechtempo ist oft erhöht. All das ist Christiane nicht bewusst, genauso wenig wie die Tatsache, dass es schwierig ist, Menschen zu überzeugen, deren Stimmlage man nicht spiegelt. Die Diskussion um die Klassenfahrt ist ruhig und sachlich abgelaufen. Ihr Auftritt hingegen steht im Kontrast dazu. Deshalb schlägt ihr Ablehnung entgegen.

Christiane: Bewusste Spiegelung

Christiane macht sich zunächst ein Bild von den Sprechhaltungen des Lehrers und der anderen Eltern. Bewusst nimmt sie wahr, dass alle an diesem Abend ein wenig müde wirken, dass langsam und ruhig gesprochen wird. Man möchte einen sachlichen Austausch. Als sie sich zu Wort meldet, hat sie bereits die Tonlage der Anwesenden verinnerlicht: Sie spricht in einer mittleren Stimmhöhe, eher langsam und sehr artikuliert. Aufmerksam hört man ihr zu. Auch in der anschließenden Diskussion bleibt sie bewusst ruhig und spiegelt stimmlich jeden, der zu ihr spricht. Am Ende beschließen Eltern und Lehrer, dass zumindest einen Tag in der Woche Handyverbot auf dem Schulhof herrschen soll. Ab jetzt werden jeden Freitag die Handys eingesammelt, damit die Kinder nach der Schulwoche, in der sie viel sitzen müssen, genügend Bewegung in der Pause haben.

Übung: Mit-Atmen

Diese Übung betrifft die Atemfrequenz, denn der Atem bildet die Grundlage dafür, dass man Stimme und Stimmung eines Gesprächspartners spiegeln lernt. Wer synchron mit seinem Gesprächspartner atmet, kann sich auch stimmlich besser auf ihn einstellen. Am besten gelingt die Übung, wenn Sie mit Ihrem Partner oder einer anderen vertrauten Person nebeneinander auf der Couch sitzen und fernsehen.

› Achten Sie auf Ihren eigenen Atem. Ist er ruhig oder schnell? Regelmäßig oder unregelmäßig? Tief oder flach?
› Verändert sich Ihr Atem, je nachdem, ob Sie gerade einen spannenden Krimi sehen oder eine Nachrichtensendung?
› Achten Sie jetzt auf den Atem der Person, die neben Ihnen

sitzt: Ruhig oder schnell? Regelmäßig oder unregelmäßig? Tief oder flach?

> Nun versuchen Sie, Ihre Atemfrequenz derjenigen der anderen Person anzupassen. Atmen Sie synchron mit ihr ein und aus.

Sie können diese Übung jederzeit wiederholen: bei Gesprächen im Job, in Konferenzen, auch bei privaten Treffen. Sie trainiert Ihre Achtsamkeit anderen gegenüber und schult Ihre Wahrnehmung.

Leo und Herr Gerling: Eine enttäuschende Abfuhr

Leo möchte seinen Vermieter Herrn Gerling bitten, eine Ausnahme beim Tierhaltungsverbot zu machen, weil sich seine Tochter sehnlichst eine Katze wünscht. Als er Herrn Gerling zufällig im Treppenhaus trifft, ist Herr Gerling in schlechter Stimmung. Gerade hat er einen Wasserschaden im Keller entdeckt, und seine Laune ist dementsprechend. »Nichts als Ärger«, knurrt er entnervt. Seine Stimme ist ein Knarzen, in einer tiefen Lage. Mürrisch und besorgt erzählt Herr Gerling, wie ungelegen ihm der Wasserschaden komme. Dennoch spricht Leo ihn auf das Tierhaltungsverbot an. Betont freundlich, in einem betont fröhlichen, optimistischen Singsang erläutert er seine Bitte. Aber er kommt nicht an Herrn Gerling heran. Der Vermieter brummt unwillig, die Hausordnung gelte für alle, Ausnahmen seien nicht drin. Das Gespräch scheitert. Leo kann den Wunsch seiner Tochter nicht so rüberbringen, dass Herr Gerling ein Einsehen hat.

Hier prallen zwei unterschiedliche Stimmungen aufeinander, die sich auch in der Stimmfärbung ausdrücken. Leo meint, er mache alles richtig, denn er geht davon aus, dass er mit seiner freundlichen und fröhlichen Art den Vermieter »umstimmen« kann. Das wäre prinzipiell auch möglich gewesen, jedoch weiß Leo nicht, dass er Herrn Gerling erst spiegeln muss, bevor er in die Steuerungsphase gehen kann. Daher hätte er zunächst den Tonfall des Vermieters spiegeln müssen: das Knarzen, das Brummige, den Ausdruck von Ärger und Sorge. Sein fröhlicher Singsang hingegen wirkt auf Herrn Gerling nervig, wenn nicht provozierend, weil Leo scheinbar keinen Anteil an seinen Belangen nimmt. Es fehlt an empathischer Kommunikation.

Leo und Herr Gerling: Bewusste Spiegelung

Leo trifft seinen Vermieter im Hausflur. Bereits bei den ersten Worten nimmt er die schlechte Stimmung von Herrn Gerling wahr, die sich auch aus seinem knurrenden, brummenden Tonfall ableiten lässt. In der gleichen Stimmlage, also tief und brummend, erkundigt sich Leo, wie es zu dem Wasserschaden kam. Der Vermieter erzählt Details, und Leo kommentiert sie »mit Grabesstimme«: Das sei ja furchtbar, und er könne verstehen, dass dieser Wasserschaden eine höchst ärgerliche Sache sei. Während sie sich weiter unterhalten, stellt Leo fest, wie der Vermieter allmählich auftaut. Er fühlt sich verstanden und angenommen mit seinem Ärger. Leo spricht nach und nach mit immer »normalerer« Stimme und stellt fest, dass auch die Stimme von Herrn Gerling allmählich wieder in einen normalen Tonfall gerät – er beginnt, Leo zu spiegeln. Jetzt kann Leo steuern. Er erwähnt seine Bitte, und der Vermieter verspricht, darüber nachzudenken, ob er eine Ausnahme machen kann.

In dieser Variante der Geschichte gelingt es Leo, durch empathisches Spiegeln eine gemeinsame Kommunikationsebene herzustellen. Er zeigt allein schon durch die Anpassung seiner Stimme

Mit-Gefühl und signalisiert, dass ihm Herr Gerling keineswegs egal ist. Indem er die Belange des Vermieters ernst nimmt, kann er darauf setzen, dass sich umgekehrt auch Herr Gerling für Leos Belange interessiert. So erschafft er die Voraussetzung dafür, dass seine Bitte auf »offene Ohren« trifft.

Übung: Stimmen einordnen

Am besten können Sie sich auf den Charakter einer Stimme konzentrieren, wenn Sie länger mit jemandem telefonieren. Visuelle Reize, die ablenken könnten, entfallen, und so haben Sie Gelegenheit, sich ein akustisches Bild von Ihrem Gesprächspartner zu machen. Wir geben Ihnen eine Checkliste, damit Sie Stimmen zuverlässig einordnen können:

Stimmlage (hoch, tief, normal, piepsig, volltönend, knarrend)
Stimmklang (entspannt, gepresst, erregt, weinerlich, amüsiert)
Sprechtempo (langsam, schnell, gehetzt, stockend)
Atemfrequenz (ruhig, schnell, keuchend)

Es ist oft überraschend, welche Aha-Erlebnisse sich einstellen, wenn man ganz bewusst auf die Art des Sprechens achtet. Besonders bei Personen, die Sie gut kennen, werden Sie je nach innerem Zustand interessante Abweichungen feststellen.

Valerie und Michael: Zoff um die Hochzeit

Valerie und Michael leben seit fünf Jahren zusammen, beide sind Ende dreißig und geschieden. Schon lange steht das Thema Hochzeit im Raum. Jetzt haben sie beschlossen zu heiraten und unterhalten sich darüber, wie die Hochzeit gestaltet werden soll.

Valerie (mit heller, freudiger Stimme): »Wollen wir mal über die Hochzeit reden? Ich hätte da ein paar Ideen.«

Michael (mit ruhiger, tiefer Stimme): »Lass uns den Ball flach halten. Wir sind ja keine zwanzig mehr.«

Valerie (mit beschleunigtem Atem): »Wie meinst du das?«

Michael (weiterhin ruhig und tief): »Nur die engsten Freunde, danach gehen wir essen. Reicht doch.«

Valerie (ihre Stimme gleitet höher): »So sang- und klanglos? Ich möchte eine große Feier mit der Familie und allen unseren Freunden! Am besten im Süden, in einem romantischen Hotel!«

Michael (seine Stimme klingt jetzt eng und gepresst): »Um Gottes willen, bloß nicht! Du und deine kitschigen Hollywood-Klischees!«

Valerie (ihre Stimme wird piepsig und weinerlich): »Du bist gemein. Wenn das für dich nur ein Termin ist, den man schnell abhakt, können wir das mit der Hochzeit auch gleich sein lassen!«

Michael (mit grollender Stimme): »Ja, ist wahrscheinlich wirklich besser so!«

Valerie (jammernd, hyperventilierend): »Du bist das Allerletzte! Ich habe mich so auf die Hochzeit gefreut, aber du bist absolut gefühllos!«

Die Dynamik dieses Gesprächs wird wesentlich durch die Stimmlagen gesteuert: Innerhalb der Gesprächssituation entwickelt sich eine immer stärkere Asymmetrie. Sowohl Valerie als auch Michael verraten durch ihre Stimmen und ihren Tonfall, wie sie das Thema bewerten. Gleich zu Beginn spricht Valerie mit heller Stimme und freudigem Ausdruck, also emotional, während Michael sachlich und ruhig bleibt. Im weiteren Verlauf des Gesprächs spiegeln sie einander nicht, stattdessen driften sie immer weiter auseinander. Sie hätten sich besser verstanden, wenn Michael aus Valeries anfänglichem Tonfall die hohe Emotionalität herausgelesen hätte. Und Valerie hätte schon an Michaels Stimme erkennen können, dass er das Thema Hochzeit nüchtern angeht.

Valerie und Michael: Gegenseitige Spiegelung

Valerie (mit heller, freudiger Stimme): »Wollen wir mal über die Hochzeit reden? Ich hätte da ein paar Ideen.«

Michael (ebenfalls mit höherer Stimme als sonst): »Hey, du klingst richtig aufgeregt!«

Valerie (lachend): »Bin ich auch. So eine Hochzeit ist ja echt was Besonderes, und ich freue mich riesig darauf.«

Michael (lachend): »Süß, als wärst du ein Teenager. Ich meine, wir sind keine zwanzig mehr, aber – was hast du denn für Ideen?«

Valerie (mit ruhiger, tieferer Stimme, wodurch sie in die Steuerung geht und Michaels gewohnten Tonfall spiegelt): »Mir schwebt eine Hochzeit im Süden vor, mit Familie und Freunden, in einem romantischen Hotel.«

Michael (in derselben Tonlage): »Offen gestanden, hatte ich eher an eine kleine, unspektakuläre Feier gedacht. Ist so ein großes Fest im Süden nicht etwas übertrieben? Alle müssten extra anreisen.«

Valerie (bemüht sich um eine gleichbleibend ruhige Tonlage, um Michael weiter zu spiegeln): »Darüber sollten wir diskutieren. Mir ist eine große Feier wichtig. Aber bei der Location würde ich Abstriche machen. Von mir aus können wir auch in der Nähe in einem romantischen Landgasthof feiern.«

Michael (verlässt seine anfängliche Spiegelung und geht in die Steuerung, seine Stimme wird weicher und wärmer): »Das wäre doch ein guter Kompromiss, danke, Schatz. Hauptsache, du sagst Ja, wenn wir vor dem Standesbeamten stehen.«

Übung: Die eigene Stimme erkunden

Für diese Übung setzen Sie sich am besten entspannt auf die Couch.

› Legen Sie eine Hand auf die Höhe Ihres Zwerchfells (eine Handbreit über dem Nabel).

› Überlegen Sie, welchen Satz Sie gern an eine bestimmte Person loswerden würden. Zum Beispiel: »Ich möchte gern mit dir verreisen« oder: »Kannst du mir einen Gefallen tun?«

› Sprechen Sie den Satz in verschiedenen Stimmlagen, Stimmklängen, Geschwindigkeiten und auch mit unterschiedlicher Atmung.

Wie verändert sich die Aussage des Satzes? Wie fühlt sich das jeweils körperlich an? Mit welcher Variante fühlen Sie sich am wohlsten? Was klingt angenehm? Im zweiten Schritt stellen Sie sich vor, eine Ihnen vertraute Person würde diesen Satz sagen. Wie würde sie das tun? Versuchen Sie, die Sprechweise dieser Person nachzuahmen. Falls Ihnen das schwerfällt, können Sie auch den Fernseher anstellen, einen beliebigen Satz aufschnappen und die Person so gut wie möglich nachahmen.

Kalle und Freddy: Hochdruckgebiet trifft auf Tiefdruckgebiet

Kalle und Freddy sind Kumpels. Zweimal die Woche gehen sie zusammen ins Fitnessstudio und drücken die Eisen. Dabei wird normalerweise nicht viel gesprochen, doch heute hat Kalle ein Thema am Wickel: Nahrungsergänzungsmittel.

Kalle (laut, schnell, überschwänglich): »Hey, Sportsfreund, das wird heute eine Supersession!«

Freddy (leiernd, mit müder Stimme): »Hi, alles klar?«

Kalle (im beschwörenden Tonfall): »Du, ich muss dir unbedingt was erzählen: Ohne Eiweißdrinks und Mineraltabletten kommen wir hier nicht weiter. Ich habe mich beraten lassen, und ich kann dir nur empfehlen, dir auch die Sachen zu bestellen, die ich jetzt immer nehme. Das baut die Muskeln super auf!«

Freddy (mit leicht gelangweilter Stimme): »Lass mal, ich finde meinen Body total okay.«

Kalle (in gereiztem Tonfall): »Hörst du mir nicht zu? Ich habe die ultimativen Nahrungsergänzungsmittel gefunden!«

Freddy (beschleunigter Atem, genervte Stimme): »Ich höre dir sehr wohl zu. Aber ich halte nun mal nichts davon, irgendwas Chemisches zu schlucken. Gesunde Ernährung tut's auch!«

Kalle (lauter und in beleidigtem Tonfall): »Du bist ein Ignorant. Wieso probierst du es nicht wenigstens mal aus?«

Freddy (mit donnernder, erregter Stimme): »Weil ich keinen Bock darauf habe, deshalb!«

Kalle (harte, abweisende Stimme, eisiger Tonfall): »Dann ist dir echt nicht zu helfen.«

Ein harmloses Thema, und doch eskaliert das Gespräch darüber, weil sich Kalle vollkommen unempathisch verhält. Sonst hätte er gemerkt, dass Freddy müde und desinteressiert wirkt. Er hätte Freddys Tonlage spiegeln und sich nach dem Grund für dessen Müdigkeit erkundigen können. So wäre ein Gleichklang entstanden, in den Kalle sein Thema Nahrungsergänzungsmittel hätte einbinden können. Doch er steht unter hohem selbst gemachten Druck, weil er unbedingt sein neues Wissen an den Mann bringen will. Deshalb reagiert er weder auf die Müdigkeit, noch auf die weiteren emotionalen Botschaften (gelangweilt, genervt) in Freddys Stimme.

Der zunehmende Gegensatz der Stimmfärbungen vertieft die innere Distanz der beiden und führt schließlich zu einem unnötigen Streit. Man kann daraus lernen, dass man darauf achten sollte, ob man spontan gespiegelt wird oder nicht. Es hätte ja

durchaus sein können, dass Freddy von selbst einen Stimmungs-
umschwung hinbekommt, weil er sich freut, Kalle zu sehen. Da
diese Spiegelung jedoch nicht einsetzt, sollte Kalle empathisch
darauf reagieren, um nicht Gräben aufzureißen.

Kalle und Freddy: Bewusste Spiegelung

Kalle (laut, schnell, überschwänglich): »Hey, Sportsfreund, das
wird heute eine Supersession!«

Freddy (leiernd, mit müder Stimme): »Hi, alles klar?«

Kalle (mit gedämpfterer Stimme und langsamerem Tempo, um
Freddy zu spiegeln): »Hi, was ist los? Hast du heute Stress gehabt?«

Freddy (gleiche Stimmlage): »Nicht direkt. Aber es war einfach
nicht mein Tag. Nichts klappte so richtig. Bin total erledigt.«

Kalle (spiegelt weiterhin den müden Tonfall): »Oha, solche Tage
kenne ich zur Genüge. Aber wenn du trainierst, wird es besser.«

Freddy: »Meinst du?«

Kalle (mit festerer Stimme und etwas schneller, er geht in die
Steuerung): »Aber sicher. Komm, wir fangen mit der Beinpresse
an. Da strampelst du den Frust weg, und ich erzähle dir was
über meine neuen Eiweißdrinks.«

Freddy (ebenfalls schneller und fester): »Was bewirken die
denn?«

Kalle (immer lebendiger in der Stimmfarbe und mit Nachdruck):
»Du glaubst nicht, was das ausmacht. Volle Power. Dazu nehme
ich Mineralstoffe. Ich habe mich beraten lassen.«

Freddy (von Kalles Stimmlage angesteckt, ebenfalls lebendiger):
»Klingt spannend. Erzähl mir mehr auf der Beinpresse, okay?«

Hier spiegelt Kalle seinen Kumpel Freddy, er »holt ihn ab« in
der Stimmung und der Stimmlage der Müdigkeit, also gedämpft

(»Hi, was ist los? Hast du heute Stress gehabt?«). So zeigt er Interesse und Einfühlungsvermögen (»Oha, solche Tage kenne ich zur Genüge.«). Auf dieser Basis kann er das Gespräch immer stärker steuern (»Aber wenn du trainierst, wird es besser«), da die Spiegelung dazu führt, dass Freddy ihn zurückspiegelt und nun Interesse an Kalles Thema, den Nahrungsergänzungsmitteln, entwickelt (»Was bewirken die denn?«).

Übung: Durchatmen und Stimme kalibrieren

Es ist ohne Weiteres möglich, sich auf die Stimmlage eines Gegenübers und damit auf dessen inneren Zustand einzustellen, wenn man sich bewusst in die Rolle eines Zuhörers begibt, der die Stimmfarben und Sprechtempi beachtet. Fragen Sie sich beim nächsten Auftakt eines Gesprächs:

› Wie klinge ich?
› Wie klingt mein Gesprächspartner?
› Passen Sie Atem, Stimmhöhe und Tonfall bewusst Ihrem Kommunikationspartner an (Kalibrieren).
› Sprechen Sie eine Weile.
› Überlegen Sie, in welche Richtung das Gespräch gehen soll. Ernst? Heiter? Entspannt? Oder wollen Sie überzeugen?
› Versuchen Sie nun zu steuern – werden Sie zurückgespiegelt?

Diese Übung klingt möglicherweise schwieriger, als sie ist. Denken Sie immer daran, dass Sie sich letztlich nur in Ihren Gesprächspartner einfühlen müssen. Können Sie nachvollziehen, wie es ihm geht? Dann zeigen Sie es durch die Anpassung Ihrer Stimme. Sie werden mit einer angenehmen Gesprächsatmosphäre belohnt.

Cornelia und Stephan: Getöse im Frühstücksraum

Diese Geschichte haben wir selbst erlebt – und uns hinterher köstlich darüber amüsiert. Während eines Coachings übernachteten wir in einem Hotel. Am nächsten Morgen wollten wir gemeinsam frühstücken und fingen bereits auf dem Weg zum Frühstücksraum eine lebhafte Unterhaltung an. So lebhaft, dass wir mit sehr lauten Stimmen sprachen – lauter als in Hotels üblich, wo man sich im Allgemeinen dezent verhält. Nur waren wir so vertieft in das Gesprochene, dass wir diese Abweichung gar nicht bemerkten. Ein typischer Fall von Ich-Zentriertheit, der uns den Kontext vergessen ließ.

Laut palavernd betraten wir den Frühstücksraum und nahmen an einem freien Tisch Platz. Plötzlich trat ein Kellner auf uns zu und rief mit donnernder Stimme: »Guten Morgen, die Herrschaften!« Dann fügte er leise hinzu: »Was kann ich für Sie tun?« Verblüfft starrten wir ihn an. Es dauerte einen Moment, bis wir begriffen, dass er uns nonchalant gespiegelt hatte.

Mit seiner ungewöhnlichen Lautstärke machte uns der Kellner auf humorvolle Weise deutlich, wie unpassend laut wir aufgetreten waren. Synchron brachen wir alle drei in Lachen aus. Es war erheiternd, wie er uns nicht etwa verbal, sondern allein durch die Spiegelung der Stimmen auf einen angemessenen Tonfall hinwies. Wesentlich einfühlsamer wäre es natürlich von uns gewesen, wenn wir uns ohne diesen Hinweis auf die Umgebung eingestellt hätten. (Das hätte uns in diesem Fall aber auch um die Erfahrung einer sehr lustigen Begebenheit gebracht.)

Die Bedeutung der Mimik

Täglich lesen wir Gesichter. Wir versuchen zu erkennen, ob uns jemand freundlich, abweisend, aggressiv oder gleichgültig begegnet, damit wir wissen, was uns erwarten könnte. Unbewusst checken wir anhand des Gesichtsausdrucks, ob das Gegenüber aufrichtig ist oder ob es versteckte Botschaften gibt, die dem Verbalen widersprechen. Denn: So leicht lassen wir uns nicht täuschen. Man müsste schon ein genialer Schauspieler sein, um sein Mienenspiel völlig unter Kontrolle zu haben und seine wahren Gefühle und Absichten zu verbergen.

Obwohl viele Menschen davon ausgehen, dass das Gesprochene den höchsten Stellenwert in der Kommunikation einnimmt, sind die nonverbalen Signale und speziell die Mimik bestimmende Faktoren. Besonders wichtig sind hierbei die sogenannten Mikroexpressionen, also die kleinsten Veränderungen in einem Gesicht. Schon das unmerkliche Anheben einer Augenbraue oder die winzige Andeutung eines Lächelns kann stimmig oder verräterisch sein – sofern wir darauf achten und die Mimik richtig interpretieren. Konzentrieren Sie sich deshalb einmal auf die Miene Ihres Gegenübers: Was zeigt sich darin? Freude, Distanziertheit, Spott, Sympathie? Umgekehrt können auch wir selbst durch unsere Mimik unter Umständen Einstellungen verraten, die wir niemals aussprechen würden. Wir lächeln zum Beispiel, weil wir jemanden für uns gewinnen wollen, gleichzeitig aber runzeln wir die Stirn, und schon ist unser Gesprächspartner auf der Hut, weil das Stirnrunzeln Ungläubigkeit und Skepsis signalisiert.

Für das Spiegeln gilt:

1. Entwickeln Sie ein Bewusstsein für Ihre eigene Mimik.
2. Lernen Sie, die Mimik Ihres Gegenübers richtig zu deuten.
3. Üben Sie, die Mimik Ihres Gegenübers bewusst zu spiegeln.
4. Arbeiten Sie an Ihrer inneren Einstellung, denn was Sie wirklich über Ihren Gesprächspartner denken, zeigt sich unmittelbar in Ihrem Gesicht.

Die Übungen dieses Abschnitts zielen darauf, dass Sie zunächst einmal ein Gefühl für Ihre eigene Mimik bekommen. Welche Gesichtsausdrücke sind typisch für Sie? Wie wirken Sie dabei? Daraufhin erfahren Sie, wie Sie die Mimik Ihres Gesprächspartners decodieren, um sich in ihn einfühlen zu können. Abschließend erlernen Sie eine innere Haltung der Offenheit, damit Sie andere nicht durch ungewollte mimische Botschaften irritieren.

Sven und sein Vorgesetzter: Pokerface verliert

Sven möchte seinen Vorgesetzten davon überzeugen, ein wichtiges Projekt zu übernehmen. Inhaltlich ist er bestens vorbereitet. Auch äußerlich will er einen guten Eindruck machen, indem er cool bleibt. Sein Vorgesetzter begrüßt ihn mit einem Lächeln, dann setzt er sich. Seine Augen sind weit geöffnet, die Augenbrauen leicht hochgezogen, erwartungsvoll richtet er seine Aufmerksamkeit auf Sven. Detailliert schildert Sven nun sein Konzept und den Zeitplan für sein Projekt, beachtet alle Einzelschritte und bringt überzeugende Argumente vor, warum er besonders geeignet dafür sei. Doch der Abteilungsleiter hält sich bedeckt. Irgendetwas scheint nicht gut gelaufen zu sein. Was Sven nicht weiß: Er hat ein Pokerface aufgesetzt, um cool und professionell zu wirken. In seinem Gesicht passiert fast nichts, während er spricht. So versäumt er es, die Mimik seines Vorgesetzten zu spiegeln.

Dass Sven sehr wahrscheinlich nicht den Zuschlag für das Projekt bekommt, liegt keineswegs an mangelnden inhaltlichen Qualifikationen, sondern daran, dass die Kommunikation zwischen ihm und seinem Vorgesetzten nicht rundläuft. Gleich zu Anfang prallt dessen Lächeln an Sven ab, und auch seine erwartungsvolle Miene wird nicht gespiegelt. Er weiß nicht recht, was er von Sven halten soll. Dessen unbewegte Mimik legt nahe, dass es an sozialen Kompetenzen hapert, so emotionslos und distanziert, wie er sich gibt. Das prädestiniert ihn nicht gerade für die Leitung eines Projekts, für das er Teamfähigkeit und kommunikative Kompetenzen braucht.

Sven ist kein Einzelfall. In Mitteleuropa neigen wir ohnehin dazu, uns sehr zurückhaltend zu geben. Wir verziehen kaum die Miene, gestikulieren und lächeln wenig, was uns in den Augen der Südeuropäer immer etwas steif wirken lässt. Natürlich liegt das unter anderem an kulturellen Prägungen und ist auch eine individuelle Temperamentsfrage. Oft beruht das berühmte Pokerface auf Unsicherheit und Angst – man baut unbewusst eine Mauer vor sich auf. Andererseits ist eine starre Miene hinderlich für den direkten kommunikativen Austausch, weil eine maskenhafte Mimik keinerlei Spiegelung zulässt, sodass auch kein unmittelbarer Flow entsteht.

Sven und sein Vorgesetzter: Bewusste Spiegelung

Sven betritt den Konferenzraum. Als er seinen Vorgesetzten lächeln sieht, lächelt er zurück. Nachdem sich beide gesetzt haben, nimmt Sven sich Zeit, sein Gegenüber anzuschauen, bevor er mit der Erläuterung seines Konzepts beginnt. Er sieht die weit geöffneten Augen und die leicht hochgezogenen Augenbrauen und spiegelt diese Mimik. Das ist der Moment, in dem der Funke überspringt, das spürt Sven ganz deutlich. Durch die empathische Spiegelung hat er eine gemeinsame menschliche Ebene installiert, und diese Wahrnehmung sieht er darin bestätigt, dass sein Vorgesetzter wohlwollende Zwischenbemerkungen macht. Jedes Mal, wenn er dabei lächelt, lächelt Sven zurück. Als der Vorgesetzte einen Einwand macht und dabei die Stirn runzelt, runzelt Sven ebenfalls die Stirn. Während der Verabschiedung zwinkert der Vorgesetzte Sven zu, und Sven zwinkert zurück.

Hier hat der empathische Kontakt bereits eingesetzt, als Sven begrüßt wird. Die nonverbalen Signale, die er durch die Spiegelung der Mimik gibt, vermitteln dem Vorgesetzten den Eindruck: Wir beide werden uns verstehen, weil wir auf einer Wellenlänge sind. Dafür musste sich Sven nicht sonderlich anstrengen, sich einfach nur einfühlend auf sein Gegenüber konzentrieren, im Bewusstsein, dass eine gute Beziehungsqualität die beste Voraussetzung für wohlwollendes Zuhören ist.

Trauen Sie sich, mehr aus sich herauszugehen, was Ihre Mimik betrifft. Zeigen Sie Ihren Gesprächspartnern, dass Sie sie wahrnehmen und ihre Stimmungen teilen. Je mehr Facetten Sie an sich selbst zulassen, desto lebendiger und flexibler fällt Ihr Verhalten aus und desto intensiver wird Ihre Kommunikation. Sie müssen sich auch nicht sorgen, dass Sie eventuell jemanden »nachäffen« könnten. Das Spiegeln mimischer Signale verläuft völlig natürlich und wird vom Gegenüber lediglich unbewusst wahrgenommen – er achtet nicht bewusst auf die Imitation, sondern registriert nur intuitiv die Übereinstimmung.

Übung: Die Mimik lockern

Durch diese Übung erfahren Sie, welche Ausdrucksmöglichkeiten Ihnen zur Verfügung stehen. Lustig ist es übrigens, sie später auch mal mit Kindern durchzuführen, da sie noch einen unmittelbaren Zugang zu ihren Ausdrucksmöglichkeiten haben. Genau auf diese spielerische Leichtigkeit kommt es an.

> Stellen Sie sich (unbeobachtet) vor den Spiegel.
> Studieren Sie Ihre Gesichtszüge. Wie sehen Sie im entspannten Zustand aus?
> Jetzt schneiden Sie Grimassen, wobei Sie ruhig übertreiben dürfen.
> Ziehen Sie wütende, amüsierte, lustige Grimassen.
> Beobachten Sie, wie sich Ihr Gesicht verändert.
> Beobachten Sie, wie sich Ihre Stimmung verändert.

Im Alltag werden selbstverständlich keine extremen Grimassen von Ihnen verlangt, aber wenn Sie auch nur zehn Prozent davon zulassen, steigert sich Ihre Kommunikationsintensität bedeutend. Außerdem gibt Ihnen die Übung ein Gefühl dafür, was in anderen vorgeht, wenn sie die Stirn runzeln, lachen, lächeln, die Augen verengen oder aufreißen. Achten Sie auch in der Alltagskommunikation darauf. Versuchen Sie, Gesichter zu decodieren und die betreffenden Emotionen einzuordnen.

Hannah und der Personalchef: Immer nur lächeln?

Hannah hat ein Bewerbungsgespräch. Sie ist sehr aufgeregt, lächelt aber tapfer, weil sie weiß, dass Lächeln sympathisch macht. Was sie übersieht: Der Personalchef, der sich mit ihr unterhält, lächelt keineswegs. Seine Gesichtszüge sind angespannt, zwischen seinen Augenbrauen steht eine steile Falte. Das verunsichert Hannah. Also verstärkt sie ihr Lächeln übertrieben, fängt aber gleichzeitig an, nervös zu blinzeln. Als der Personalchef auf ihren derzeitigen Job zu sprechen kommt, kneift Hannah unbewusst die Lider zusammen und zieht die Mundwinkel herab, da sie gekündigt wurde. Innerlich ist sie völlig am Ende. Deshalb kann sie auch nicht das Lächeln erwidern, mit dem der Personalchef das Gespräch beendet.

Sowohl eine maskenhafte Mimik als auch unbewusste mimische Signale können ernsthafte Störfaktoren der Kommunikation sein. Sie unterlaufen immer dann, wenn man auf sich selbst fixiert bleibt. Hannah achtet nicht auf die Mimik ihres Gegenübers. Sie hat ein krampfhaftes Lächeln aufgesetzt und merkt nicht, dass es am Personalchef abprallt. Dadurch entsteht eine erste Asymmetrie und daraufhin eine unbehagliche Atmosphäre. Für den Personalchef wirkt Hannah unaufrichtig, weil ihr Lächeln nicht echt ist. Auch das nervöse Blinzeln und später die zusammengekniffenen Lider sowie die herabgezogenen Mundwinkel irritieren ihn. Es kommt keine Verbindung zustande, weil Hannah mimisch eine völlig andere Gestimmtheit kommuniziert. Hinterher wird er sagen, die Chemie habe nicht gestimmt.

Hannah und der Personalchef: Bewusste Spiegelung

Aufgeregt, aber nicht nervös geht Hannah in das Gespräch. Sie ist überzeugt, unabhängig davon, ob sie für die ausgeschriebene Stelle geeignet ist, wird sie den Personalchef menschlich für sich gewinnen. Als sie die ernste, angespannte Miene und die steile Falte zwischen den Augenbrauen des Personalchefs registriert, nimmt sie diesen Eindruck in sich auf. Sie spiegelt seine Mimik, indem sie ebenfalls ernst wird und die Augenbrauen leicht zusammenzieht. Während sie miteinander sprechen, bleibt sie konzentriert bei ihrem Gesprächspartner. Sobald sie eine Änderung seiner Mimik sieht – einmal zeigt er ein winziges Lächeln –, spiegelt sie es. Auch sein breiteres Lächeln beim Abschied erwidert sie.

Übung: Die eigene Mimik erkunden

Diese Übung können Sie entweder vor einem Spiegel absolvieren, oder Sie nehmen sich selbst mit der Videofunktion Ihres Handys auf. Bitte beantworten Sie die folgenden Fragen und beobachten Sie genau, wie sich Ihre Mimik dabei verändert.

› Wie lautete die schönste Liebeserklärung, die man Ihnen gemacht hat?
› Was war Ihnen in letzter Zeit peinlich?
› Was ist Ihr Traumauto?
› Was würden Sie Ihrem Chef gern sagen, trauen es sich aber nicht?
› Was ist Ihre Lieblingseissorte?
› Was an Ihrem Partner macht Sie manchmal richtig wütend?
› Was ist Ihr schlimmster Albtraum im wirklichen Leben?

Registrieren Sie, wie sich Ihre Mimik verändert. Gibt es etwas, was gleich bleibt? Gibt es häufig wiederkehrende »Ticks«, wie Lippen aufeinanderpressen, eine Augenbraue hochziehen, schneller Lidschlag, Mundwinkel herabsenken? Dann machen Sie sich diese Eigenarten bewusst, und kontrollieren Sie sich bei wichtigen Gesprächen.

Kai und seine Mutter: Wie sag ich's ihr?

Kai besucht seine Mutter, denn er will ihr eine große Neuigkeit mitteilen: dass seine Freundin schwanger ist. Freudestrahlend erzählt er von dem positiven Schwangerschaftstest, von dem ersten Ultraschallbild und sieht seine Mutter gespannt an. Sie lächelt zwar, verengt dabei jedoch die Augen. Da Kai sie bestens kennt, weiß er, dass sie das immer dann macht, wenn sie skeptisch ist. Enttäuscht stellt er seine Mutter zur Rede: »Freust du dich denn gar nicht? Was ist los? Hast du ein Problem damit, Großmutter zu werden?« Seine Mutter streitet das ab, aber die übliche Vertrautheit zwischen ihnen hat einen Dämpfer bekommen. Ohne ein weiteres Wort steht Kai auf und geht.

Es liegt auf der Hand, dass Kais Mimik und die seiner Mutter nicht zusammenpassen, was Kai sehr ärgert. Die für ihn begeisternde Nachricht wurde nicht gespiegelt, denn in der Tat ging Kais Mutter eine Menge durch den Kopf: dass ihr Sohn seine Ausbildung noch nicht beendet hat, dass seine Freundin noch sehr jung ist, dass in seiner kleinen Wohnung kein Platz für ein Kinderzimmer sein wird und so fort. Berechtigte Gedanken, doch über das Inhaltliche hat sie die Beziehungsebene ins Hintertreffen geraten lassen. Ihr Sohn hätte uneingeschränkte Anteilnahme, also Mit-Freude erleben müssen, erst danach hätte sie ihre Sorgen ansprechen können.

Beziehungen sind wichtiger als Inhalte, wie wir gesehen haben, und das gilt auch für Emotionen: Sie sind zunächst ebenfalls wichtiger als die Inhalte. Was bedeutet, dass die gemeinsame emotionale Ebene zunächst einmal Priorität hat. Wir sind oft zu schnell damit, die eigene Perspektive ins Spiel zu bringen, und vergessen darüber, das Gegenüber angemessen zu spiegeln. Daraus ergeben sich ernsthafte Verstimmungen, die nur schwerlich wieder aufzulösen sind, obwohl man inhaltlich leicht zueinanderkommen könnte.

Kai und seine Mutter: Bewusste Spiegelung

Freudestrahlend erzählt Kai von dem positiven Schwangerschaftstest, von dem ersten Ultraschallbild und sieht seine Mutter gespannt an. Seine Augen sind weit geöffnet, er hat die Brauen erwartungsvoll hochgezogen, sein Mund steht ein wenig offen, seine Mundwinkel zeigen nach oben. Sofort erfasst

seine Mutter die Freude ihres Sohns und lässt sich davon anstecken: Sie öffnet ebenfalls die Augen, zieht die Brauen und
die Mundwinkel hoch, und beglückwünscht ihn. Nachdem sie
ihn auch noch umarmt hat, erkundigt sie sich nach allen Details.
Dann erst erörtert sie die Bedenken. Am Ende bedankt sich Kai
sogar bei ihr.

Da Kais Mutter ihrem Sohn hier als Erstes mental und mimisch
ihre Mit-Freude gezeigt hat, ist eine gemeinsame Ebene entstanden. Die später erwähnten Bedenken erkennt Kai als Angebot,
ihn und seine Freundin zu unterstützen. Inhaltlich bleibt es also
bei den Einwänden seiner Mutter, doch der durch Spiegelung
erreichte emotionale Kommunikationslevel verhindert, dass Kai
mit Enttäuschung auf die Skepsis seiner Mutter reagiert.

Übung: Die Mimik kontrollieren

Gehen Sie vor wichtigen Gesprächen kurz an einen ruhigen Ort
(zur Not auf die Toilette) und absolvieren Sie folgende Entspan-
nungsübung, die Ihnen hilft, die richtigen mimischen Signale aus-
zusenden:

› Öffnen Sie Ihren Mund ganz weit, so, als ob Sie intensiv gähnen
  müssten.
› Wiederholen Sie dieses künstliche Gähnen ein paarmal.
› Ziehen Sie die Augenbrauen rhythmisch hoch, und lassen Sie
  sie wieder herunterrutschen.
› Wiederholen Sie diese Bewegung einige Male.
› Jetzt schauen Sie mit geöffnetem Mund nach unten, lassen alle
  Gesichtsmuskeln locker und schütteln den Kopf leicht hin und
  her.

Mit dieser Übung, die viele Schauspieler vor ihren Auftritten absolvieren, drücken Sie sozusagen die Reset-Taste Ihrer Mimik. Augen- und Mundpartie sind am aktivsten beim Mienenspiel involviert, dort zeigen sich aber auch am ehesten Verspannungen und Nervosität. Um Missverständnisse bei Ihrem Gegenüber auszuschließen, sollten Sie daher möglichst oft Ihr Gesicht mit der Übung entspannen, vor wichtigen Gesprächssituationen immer. Dann ist Ihr Gesicht wie eine weiße Leinwand, auf der sich Ihre echten Gefühle malen können – also auch jene, die Sie durch Anteilnahme und Mitempfinden entwickeln.

Tessa und Henning: So ein arroganter Pinsel

Tessa hat einen neuen Freund. Sie kennen sich erst wenige Wochen, doch sie hat bereits Vertrauen zu ihm gefasst. Deshalb erzählt sie ihm freimütig beim Abendessen, sie fühle sich heute nicht wohl: Sie habe ihre Tage. Dann sei sie besonders empfindlich, und sie habe Schmerzen im Unterleib, sodass sie auch nicht empfänglich für erotische Erfahrungen sei. Dabei verzieht sie ihren Mund und presst die Lippen aufeinander, die Stirn ist gerunzelt. Ihr Freund Henning starrt sie überrascht an. Dann grinst er verlegen, denn ihm ist das Thema total unangenehm, und er weiß nicht, was er dazu sagen soll. Für Tessa ist seine Mimik unerträglich. »Wieso grinst du mich so dämlich an? Du bist so was von arrogant! Denkst du, es geht immer nur darum, dass du deinen Spaß hast? Kannst du bitte mal zur Kenntnis nehmen, dass es mir heute nicht gut geht?« Henning ist vollkommen bestürzt. Er beteuert, er habe doch gar nichts gesagt, und er verstehe nicht, worüber sie sich aufregt. Das macht Tessa noch wütender, und sie rauscht verstimmt ab.

Für Henning ist diese unerfreuliche Szene ein einziges Rätsel, weil er schließlich nichts gesagt hat, was Tessa hätte erzürnen können. Doch sie hat seine Miene gedeutet, und das hat sie wütend gemacht. Das verlegene Grinsen hat sie als arrogant bewertet. Insofern handelt es sich hier um ein Missverständnis, das auf fehlender empathischer Spiegelung beruht. Würde Henning Tessas Mimik spiegeln, könnte sie sich verstanden und gut aufgehoben fühlen. Mit dieser einfühlenden Mimik hätte er signalisieren können, dass ihm Tessa leidtut, das Thema Menstruation aber irgendwie unangenehm ist. Sein Grinsen aus Verlegenheit ist gewissermaßen eine mimische Übersprungshandlung: Er ist unsicher, deshalb grinst er, was natürlich nicht die passende mimische Antwort auf das Gesagte ist.

Tessa und Henning: Bewusste Spiegelung

Tessa erzählt ihrem Freund Henning freimütig, sie fühle sich heute nicht wohl: Sie habe ihre Tage. Henning ist irritiert, aber er schaut nun genauer hin. An Tessas Mimik kann er erkennen, dass das auch für sie kein normales Thema ist, denn sie presst die Lippen aufeinander und runzelt die Stirn. Sofort spiegelt er ihren Gesichtsausdruck, um ihr sein Mit-Fühlen zu signalisieren. Dass er nicht weiß, was er dazu sagen soll, ist kein Problem, denn er fragt einfach nach: »Ist es immer so schlimm? Was kann man dagegen tun?« Während Tessa antwortet, spiegelt er weiter ihre Mimik, die sich allmählich entspannt, weil sie sich mit ihrem Thema angenommen fühlt. Deshalb ist sie auch nicht sauer, als Henning bekennt, das Thema sei ihm unangenehm. Jetzt spiegelt sie sogar seine bedröppelte Miene: Wie er, schiebt sie ihre Unterlippe vor und zieht die Nase kraus. Dadurch halten sie ihre Verbindung und können danach ohne Verstimmung den Abend genießen.

Die Geschichte illustriert sehr gut, dass wir nicht unser Verhalten *sind*, sondern ein Verhalten *haben*: Zwischen dem, was wir wirklich denken und fühlen, und dem, was wir zeigen, kann eine große Diskrepanz liegen. Henning hat etwas zur Schau gestellt, was weder zu seinem inneren Zustand noch zu Tessas Verfassung passte. In diesem Fall war das Grinsen das Problem. Es hat Tessa abgestoßen, sie fühlte sich zurückgewiesen und bloßgestellt. Sofern wir empathisch kommunizieren, kommt es gar nicht erst zu unangemessenen mimischen Reaktionen. Wir sind immer auf der sicheren Seite, wenn wir den Gesichtsausdruck des Gegenübers spiegeln.

Übung: Mimische Antworten trainieren

Eine Übung, wie geschaffen für einen entspannten Fernsehabend auf der Couch, bei dem Sie ganz beiläufig Ihr mimisches Feintuning schulen:

> Wählen Sie einen Film oder eine Serie mit vielen Dialogen (keine Tierfilme, keine Actionstreifen).
> Verfolgen Sie die Dialoge mit Schwerpunkt auf der Mimik. Wie verändern sich die Gesichter, je nachdem, was gesagt wird?
> Suchen Sie sich einen Dialogpartner aus.
> Spiegeln Sie die Mimik dieser Figur, sobald sie im Bild erscheint.
> Was fühlen Sie dabei? Können Sie sich einfühlen?

Es macht übrigens Spaß, einen Film einmal auf diese Weise anzuschauen. Sie werden merken, dass Sie die Handlung und das Gesprochene viel intensiver wahrnehmen, wenn Sie sich auf die Mimik konzentrieren und durch Ihre Spiegelung mitten im Geschehen sind.

Die Bedeutung der Körpersprache

So wie die Mimik ist auch die Körpersprache als nonverbale Ebene von höchster Bedeutung in der Kommunikation. Innere und äußere Haltung sind fast immer kongruent, sodass man bereits bei der Einfühlung in die spezielle Körperhaltung des Gegenübers viel über den anderen erfährt. Ist er angespannt oder locker? Schlaff oder energetisch? Drückt die Haltung positive Erwartungen aus, Skepsis, Resignation oder Neugier?

Wenn wir außerstande sind, die Körpersprache des Gegenübers zu spiegeln, kann das zu ernsthaften Problemen führen. Beispielsweise werden dicke Kinder in der Schule unter anderem deshalb gemobbt, weil sie aufgrund des Übergewichts eine abweichende Körpersprache haben. Sie bewegen sich träger und rennen nicht wie die anderen Kinder über den Schulhof. Da Kinder meist unbewusst reagieren, lehnen sie den übergewichtigen Mitschüler instinktiv ab – auch wegen der Asymmetrie der Bewegungen erkennen sie ihn nicht als zugehörig an und grenzen ihn aus.

> Synchronizität und Symmetrie der Körpersprache vermitteln Zugehörigkeit, asynchrone und asymmetrische Haltungen und Bewegungen trennen.

In Gesprächssituationen kommt es oft zu Asymmetrien: Der eine steht, der andere sitzt, der eine ist angespannt, der andere locker. Durch Empathie kann man diese Asymmetrie auflösen. Sofern wir ein Gegenüber bewusst wahrnehmen, sind wir im Allgemeinen ohne Mühe imstande, körperliche Eindrücke über den Gesprächspartner zu sammeln, die uns helfen, ihn zu verstehen und ihn zu spiegeln. Das können wir allerdings nur tun, wenn wir selbst ein gutes Körperbewusstsein haben, und daran fehlt es heute oft. Unser Arbeitssystem, das immer mehr sitzende Tätigkeiten hervorbringt, zwingt uns dazu, unseren Körper täglich viele Stunden lang zu negieren. Wir überhören seinen Ruf nach Bewegung, wir ignorieren Nacken- und Rückenschmerzen, wir essen nicht, wenn wir Appetit haben, sondern zu vorgeschriebenen Pausenzeiten. Der Körper hat zu funktionieren, was bedeutet, dass er sich nicht störend ins Bewusstsein drängen darf. Wir können jedoch unsere Wahrnehmung schärfen. Je feiner das Gespür für den eigenen Körper ist, desto differenzierter kann man jemanden spiegeln. Das folgende Beispiel entstammt – wie die meisten anderen – unserer langjährigen Seminararbeit.

Biggi und Dr. Lienau: Zum Mäuschen degradiert

Biggi ist Friseurmeisterin und stolz auf ihr Können. Nur, wenn der Bürgermeister zur Tür hereinkommt, sinkt ihr Selbstbewusstsein gegen null. Herr Dr. Lienau ist groß und stattlich. Er geht stets sehr gerade und hat raumgreifende Gesten, womit er Autorität und Dominanz ausstrahlt, außerdem spricht er laut und herrisch. Daraufhin passiert immer dasselbe: Unwillkürlich macht sich Biggi klein. Sie zieht die Schultern hoch und den Kopf ein, den sie außerdem leicht schräg legt. Jedes Mal hat sie das Gefühl, dass sie plötzlich zum Mäuschen mutiert, das furchtzitternd vor einem Tiger steht. Besonders ärgerlich: Obwohl sie eine gestandene Friseurin ist, behandelt Dr. Lienau sie, als sei sie ein kleines dummes Mädchen. Und beim Thema Trinkgeld sieht es ebenfalls mau aus: Er gibt ihr so gut wie nichts und stets mit einem gönnerhaften, aber leicht herablassenden: »Hier, Biggi, du hast das ganz gut hinbekommen, war okay so weit.«

Es ist keine Überraschung, dass Biggi Herrn Dr. Lienau nur ungern die Haare schneidet. Er nimmt sie einfach nicht für voll, und das ärgert und frustriert sie. Andererseits will sie sympathisch wirken und keinen Eklat provozieren. Deshalb ordnet sie sich unbewusst unter, obwohl sie sich dabei sehr unwohl fühlt. Biggi ist nicht bewusst, dass die Asymmetrie der Körpersprache (groß – klein, aufgerichtet – geduckt) von vornherein eine Kommunikation auf Augenhöhe verhindert. Auf denjenigen, der sich klein macht, werden spontan negative Eigenschaften wie Inkompetenz projiziert. Der Bürgermeister hält Biggi nicht für besonders qualifiziert, dabei ist er mit dem Haarschnitt grundsätzlich zufrieden.

Biggi müsste ihn spiegeln, um Anerkennung und Respekt zu erhalten. Und noch etwas: Wer im Dienstleistungsgewerbe arbeitet, bekommt nachweislich höhere Trinkgelder, wenn er Menschen spiegeln kann. Es wird schwer für Biggi sein, an der asymmetrischen, hierarchisch geprägten Kundenbeziehung mit Herrn Dr. Lienau etwas grundlegend zu ändern, aber sie sollte es unbedingt versuchen. In jedem Fall kann sie bei einem ähnlichen Typus ab sofort völlig anders auftreten.

Biggi und ein Kunde: Bewusste Spiegelung

Ein hochgewachsener, sichtlich von sich selbst überzeugter Kunde betritt den Salon. Wie Dr. Lienau spricht er laut und herrisch, seine Körpersprache ist fast erdrückend mit den großen Gesten. Diesmal ist Biggi achtsam, denn sie weiß, dass ihr Erfolg vom empathischen Spiegeln abhängt. Als der Kunde nach einer kurzen Wartezeit zu ihrem Stuhl geführt wird, macht sie sich groß. Sie richtet sich so gerade auf, wie sie kann, die Geste, mit der sie auf den Stuhl zeigt, ist weit ausholend. »Du bist Biggi, stimmt's?«, sagt der Mann dröhnend. Mit klarer, lauter Stimme erwidert sie: »Ich heiße Birgit Landmann und bin Friseurmeisterin. Möchten Sie, dass wir uns duzen? Offen gestanden, bleibe ich lieber beim Sie.« Verblüfft schaut der Kunde sie an, dann hebt er das Kinn und strafft die Schultern. »Okay, Frau Landmann. Ich heiße Jensen. Karl Jensen.« Sie hebt ebenfalls das Kinn und strafft die Schultern. »Dann nehmen Sie bitte Platz, Herr Jensen.« Als der Schnitt fertig ist und der Kunde aufsteht, sagt er anerkennend: »Sie sind wirklich sehr gut. Der Haarschnitt gefällt mir.« Beim Bezahlen drückt er Biggi ein üppiges Trinkgeld in die Hand und bedankt sich ein weiteres Mal.

Mit dem neuen Kunden hat Biggi gleichermaßen empathisch wie selbstbewusst kommuniziert. Durch ihre Körpersprache hat sie ihn gespiegelt und sich mit ihm auf eine Stufe gestellt, statt sich unterzuordnen. Ihr Auftreten sichert ihr Respekt und Anerkennung, denn der Kunde spürt sofort, dass sie auf derselben Ebene agiert. Deshalb lobt er am Ende auch ihre Kompetenz, während der Bürgermeister ihre Leistungen immer nur von oben herab kommentiert. Wichtig ist auch, dass Biggi im professionellen Bereich keinen Spitznamen mehr akzeptiert – der ist Freunden und Kollegen vorbehalten, und dass sie auf einer gleichwertigen Anrede besteht: entweder Du-Du oder Sie-Sie. Diese Regeln gelten von nun an für alle neuen Kunden: Biggi wird sie empathisch spiegeln. Das wird ihr eine angenehme Arbeitsatmosphäre auf der Basis des Respekts sichern.

Johannes und Robin: Pubertäres Scharmützel

Johannes kommt nach Hause. Er freut sich auf einen gemütlichen Abend, vorher schaut er noch ins Zimmer seines sechzehnjährigen Sohns Robin. Der lümmelt auf seinem Bett herum, mit dem Smartphone in der Hand. Das Bett ist übersät mit Chipskrümeln, auf dem Boden liegen schmutzige T-Shirts, in der Ecke stapelt sich undefinierbarer Müll. Es riecht streng. Daraufhin rastet Johannes aus. Breitbeinig stellt er sich vor Robin hin und brüllt mit erhobenen Armen: »So ein Saustall! Das lasse ich mir nicht länger bieten! Ich habe dir hundert Mal gesagt, dass du aufräumen sollst!« Robin schaut gelangweilt hoch. »Jetzt krieg dich mal ein. Du mit deiner Spießerordnung – interessiert mich überhaupt nicht.« Johannes explodiert fast, doch so heftig er auch schimpft, es passiert nichts. Nicht heute, nicht morgen.

Die typische Auseinandersetzung von Eltern mit ihren pubertierenden Kindern entbrennt an unterschiedlichen inneren Haltungen, die sich auch an der jeweils äußerlichen Haltung zeigt. Robin signalisiert mit seiner Körpersprache: Ich ruhe in mir, ich lasse mir nichts sagen, ich bleibe cool. Sein Vater hingegen verkörpert mit seiner aufrechten, breitbeinigen Pose den Machtanspruch: Ich bin dein Vater, ich stehe über dir, du hast mir zu gehorchen. Von vornherein markiert er damit ein Machtgefälle und weist seinem Sohn die Position des »Ohn-mächtigen« zu. Das wirkt provozierend auf Robin, und er provoziert seinen Vater wiederum, indem er weiterhin entspannt auf dem Bett liegen bleibt, statt ebenfalls »Haltung anzunehmen«.

Die Asymmetrie der beiden Körpersprachen verstärkt in dieser Geschichte den Konflikt. Um auf eine gemeinsame Verhandlungsebene zu gelangen, muss einer von beiden auch äußerlich demonstrieren, dass es Gemeinsamkeiten gibt, also bereit zur Spiegelung sein.

Johannes und Robin: Bewusste Spiegelung

Robin lümmelt auf seinem Bett herum, mit dem Smartphone in der Hand.

Variante 1: Der Vater spiegelt den Sohn

Johannes erfasst sofort die Verweigerungshaltung von Robin, der einfach liegen bleibt, während sein Vater steht. Zu Robins Verblüffung lässt sich Johannes neben ihn aufs Bett fallen, lehnt sich zurück und zieht ebenfalls sein Handy heraus. Eine Weile tippt er darauf herum, dann sagt er ganz beiläufig: »Als ich so alt war wie du, habe ich es auch gehasst, aufzuräumen.« Ein Gespräch entsteht, in dem sie sich austauschen, und erst am Ende, als sie auf einer Wellenlänge sind, äußert Johannes die Bitte, dass Robin in seinem Zimmer Ordnung schafft. Da diese Bitte nicht konfrontativ oder als Machtkampf kommuniziert wird, einigen sie sich auf einen Kompromiss: Robin wird zumindest den Müll entsorgen.

Variante 2: Der Sohn spiegelt den Vater

Robin sieht an der Körpersprache seines Vaters, dass dieser aufgebracht ist und es auf einen Machtkampf ankommen lässt. Deshalb steht er auf und stellt sich ebenfalls breitbeinig vor Johannes hin. Er will buchstäblich auf Augenhöhe sein, um nicht abgekanzelt zu werden, sondern ein Gespräch unter Gleichwertigen zu führen. Außerdem weiß er, dass entspanntes Liegenbleiben in dieser Situation provozierend wäre. Mit der Spiegelung der Körpersprache nimmt er seinem Vater einigen Wind aus den Segeln. Johannes beruhigt sich. Gelassen bringt Robin nun seine Perspektive vor: dass er eine andere Vorstellung von Ordnung hat und sie in seinem Zimmer verwirklichen möchte. Als sein Vater einlenkt, schlägt er selbst vor, den Müll rauszubringen.

Erfahrungsgemäß wird Robin nur dann bereit sein, seinen Vater zu spiegeln, wenn die Beziehung grundsätzlich gut ist. Doch Pubertätskonflikte sind meist langwierig, und das Terrain ist bereits vermint, wenn es zu solchen Auseinandersetzungen kommt. Vermutlich ist Johannes der Reflektiertere von beiden, und wenn er seinen Sohn spiegelt (Variante 1), hat er zusätzlich den Trumpf der Überraschung im Ärmel: Statt wie erwartet auf Autorität zu pochen, begibt er sich durch seine Körpersprache auf eine Ebene mit Robin. Dadurch nimmt er sofort die hierarchische Komponente aus der Begegnung, und damit auch ein mögliches Konfliktpotenzial.

Übung: Die Körpersprache anderer lesen

Sie trainieren Ihr Gespür für die Körpersprache, indem Sie mindestens einmal am Tag die Körperhaltung eines Fremden imitieren – in der Bahn, im Bus, im Coffeeshop. Machen Sie sich dabei bewusst, dass dies noch keine Spiegelung ist, da Sie nicht mit demjenigen kommunizieren. Es ist lediglich eine Übung, um sich folgende Fragen zu stellen:

› Wie verändert sich meine innere Haltung mit der äußeren Haltung?
› Was sagt mir das über die innere Haltung der Person, die ich imitiere?
› Mit welchen Begriffen lässt sich die Verfassung dieser Person beschreiben? (Entspannt, aufgeregt, desinteressiert, nachdenklich, gestresst, freudig.)

Wiederholen Sie die Übung mit jemandem, den Sie gut kennen, während eines Gesprächs. Versuchen Sie dabei wieder, passende Begriffe für die innere Haltung Ihres Gegenübers zu finden.

Mike und Herr Hoffmann: Der zackige Abteilungsleiter

Mike möchte den Abteilungsleiter einer großen Versicherung dazu bewegen, künftig eine neue Software für Schadensregelungen zu benutzen. Die Software hat Mike extra für diese Versicherung entwickelt, ist damit in Vorleistung gegangen und brennt darauf, den Abteilungsleiter Herrn Hoffmann zu überzeugen. Deshalb bittet er um einen persönlichen Termin. Doch gleich bei der Begrüßung merkt er, dass Herr Hoffmann völlig anders drauf ist als er.

Während Mike in Jeans und zerknittertem Leinenjackett daherkommt, hat Herr Hoffmann einen steifen Anzug an. Mike bewegt sich träge, Herr Hoffmann eilt hoch aufgerichtet und mit zackigen Schritten auf ihn zu. Sein Händedruck ist eisenhart – sodass Mike das Gefühl hat, seine Hand würde zerquetscht. Fast erschrocken drückt er sich auf einen Stuhl und sinkt in sich zusammen. Herr Hoffmann dagegen sitzt sehr gerade, und ohne sich anzulehnen, auf seinem Schreibtischstuhl. Schon nach wenigen Minuten ist das Gespräch beendet, obwohl Mike geschickt argumentiert hat. Irgendwie findet er keinen Draht zu diesem Mann. Ohne den erhofften Geschäftsabschluss verlässt er das Büro.

Die Asymmetrie der Körpersprache ist auf den ersten Blick manifest. Auch die Kleidung weicht voneinander ab, was die Kommunikation erschwert. Statt Herrn Hoffmann zu spiegeln, geht Mike unbewusst in eine Abwehrhaltung, indem er dem eigenen schlaffen Muskeltonus weiter nachgibt. Er verstärkt also unbeabsichtigt die Unterschiede. Was er nicht ahnt: Wenn jemand nicht spiegeln kann, werden ihm auch keine Kompetenzen zugetraut, obwohl sie durchaus vorhanden sind. Auf Herrn Hoffmann wirkt Mikes Ausstrahlung schwach und wenig selbstbewusst. Daraus schließt der Abteilungsleiter, Mike sei womöglich nicht qualifiziert und nicht professionell genug, um eine effiziente Software zu entwickeln. Schon der schlaffe Händedruck hat ihn abgestoßen. Auch er verstärkt deshalb unbewusst seine angespannte Haltung, um sich abzugrenzen, und beendet das Gespräch vorzeitig.

Mike und Herr Hoffmann: Bewusste Spiegelung

Bereits beim Hereinkommen nimmt Mike seinen Gesprächspartner sehr bewusst wahr und macht sich ein inneres Bild von ihm: Herr Hoffmann, der General. Natürlich ist der Abteilungsleiter nicht beim Militär, doch dieses Bild hilft Mike, sich in ihn einzufühlen. Er registriert die sehr aufrechte Haltung und die zackigen Schritte, woraufhin er sofort in die Spiegelung geht. Er hebt den Kopf, strafft seine Schultern und schiebt leicht die Hüften vor. Seine rechte Hand schnellt Herrn Hoffmann bei der Begrüßung entgegen. Mit dem festen Händedruck hat er schon gerechnet, und so erwidert er diesen, indem er ebenfalls so hart wie möglich zudrückt.

Während Mike den Besucherstuhl ansteuert, achtet er darauf, alle Muskeln anzuspannen. So wie Herr Hoffmann lehnt er sich beim Sitzen nicht an. Mit eingezogenem Bauch und durchgedrückter Brust beantwortet er die Körpersprache seines Gegenübers. Das versetzt ihn in die Lage, auch die passende Tonlage und die richtigen Worte für die Vorstellung seiner Software zu finden. Er spricht abgehackter als sonst, knapp, sachlich. Eben wie ein General, der mit einem anderen General auf Augenhöhe kommuniziert. Schnell werden sie sich über den Auftrag einig, und Mike verlässt das Büro mit einem guten Gefühl.

Übung: Die eigene Körpersprache erkunden

Legen Sie sich einen Text zurecht, den Sie auch im Alltag sagen könnten. Zum Beispiel: »Herr Graf, würden Sie mir bitte Ihren Stift leihen? Vielen Dank.« Oder: »Niki, kannst du mir helfen, eine neue Jeans auszusuchen?« Sprechen Sie diesen Text nun

> zusammengekrümmt auf einem Sessel;
> aufrecht stehend;
> im Bett liegend;
> am Tisch sitzend;
> im Gehen;
> auf einem Bein stehend.

Beobachten Sie, wie sich Ihr Körpergefühl dabei verändert, und damit auch Ihre Körpersprache und Ihre Ausstrahlung. Achten Sie darauf, dass Sie beim nächsten Alltagsgespräch bewusst dieselbe Körperhaltung einnehmen wie Ihr Gesprächspartner. Wie reagiert er darauf? Wie fühlt sich das an? Ist eine gemeinsame Ebene entstanden?

Claudia und Ann-Kathrin: Wie ein nasser Sack

Claudia ist guter Dinge – sie kommt gerade vom Sport, fühlt sich pudelwohl und genießt es, in ihrer engen Jeans und einem knappen T-Shirt durch die Fußgängerzone zu gehen. Zufällig begegnet ihr Ann-Kathrin, eine ihrer Freundinnen, und bleibt stehen. Ann-Kathrin ist übergewichtig, was Claudia überhaupt nicht stört. Schließlich sind sie befreundet und haben sich immer eine Menge zu erzählen. Deshalb berichtet Claudia mit lebhaften Gesten von ihrem Training, schlenkert dabei mit ihrer Sporttasche herum, wiegt sich in den Hüften und dehnt ihren vom Sport geschmeidigen Körper. Erst nach einigen Minuten merkt sie, dass Ann-Kathrin völlig versteinert wirkt. Mit hängenden Schultern und Armen steht sie vor Claudia, die Füße leicht nach außen gedreht. Als Claudia fragt, ob irgendwas sei, stößt Ann-Kathrin erbittert hervor: »Neben dir fühle ich mich immer wie ein nasser Sack.« Dann dreht sie sich um und verschwindet im Gewühl der Fußgängerzone, Claudia sieht ihr wie vom Donner gerührt hinterher.

Je nach Statur, Gewicht und körperlichem Zustand hat jeder Mensch eine individuelle Körpersprache. Wer empathisch kommuniziert, achtet darauf, dennoch einen Ausgleich zu schaffen, mithilfe von Spiegelung. Wäre Claudia sensibel für die körperlichen Signale von Ann-Kathrin, würde sie ebenso ruhig dastehen wie ihre Freundin. Für Ann-Kathrin ist es unerträglich, wie agil sich Claudia bewegt, weil ihr ihre eigene träge Körperlichkeit schmerzhaft bewusst wird. Claudias Körpersprache unterstreicht deren aktive, zupackende Art, mit der sie sogleich das Gespräch eröffnet und Ann-Kathrin in die Rolle der passiven Zuhörerin drängt. Das wirkt auf Ann-Kathrin ausgrenzend, wenn nicht herabwürdigend. Sie ist verletzt und stellt die Freundschaft in Frage.

Claudia und Ann-Kathrin: Bewusste Spiegelung

Sofort, als Claudia Ann-Kathrin sieht, fällt ihr auf, wie träge sich ihre Freundin bewegt. Ihr wird durch ihre empathische Haltung bewusst, dass diese Körpersprache im Kontrast zu ihrem eigenen Körpergefühl und ihrer eigenen Körpersprache steht. Um diesen Kontrast abzumildern und eine Verbindung herzustellen, spiegelt sie Ann-Kathrin: Sie setzt die Tasche ab und stellt sich ruhig vor sie hin. Nach der Begrüßung fragt Claudia ihre Freundin, wie der Tag gelaufen ist. Nun beginnt Ann-Kathrin vom Job zu erzählen, wobei sie nach und nach eine etwas extrovertiertere Gestik entwickelt. Sie bewegt die Hände vor dem Körper und geht leicht zur Seite. Claudia spiegelt auch diese Veränderung. Am Ende sind beide auf dem gleichen lebhaften Level, und sie trennen sich mit der Verabredung, am nächsten Tag einen Kaffee zu trinken.

Durch ihr einfühlendes Verhalten kann Claudia ihrer Freundin Zugehörigkeit vermitteln. Da sie selbst früher ein paar Kilo zu viel auf den Rippen hatte, weiß sie überdies, wie unwohl man sich als Übergewichtige neben einem schlanken, agilen Menschen fühlt. Sie möchte Ann-Kathrin zeigen, dass sie sich dafür nicht schämen muss, und dass sie unabhängig davon eine freundschaftliche Beziehung haben. Sie bildet Vertrauen durch die empathische Spiegelung. (Anders als die Kinder zu Beginn dieses Abschnitts, die den übergewichtigen Mitschüler mobben, weil seine Körpersprache abweicht.)

Übung: Körperdynamik verstehen

Diese Übung wird vielfach eingesetzt, um jüngeren Menschen das oft problembelastete Körpergefühl älterer Personen zu vermitteln. Sie dient dazu, sich besser in andere hineinzuversetzen, deren Körperbild vom eigenen stark abweicht.

› Wenn Sie mit schweren Tüten beladen vom Einkaufen kommen, stellen Sie sich vor, Sie müssten immer so herumlaufen. Wie fühlen Sie sich, wenn Ihnen jemand jetzt ohne Tüten begegnet, leichtfüßig und unbeschwert? Könnten Sie ihn spiegeln?

› Imaginieren Sie, dass Sie an einem warmen Tag einen Spaziergang in dicken Winterstiefeln machen. Spüren Sie, wie beschwerlich das ist? Denken Sie an jemanden, der Ihnen in dieser Situation barfuß entgegenkommt. Sie können Ihre Stiefel jedoch nicht ausziehen. Was fühlen Sie? Neid? Resignation? Sind Sie niedergeschlagen?

› Stellen Sie sich vor, Sie sind ein kleines Kind. Wandern Sie gedanklich durch Ihr Viertel. Vieles ist für Sie unerreichbar – die Türklingeln, die obersten Regale im Supermarkt. Was fühlen Sie, wenn sich ein Riese zu Ihnen herabbeugt und drohend mit Ihnen spricht?

Versuchen Sie, die Menschen mit neuen Augen zu betrachten. Diese Übung hilft Ihnen dabei, sich in ältere Menschen hineinzuversetzen, in Kinder, in Personen, die in irgendeiner Weise beeinträchtigt sind. Oft übersehen wir die Unterschiede und können sie nicht spiegeln. So werden wir ungeduldig, wenn etwa eine alte Dame an der Supermarktkasse in ihrem Portemonnaie kramt, oder wenn jemand vor uns wie in Zeitlupe in den Bus steigt. Auch bei der Kommunikation kann dieses Unverständnis zu Ungeduld, sogar Aggressionen führen. Üben Sie sich in Empathie, damit Sie erfolgreicher, aber auch menschlicher mit anderen umgehen.

Die Bedeutung innerer Einstellungen und Wertesysteme

In verschiedenen Kulturen und Milieus, aber auch aufgrund persönlicher Prägungen durch Eltern, Lehrer, Freundeskreis existieren ganz unterschiedliche Werte und Einstellungen. Sie sind an intensive Gefühle gekoppelt und machen einen großen Teil der individuellen Identität aus. Ob wir etwas gut finden oder nicht, ob wir etwas für möglich oder unmöglich halten, hat immer mit dem persönlichen Wertesystem zu tun. Nicht zuletzt formen Werte die Basis, auf der wir Entscheidungen treffen. Jemand, dessen höchster Wert beispielsweise Sicherheit ist, wird sich schwer mit etwas Neuem tun – er möchte in den gewohnten Bahnen leben und arbeiten. Umgekehrt gibt es Menschen, die sich permanent nach Herausforderungen sehnen, weshalb Kontinuität sie anödet – sie sind immer auf der Suche nach neuen Aufgaben.

Auch in zwischenmenschlichen Beziehungen spielen Werte und Einstellungen eine große Rolle. Stimmen sie überein, ist man schnell auf einem Nenner. Schwieriger wird es, wenn sie weit auseinandergehen. Die Komplexität des Spiegelns erstreckt sich deshalb auch auf die Einfühlung in Einstellungen und Wertesysteme, die jemand erkennen lässt. Wir müssen sie nicht teilen, nur verstehen, anerkennen und dies zeigen.

> Werte als solche sind wertfrei zu respektieren.
> Wir können nicht für andere bestimmen,
> dass ein Wert besser oder schlechter ist.

Denn es gilt immer: Wenn Menschen mit gleichen Werten zusammenkommen, fühlen sie sich wohl, ist das nicht der Fall, fühlen sie sich unsicher und unbewusst bedroht. Durch Spiegelung etabliert sich das Gefühl, dass sich jeder mit seinen Werten respektiert sieht. Oft ist man allerdings derart stark von seinen eigenen Werten überzeugt, dass man jene des Gegenübers gar nicht wahrnimmt oder unbewusst ablehnt. Es geht also darum, dem Gegenüber zunächst einmal genau zuzuhören, um seine Einstellungen zu verstehen. Anschließend kann man ihm signalisieren, dass man sein Wertesystem versteht und nachvollziehen kann, obwohl man selbst unter Umständen andere Prioritäten setzt.

Bernd und Felix: Das Jobangebot

Bernd leitet ein Textilunternehmen in München und braucht dringend einen neuen Mitarbeiter in seiner IT-Abteilung. Deshalb ruft er seinen alten Studienkollegen Felix an, der in einer mehrere Hundert Kilometer entfernten Stadt wohnt. Bernds Ziel ist es, Felix abzuwerben und mitsamt seiner Familie zu einem Umzug nach München zu bewegen.

Bernd: »Hallo, Felix, wie läuft's bei dir?«

Felix: »Alles super, den Kindern geht's prima, sie sind echte kleine Sportasse. Vera hat wieder angefangen, halbtags zu arbeiten, in einer Boutique, was ihr sehr viel Spaß macht. Und bei dir?«

Bernd: »Mir geht es gut. Aber ich brauche dringend einen neuen Leiter für die IT-Abteilung. Um gleich auf den Punkt zu kommen: Das wäre der ideale Job für dich.«

Felix: »Danke, aber wir sind hier sehr zufrieden, haben einen großen Freundeskreis, die Kinder besuchen gute Schulen. Ein Wechsel wäre problematisch für uns.«

Bernd: »Aber denk doch mal an deine Karriere. In deiner Firma hast du alles erreicht, mehr ist nicht drin. Bei mir hättest du weitere Aufstiegschancen.«

Felix: »Sorry, für mich geht die Familie vor.«

Bernd: »Genau, deshalb denk bitte auch an die Zukunft. Du wirst nicht jünger, eine neue Generation erobert den Arbeitsmarkt – wo stehst du in zehn Jahren?«

Felix: »Mit beiden Beinen auf der Erde. Mal ehrlich: Warum soll ich hier alles aufgeben? Wir fühlen uns wohl, so, wie es ist.«

Bernd: »Mach bitte keinen Fehler. Solch ein Jobangebot bekommst du nicht alle Tage.«

Felix: »Ich weiß das zu schätzen. Aber so ein Wechsel bringt Probleme mit sich.«

Bernd: »Du musst dich schnell entscheiden. Natürlich für das Richtige. Du hättest weitreichende Kompetenzen, wirst gut bezahlt und bekommst Boni.«

Felix: »Entschuldige, ich muss los, die Kinder haben eine Schulaufführung. Mach's gut, ja?«

Bernd: »Hm, ja. Dann bis demnächst. Ich melde mich.«

Zwei alte Freunde reden aneinander vorbei. Warum? Weil sie völlig verschiedene Wertesysteme vertreten. Für Bernd sind berufliche Werte wichtig, was sich in den Begriffen »Karriere«, »Aufstieg«, »Kompetenzen«, »Bezahlung« zeigt. Felix dagegen ist ein Familienmensch. Das private Glück ist sein höchster Wert. Er sieht in einem Jobwechsel vor allem das Problem des Ortswechsels. Das sagt er auch, doch Bernd will nichts davon wissen. Er ignoriert das Wertesystem seines Freundes. Deshalb gelingt es ihm nicht, Felix für den Job zu interessieren, geschweige denn, ihn davon zu überzeugen.

Sehr viel besser wäre das Gespräch gelaufen, wenn Bernd die innere Haltung von Felix decodiert hätte. Dass Felix auf die Frage, wie es ihm geht, ausschließlich Frau und Kinder erwähnt, hätte Bernd hellhörig machen müssen. Daraufhin hätte er auf die Schlüsselbegriffe in Felix' Argumentation achten müssen:

»Kinder«, »Vera« (seine Frau), »Freunde«, »Schulen«, »Familie«. Anhand dieser Begriffe hätte es ihm ein Leichtes sein können, Felix' Werte zu spiegeln, um ihn auch inhaltlich zu erreichen.

Bernd und Felix: Bewusste Spiegelung

Bernd: »Hallo, Felix, wie läuft's bei dir?«

Felix: »Alles super, den Kindern geht's prima, sie sind echte kleine Sportasse. Vera hat wieder angefangen halbtags zu arbeiten, in einer Boutique, was ihr sehr viel Spaß macht. Und bei dir?«

Bernd: »Bestens. Freut mich, dass Vera Spaß an der Arbeit hat und die Kinder sportlich aktiv sind. Wie alt sind deine Kleinen mittlerweile?«

Felix: »Acht und zehn. Beide gehen sie zum Glück gern in die Schule. Max spielt außerdem Fußball im Verein, und Ellen ist echt fit im Tennis. Wir sind sehr happy hier.«

Bernd: »Das freut mich. Wenn's in der Schule läuft, und wenn die Kinder im Sport aufgehen, kann man zufrieden sein. Ein intaktes Familienleben ist die Basis von allem.«

Felix: »Sag ich immer schon.«

Bernd: »Ich sehe, ihr seid gut verwurzelt. Dennoch wollte ich dich fragen, ob du dir vorstellen könntest, nach München zu kommen – ich habe einen Superjob als Leiter unserer IT für dich. Selbstverständlich würde ich mich darum kümmern, dass Vera und den Kindern der Wechsel leichtfällt.«

Felix: »Ich weiß nicht …«

Bernd: »Ich verstehe voll und ganz, dass ein Umzug ein Einschnitt ins Familienleben wäre. Doch wir könnten einen Relocation-Service einschalten, für die Wohnungssuche, für die Wahl der richtigen Schulen, und auch nach einem Job für Vera könnte ich mich umsehen.«

Felix: »Das würde es natürlich erleichtern.«

Bernd: »Du kannst in Ruhe überlegen. Besprich das mit Vera und den Kindern, die sollten in deine Entscheidung einbezogen werden. Jedenfalls kann ich dir volle Unterstützung in diesen Dingen anbieten. Dass du außerdem finanziell besser dastehen würdest und Aufstiegschancen hättest, versteht sich von selbst.«

Felix: »Danke. Ich rede mal mit Vera darüber.«

Bernd: »Ja, tu das unbedingt. Grüß sie von mir, und wenn ihr Fragen habt, komme ich auch gern für ein persönliches Gespräch bei euch vorbei.«

Felix: »Also gut, ich denke darüber nach.«

Hier beweist Bernd Einfühlungsvermögen. Er hat sofort richtig geschaltet, als Felix in seiner ersten Antwort nur von Frau und Kindern sprach, und gefolgert: Felix' höchster Wert ist das Familienleben. Daraufhin greift Bernd die Aussagen und Schlüsselbegriffe von Felix auf. Außerdem erörtert er das Jobangebot vor allem unter dem Aspekt, Felix den Ortswechsel mit der Familie zu erleichtern. Mit anderen Worten: Er spiegelt Felix' Wertesystem. So fühlt sich Felix verstanden und ernst genommen und kann das Jobangebot als eine mögliche Option in Betracht ziehen.

Übung: Schlüsselbegriffe wiederholen

Diese Übung funktioniert besonders gut mit Menschen, die Sie nur flüchtig kennen und deren Wertesystem Sie erst noch herausfinden müssen.

› Konzentrieren Sie sich auf die Wortwahl. Achten Sie auf die Lieblingswörter Ihres Gegenübers. Welche sind es?

> Auf welche Werte lassen sie schließen?
> Wiederholen Sie diese Wörter im Gespräch, und beobachten Sie, wie Ihr Gesprächspartner darauf reagiert.

Es ist frappierend, wie Menschen aufblühen, wenn man ihre Lieblingswörter verwendet. Spontan fühlen sie sich angenommen. Niemand erwartet, dass Sie die gleichen Werte haben. Aber jeder ist glücklich, überhaupt verstanden zu werden, weil das im Alltag viel zu selten geschieht.

Herr Müller und die Kundin: Die falsche Couch

Herr Müller ist Verkäufer in einem Möbelgeschäft. Eine Kundin kommt herein, die ihn anspricht, weil sie eine Couch kaufen will.

Herr Müller: »Sie kommen im richtigen Moment, wir haben gerade Sale. Was schwebt Ihnen denn vor?«

Kundin: »Was Schönes, Gemütliches.«

Herr Müller: »Ich empfehle Ihnen dieses Exemplar. Es ist sehr praktisch, man kann es in ein Gästebett verwandeln, der Bezug ist waschbar, und die Farbe Beige passt zu allem.«

Kundin: »Nein, irgendwie suche ich etwas anderes. Etwas, in dem ich mich richtig wohlfühle, eine Couch, die mich sozusagen umarmt.«

Herr Müller: »Dann vielleicht diese? Sehr edel in Schwarz und zugleich bequem, da sieht man gar keine Flecken, die Polsterung ist sehr gut verarbeitet.«

Kundin: »Nein, gefällt mir nicht.«

Herr Müller: »Wir hätten auch ein Designerstück in Hellgrau, extravagante Form, sehr individuell, extrem heruntergesetzt, ein echtes Schnäppchen.«

Kundin: »Spricht mich leider gar nicht an. Tut mir leid, ich werde mich woanders umsehen müssen.«

Man muss kein Prophet sein, um vorherzusehen, dass Herr Müller weder dieser Dame noch anderen Kunden sonderlich viel verkaufen wird. Denn er begreift das Wertesystem nicht, das dem Kaufwunsch der Kundin zugrunde liegt: Für sie ist der Kauf einer Couch etwas Hochemotionales. Sie möchte Freude daran haben, sich wohlfühlen, wünscht sich Geborgenheit. Zu einem Kauf motivieren könnte man sie nur, wenn man ihr die Emotion vor Augen führt, die das Produkt vermittelt.

Herr Müller hingegen operiert mit anderen Werten: praktische Aspekte wie waschbarer Bezug und gute Verarbeitung, außerdem der finanzielle Aspekt, den er unter anderem mit der Erwähnung des Schnäppchenpreises betont. Völlig zu Recht fühlt sich die Kundin nicht verstanden und bricht das Verkaufsgespräch ab, da Herr Müller unfähig ist, sich in sie einzufühlen und empathisch zu spiegeln.

Herr Müller und die Kundin: Bewusste Spiegelung

Herr Müller: »Was schwebt Ihnen denn vor?«

Kundin: »Was Kuscheliges, Gemütliches.«

Herr Müller: »Ich verstehe – eine Couch, in der man sich richtig zu Hause fühlen kann.«

Kundin: »Genau, die einen sozusagen umarmt.«

Herr Müller: »Wunderbar gesagt. Dann hätte ich dieses Exemplar, das werden Sie lieben. Und es wird Sie zurücklieben, weil diese Couch Gemütlichkeit pur ist mit den vielen Kissen.«

Kundin: »Ja, gefällt mir sehr gut.«

Herr Müller: »Oder die hier. Auf diese Couch freut man sich den ganzen Tag, denn wenn man abends nach Hause kommt, nimmt sie einen in den Arm, wie Sie sagen: Sie ist so gearbeitet, dass man richtig darin versinkt. Und der Velourbezug ist einmalig weich.«

Kundin: »Oh ja, stimmt.«

Herr Müller: »Empfehlen kann ich Ihnen auch diese Couch. Dazu gibt es eine farblich passende Kuscheldecke, in die Sie sich einwickeln können. Gemütlicher geht's nicht.«

Kundin: »Tatsächlich. Perfekt. Ich glaube, das ist sie.«

In dieser Version lässt sich Herr Müller völlig auf die emotionale Herangehensweise der Kundin ein (»Ich verstehe – eine Couch, in der man sich richtig zu Hause fühlen kann.«). Er hat verstanden, dass sie Gefühlsqualitäten sucht, die sie in ihren vier Wänden genießen möchte (»Das Exemplar werden Sie lieben. Und es wird Sie zurücklieben.«). Er spiegelt die Kundin außerdem durch die Wiederholung einer Schlüsselformulierung (»Die Couch nimmt einen in den Arm, wie Sie sagen.«). Auf Hinweise zum Preis oder zu praktischen Details verzichtet er, denn er spiegelt konsequent die Werte und Bedürfnisse der Kundin.

Übung: Werte und Bewertungen erkennen

Überlegen Sie beim nächsten Gespräch, in dem Sie jemanden überzeugen möchten, ob Sie ein praktisch orientiertes oder aber ein emotional geprägtes Gegenüber haben.

> Wie oft fallen emotionale Begriffe (lieben, fühlen, Freude)?
> Wie häufig ist von Fakten (Zahlen, Statistiken, belegbare Tatsachen) die Rede?
> Treffen Sie eine Entscheidung: Sprechen Sie mit einem eher nüchternen oder emotionalen Menschen?
> Spiegeln Sie die jeweiligen Werte. Also entweder: Freude, Genuss, Gefühl oder: praktischer Nutzen, Vernünftigkeit, Rationalität.

> Das können Sie tun, indem Sie in Ihrer Argumentation beispielsweise die Aspekte der Freude, des Genusses etc. hervorheben.

Reflektieren Sie in der Rückschau, ob Sie richtiglagen. Gab es ein gutes Feedback auf die Werte, die Sie gespiegelt haben? Wiederholen Sie diese Übung bei jeder passenden Gelegenheit, um ein besseres Gespür für die wertebezogene Orientierung Ihrer Gesprächspartner zu bekommen.

Rebecca und Alexandra: Der Beziehungsstreit

Rebecca und Alexandra sind gute Freundinnen. Eines Nachts bekommt Rebecca einen Anruf.

Alexandra, schluchzend: »Du, ich bin total durch den Wind – Lars und ich hatten einen Riesenstreit, und jetzt ist er gegangen! Es ist ein Desaster. Diese Beziehung bedeutet mir alles! Aber er sagt, er will ausziehen.«

Rebecca: »Autsch.«

Alexandra: »Ich heule nur noch. Ich wollte eine gemeinsame Zukunft! Ich will nicht als Single enden!«

Rebecca: »Alexandra, nun bleib doch bitte mal auf dem Boden. Du bist 32, glaub mir, da kommen noch viele Männer. Auch andere Mütter haben nette Söhne.«

Alexandra: »Aber ich kann doch nicht einfach aufgeben! Ich will ihn zurück, verstehst du? Ich will die Dinge klären, vielleicht mit einer Paartherapie?«

Rebecca: »Nichts ist für die Ewigkeit. Da kommt ein besserer Mann, glaub mir. Ihr habt euch in letzter Zeit doch ohnehin dauernd gestritten.«

Alexandra: »Wie kannst du nur so gefühllos sein …«

Rebecca: »Ich bin lediglich realistisch.«

Alexandra: »Du bist echt keine Hilfe.«

Rebecca: »Ich kann dir am besten helfen, wenn ich sage, wie ich das sehe.«

Alexandra legt auf.

Ganz offensichtlich kollidieren hier zwei Wertesysteme miteinander. Für Alexandra ist der oberste Wert, eine Beziehung auch bei Schwierigkeiten fortzuführen, koste es, was es wolle. Besonders fürchtet sie, nach einer Trennung Single zu bleiben. Rebecca hingegen ist dafür, kurzen Prozess zu machen, wenn es in einer Beziehung kriselt. Die Problematik besteht darin, dass Rebecca Alexandras Werte nicht anerkennt. Sie projiziert ihr eigenes Bewertungssystem auf Alexandra. Die wiederum nimmt das als eine gefühllose Reaktion wahr und stellt die Freundschaft in Frage. Bei einer empathischen Reaktion hätte Rebecca ganz einfach Alexandras Werte akzeptiert, statt ihre eigene Einstellung zum Kriterium zu machen.

Rebecca und Alexandra: Bewusste Spiegelung

Alexandra, schluchzend: »Du, ich bin total durch den Wind – Lars und ich hatten einen Riesenstreit, und jetzt ist er gegangen! Es ist ein Desaster. Diese Beziehung bedeutet mir alles, das Zusammenleben, unsere Zukunft! Aber er sagt, er will ausziehen.«

Rebecca: »Ein Streit? Und er ist gegangen? Ich verstehe, dass du völlig fertig bist. Du möchtest ja an der Beziehung festhalten, wünschst dir eine gemeinsame Zukunft …«

Alexandra: »Genau. Was soll ich denn bloß tun? Wie bekomme ich ihn zurück? Ich kann doch nicht einfach aufgeben!«

Rebecca: »Aufgeben musst du nicht, nur durchatmen. Morgen kannst du dir dann in Ruhe überlegen, was dir diese Beziehung wert ist, und unter welchen Bedingungen du Lars überhaupt zurückmöchtest.«

Alexandra: »Das will ich, unbedingt! Ich will mit ihm reden!«

Rebecca: »Ja, reden wäre bestimmt gut.«

Alexandra: »Danke, jetzt geht es mir schon etwas besser.«

Hier spiegelt Rebecca Alexandras Werte (»Du möchtest ja an der Beziehung festhalten, wünschst dir eine gemeinsame Zukunft ...«). Sie respektiert, dass ihre Freundin die Fortführung einer Beziehung auch nach extremen Streitigkeiten für sinnvoll hält, weil diese Option mit deren inneren Einstellungen harmoniert. Rebecca hat verstanden, dass es sinnlos wäre, ihr eigenes Bewertungssystem über die Situation zu legen. Und sie kann und will auch nicht ad hoc eine neue Wertewelt in Alexandra installieren. Das erfordert einen langwierigen persönlichen Entwicklungsprozess, den Alexandra nur selbst durchlaufen kann, aufgrund ihrer eigenen Erfahrungen.

Übung: Wertesysteme decodieren

In jedem Gespräch werden Botschaften über innere Wertesysteme vermittelt. Neben den Schlüsselbegriffen gibt es weitere sprachliche Signale, die Sie deuten können, um herauszufinden, welche Prioritäten Ihr Gegenüber setzt. Achten Sie bei einem intensiven Gespräch auf die entsprechenden Hinweise:

› In welchen Formulierungen sind Urteile enthalten, die auf Werte schließen lassen?

› Hören Sie genau hin, wenn Ich-Botschaften auftauchen: »Für mich ist am wichtigsten, dass ...«, »Ich will/will nicht ...«, »Davon halte ich etwas/nichts«, »Mein Motto lautet ...«

› Wiederholen Sie diese Aussagen: »Du denkst also ...«, »Für dich ist also sehr wichtig ...«

Mit der Wiederholung von Kernaussagen spiegeln Sie Ihren Gesprächspartner – aus den Ich-Botschaften werden Du-Aussagen. Ihr Gegenüber fühlt sich verstanden und anerkannt, weil es sich Ihrer empathischen Haltung sicher sein kann.

Viktoria und Melly: Alles auf Zucker

Viktorias achtjährige Tochter Melly hat Übergewicht – zu viel Süßigkeiten und Fastfood, zu wenig Bewegung. Das möchte Viktoria ändern, aus gesundheitlichen Gründen, und damit Melly nicht in der Schule gehänselt wird.

Melly: »Mama, darf ich ein Eis?«

Viktoria: »Auf keinen Fall. Zu viel Zucker.«

Melly: »Bitte, nur eins, ja? Meine Freundinnen kriegen auch immer Eis.«

Viktoria: »Du wirst zu dick, du musst unbedingt abnehmen.«

Melly: »Du bist gemein. Und echt ein Spielverderber.«

Viktoria: »Zucker ist extrem ungesund. Wenn du erst mal ein paar Kilo weniger drauf hast, in ein, zwei Monaten, fühlst du dich viel wohler, glaub mir.«

Melly: »Aber ich will ein Eis.«

Viktoria: »Herrgott, sieh es doch endlich ein!«

Melly: »Dann frage ich eben Papa.«

Die Auseinandersetzung zwischen Mutter und Tochter folgt dem klassischen Schema der Konfrontation: Viktoria stellt ihre Werte (Gesundheit, abnehmen) gegen die ihrer Tochter (Genuss). Zusätzlich konkurrieren zwei innere Einstellungen miteinander: Viktoria sieht die Perspektive, durch Lustverzicht im Jetzt einen Gewinn in der Zukunft zu haben. Melly sieht nur die Gegenwart, sie möchte genießen und Spaß haben. Darüber hinaus sind ihr auch die Freundinnen als Bezugspunkt ihres Wertesystems wichtig. Viktoria kann ihre Tochter nur motivieren, gesünder zu essen, wenn sie jene Werte spiegelt, die Melly wichtig sind: Spaß, Genuss, Freundinnen.

Viktoria und Melly: Bewusste Spiegelung

Melly: »Mama, darf ich ein Eis?«

Viktoria: »Du hast Lust auf was Süßes, ja? Dann lass uns einen Obstsalat schnippeln, der schmeckt auch lecker.«

Melly: »Aber nicht so gut wie ein Eis.«

Viktoria: »Komm, das macht Spaß. Du magst doch Weintrauben, stimmt's? Sie sind so schön saftig.«

Melly: »Okay, aber danach ein Eis, ja?«

Viktoria: »Eis hat viel Zucker. Wenn du ein bisschen abnimmst, ist das nicht nur gut für dich, du kannst auch so coole Leggins wie deine Freundinnen tragen.«

Melly: »Meinst du?«

Viktoria: »Klar, schau mal, du darfst die Äpfel schneiden – such's dir aus: in Würfel oder in Spalten?«

Melly: »Würfel. Können wir auch Bananen in den Obstsalat tun?«

Viktoria: »Aber sicher.«

Hier berücksichtigt Viktoria die Werte ihrer Tochter – sie spricht nicht von Verzicht, sondern von Genuss (»… schmeckt auch lecker«), und sie verspricht Spaß, und zwar im Jetzt. Umgekehrt vermeidet sie negative Botschaften, die ihrem eigenen Wertesystem Gesundheit entstammen, und weist auf die Freundinnen hin, die in Mellys Welt eine große Rolle spielen.

Übung: Motivieren über Werte

Motivation läuft wesentlich über Wertesysteme. Wenn der höchste Wert eines Menschen Spaß ist, wird er seine Arbeit vernachlässigen, falls er keinen Spaß mehr daran hat. Ist sein höchster Wert Erfolg, wird er seinen Job kündigen, wenn er den Eindruck hat, seine Karriere stagniere. Überlegen Sie beim nächsten Gespräch, welches Wertesystem der Argumentation Ihres Gegenübers zugrunde liegt. Dann spiegeln Sie es, indem Sie Ihre eigenen Argumente danach ausrichten.

› Hören Sie aufmerksam zu und achten Sie auf Aussagen, die auf das Wertesystem Ihres Gegenübers hindeuten.

› Wiederholen Sie wie in der vorherigen Übung die Aussagen: »Nach Ihrem Dafürhalten ist also …«, »Für dich spielt also eine große Rolle …«, »Sie stehen also auf dem Standpunkt, dass …«, um Ihrem Gegenüber zu zeigen, dass Sie sich dessen innerer Einstellungen bewusst sind.

› Um Ihren Gesprächspartner von etwas zu überzeugen, greifen Sie jetzt seine Werte auf: »Für dich wäre das super, weil du doch …«, »Sie werden sehen, das bringt Ihnen genau das, was Sie wollen …«, »Damit erreichen Sie, dass …«

› Beobachten Sie die Reaktionen und notieren Sie für künftige Gespräche, was funktioniert hat.

Sie werden diese Übung mögen, weil sie wie ein Sesam-öffnedich wirkt. Niemand lässt sich von etwas überzeugen, was seinen Werten widerspricht. Sie können mit Engelszungen reden, dennoch kommen Sie nicht weiter, sofern Sie nicht »den Nerv treffen«, also jene inneren Einstellungen, die Ihr Gegenüber motivieren, seine Handlungsentscheidungen antreiben und ihm Zufriedenheit versprechen.

Die Bedeutung der Meta-Programme

Neben Werten und inneren Einstellungen gehören zu den charakteristischen Eigenheiten eines Menschen auch die internen Programme, mit denen seine Aufmerksamkeit gesteuert wird. Sie stellen das Muster dar, wie man Informationen aufnimmt und verarbeitet. Unbewusst filtern wir dabei heraus, was uns wichtig ist: Wir sortieren die Botschaften, die uns erreichen. Meta-Programme sind also gewissermaßen ein Modus, um relevante von irrelevanten Informationen zu unterscheiden. Diese Filter bei uns selbst und anderen zu erkennen, ermöglicht uns, das eigene Verhalten zu verstehen und das Verhalten anderer respektvoll zu spiegeln.

Wenn wir die Art und Weise erkennen, wie unser Gesprächspartner Informationen sortiert, können wir die Information so »verpacken«, dass sie seinen Filter durchdringt.

Ja, die Verpackung macht's: Der eine mag eben lieber eine rote Schleife, der andere kariertes Papier. Meta-Programme sind tief im Unterbewusstsein verborgen und werden unterschiedlich genutzt, je nach innerem Zustand einer Person, nach Kontext und Stressbelastung. Ein einfaches Beispiel ist die Einschätzung, ob das Glas Wasser halb voll oder halb leer ist. Das heißt, dieselbe objektive Tatsache kann unterschiedlich als Information gewertet werden – und damit auch völlig unterschiedliche Entscheidungen hervorrufen.

Ein anderes Beispiel steckt in der Redensart: »Er sieht den Wald vor lauter Bäumen nicht.« Damit wird eine Person beschrieben, die nur die Details wahrnimmt, aber nicht das große Ganze. Sie filtert den Anblick des Waldes und zerlegt ihn dabei in seine Einzelheiten. Umgekehrt wird jemand, der nur den Wald sieht, nicht sagen können, wie die einzelnen Bäume beschaffen sind. Es wäre deshalb auch nutzlos, ihm von Eichen, Fichten und Buchen zu erzählen, weil er sich solchen Details nicht widmet.

> In der Kommunikation bedeutet die Einbeziehung der
> Meta-Programme, dass wir dem Gegenüber die
> Informationsverarbeitung erleichtern und unsere
> gemeinsamen Ziele schneller und einfacher erreichen.

Es macht also Sinn, die Denk- und Sortierstrukturen des Gesprächspartners zu ergründen und zu spiegeln. Viele Missverständnisse entstehen, wenn wir Informationen vermitteln, die am Filter des Gegenübers abprallen. Der andere versteht nicht, was wir meinen, und lässt sich auch nicht überzeugen. Wer etwa problemorientiert ist, möchte die Schwierigkeiten eines Projekts erfahren, wer zielorientiert ist, hat lediglich Interesse am Ergebnis. Kennen wir das Meta-Programm, können wir bewusst aussuchen, welche Information wir als Erstes präsentieren: die zu erwartenden Probleme oder das angestrebte Ergebnis.

Die wichtigsten Meta-Programme haben wir für Sie zusammengestellt:

Der Größenfilter: Bei diesem Filter geht es um die eben erwähnte Frage, ob jemand genaue Einzelinformationen braucht (Detail-Sortierer), oder ob er eher mit der übergeordneten Idee etwas anfangen kann (Generell-Sortierer). Oft misslingt die Kommunikation, wenn der eine über spezifische Einzelheiten eines Themas spricht, während der andere lieber generalisiert. Generell-Sortierer langweilen sich schnell, wenn ein Detail-Sortierer zu sehr auf Einzelheiten eingeht: »Ehrlich gesagt, interessiert mich der Kleinkram nicht. Worin besteht denn das Konzept?« Detail-Sortierer werden misstrauisch, wenn man nur den großen Bogen erläutert, weil sie unterstellen, ihnen würden wichtige Details vorenthalten: »Das hört sich ja alles schön und gut an, aber haben Sie mal bedacht, was im Einzelnen alles passieren muss?« Übrigens wird in Unternehmen beides gebraucht. Der Detail-Sortierer ist gut darin, einzelne Schritte zu planen, der Generell-Sortierer hingegen hat die Fähigkeit, übergreifende Strategien zu entwickeln.

Der Richtungsfilter: Dieses Meta-Programm bestimmt die Art und Weise, in welche Richtung jemand seinen inneren Kompass stellt. Unterbreitet man ihm einen Vorschlag oder eine Idee, wird er entweder das Ziel fokussieren (Hin-zu-etwas-Sortierer), oder aber überlegen, wovon er sich wegbewegt (Von-etwas-weg-Sortierer). Der erste Typus schaut darauf, welche Vorteile er erlangen kann (Genuss, Geld, Lebensfreude). Er ist auf Belohnungen aus, damit kann man ihn motivieren. Für den anderen ist wichtig, welche negativen Zustände er überwindet und vermeidet (Stress, Unlust, Frust). Er ist eher angstgesteuert und stets darauf bedacht, negative Faktoren auszuschalten. In der Werbung werden oft Richtungsfilter eingesetzt. Bei einer pflegenden Haarspülung lautet das exponierte Produktversprechen dann entweder: »Sie bekommen schönes, glänzendes Haar« (hin zu etwas), oder aber: »Nie wieder Spliss und brüchige Spitzen!« (weg von etwas).

Der Matchingfilter: Auch hier spielt die Wahrnehmung eine große Rolle. Matching-Sortierer suchen in allem Neuen das, was sie bereits kennen und was ihnen vertraut ist. Aus dem Unbekannten filtern sie das Bekannte heraus und sagen: »Ach, das kenne ich doch, damit komme ich klar.« Dafür tilgen sie durch ihr Programm jene Elemente an einer Sache, die neu und unbekannt sind. Am liebsten ist es ihnen, wenn alles beim Alten bleibt. Der Dismatcher dagegen sieht sofort, was nicht in seinen vertrauten Bezugsrahmen passt: Er nimmt vorrangig die Unterschiede wahr. Deshalb neigt er auch zu einer kritischen Haltung. Ein typischer Satz von ihm beginnt mit »Ja, aber …« Dismatcher sind oft Bedenkenträger und Nörgler, aber auch die konzentrierten Tüftler mit hohem Problembewusstsein, die ebenfalls gebraucht werden.

Der Zeitorientierungsfilter: Das zeitliche Bezugssystem kann stark variieren. Menschen, die sich an der Vergangenheit orientieren, sind erst dann aufgeschlossen für etwas Neues, wenn sie dabei auf frühere Erfahrungen zurückgreifen können. Das vermittelt ihnen Sicherheit, und entsprechend sortieren sie Informationen in brauchbar oder unbrauchbar: »Haben wir immer schon so gemacht, also machen wir es in bewährter Weise weiter so.« (Typus 1) Anders verhält sich jemand, der sich an der Gegenwart orientiert. Ihn interessiert die Vergangenheit so wenig wie die Zukunft, er lebt ganz im Jetzt: »Wie geht es mir dabei? Welche Auswirkungen hat das auf meine momentane Lebensqualität?« (Typus 2) Ein weiterer Typus richtet seine Entscheidungen und sein Verhalten auf die Zukunft aus: Er entwickelt bevorzugt neue Ideen und neue Trends, er ist risikofreudiger als andere und auch bereit, für eine bessere Zukunft Abstriche im Jetzt zu machen: »Ich mache jetzt ein Jahr lang keinen Urlaub, sondern ziehe das Projekt durch, damit ich nächstes Jahr die Lorbeeren einheimsen kann.« (Typus 3)

Es gibt noch einige weitere Filter, die vor allem in Arbeitskontexten relevant sind. Etwa die Frage, ob jemand gern mit Dingen arbeitet (Mechaniker), mit Strukturen (Computerprogrammierer, Unternehmensberater) oder Menschen (Manager, Dienstleister, Pflegeberufe). Je nach spezifischem Filter leisten diese Personen gute Arbeit, wenn man ihr Meta-Programm berücksichtigt. Für unser Coaching möchten wir uns auf die vier skizzierten Programme beschränken, da sie uns am häufigsten begegnen. Freuen Sie sich auf Aha-Erlebnisse, denn sicherlich werden Sie anhand der folgenden Beispiele einige Meta-Programme Ihrer eigenen Gesprächspartner wiedererkennen.

Maria und Rainer: Nepal ist toll!

Maria und Rainer wollen demnächst in Urlaub fahren. Am Frühstückstisch beginnt ein Gespräch.

Maria, enthusiastisch: »Du, ich habe eine großartige Idee – Wandern in Nepal!«

Rainer schaut sie verdutzt an: »Nepal? Wann denn? Die Flüge sind bestimmt schwer zu bekommen und teuer. Was herrschen da denn jetzt überhaupt für Temperaturen?«

Maria: »Keine Ahnung. Nepal ist toll! Hohe Berge, grandiose Landschaften, klare Luft!«

Rainer: »Du bist ganz schön naiv. So was muss gut vorbereitet sein. Überleg mal, die ganze Ausrüstung … Wir bräuchten die richtigen Wanderschuhe für die Berge. Und sicher auch alle möglichen Impfungen!«

Maria: »Das wird ein riesiges Abenteuer!«

Rainer: »Haha, am Ende landen wir noch sonst wo. Man müsste die Route genau ausarbeiten, in Etappen einteilen, Übernachtungsmöglichkeiten prüfen.«

Maria, entnervt: »O Mann, du bist echt ein Erbsenzähler. Irgendwie klappt das schon.«

Rainer: »Wir brauchen Visa, Impfpässe, müssen uns über die Einreisebestimmungen informieren, das alles dauert mindestens ein halbes Jahr!«

Maria: »Jetzt reicht's mir aber! Du kannst einem auch alles verderben mit deiner kleinkarierten Bedenkenträgerei!«

Rainer und Maria geraten ziemlich aneinander. Sie begeistert sich für die übergeordnete Idee – Wandern in Nepal, Rainers Blick richtet sich ausschließlich auf die Details, wobei er ein hohes Problembewusstsein zeigt. Für ihn stehen die Schwierigkeiten im Vordergrund, für Maria das große Ganze. Dieser Widerspruch ist nur aufzulösen, wenn einer den Filter des anderen spiegelt und ihm die Information gewissermaßen mundgerecht zubereitet. Dann entsteht eine gemeinsame Ebene der Verständigung, man meint nicht nur dasselbe, man spricht auch dieselbe Sprache.

Maria und Rainer: Bewusste Spiegelung

Maria, enthusiastisch: »Du, ich habe eine großartige Idee – Wandern in Nepal!«

Rainer schaut sie verdutzt an: »Nepal? Wann denn? Die Flüge sind bestimmt schwer zu bekommen und teuer. Was herrschen da denn jetzt überhaupt für Temperaturen?«

Maria: »Ich habe alles genau recherchiert. Wir könnten im September fliegen, da sind die Flüge preiswert und die Temperaturen angenehm, so um zwanzig Grad, auch im Gebirge.«

Rainer: »Aha. Wie steht es mit der Ausrüstung? Wir bräuchten die richtigen Wanderschuhe für die Berge. Und sicher auch alle möglichen Impfungen!«

Maria: »Keine Sorge, ich habe mich schon informiert, die bekommen wir im Tropeninstitut. Und was die Schuhe anbelangt: In dem Outdoorgeschäft hier in der Nähe ist gerade Sale. Übrigens habe ich mich auch schon nach geführten Wanderungen erkundigt. Die Etappen werden genau geplant, auch die Unterkünfte sind dabei berücksichtigt.«

Rainer: »Sehr gut. Natürlich unterstütze ich dich bei den Vorbereitungen. Was hältst du davon, wenn wir am kommenden Samstag gemeinsam in ein Reisebüro gehen und alle Details klären?«

Maria umgeht mögliche Konflikte, indem sie von Anfang an Rainers Meta-Programm spiegelt. Sie weiß, dass er detailversessen ist, und hat sich deshalb auf seine Fragen zu den Einzelheiten der Reise bestens vorbereitet. So umgeht sie seine Neigung, schon im Vorhinein alles problemorientiert zu betrachten und eventuell zu verwerfen. Sie verhält sich so, dass beide davon profitieren.

Übung: Größenfilter erkennen

Ins Detail gehen oder das große Ganze betonen? Diese Entscheidung können Sie sich erleichtern, indem Sie in Gesprächen darauf achten, welche Schwerpunkte jemand setzt. Wählen Sie ein beliebiges Gesprächsthema, beispielsweise Erfahrungen mit einem Restaurant.
› Fragen Sie, was Ihrem Gesprächspartner an dem Restaurant gefällt.
› Achten Sie darauf, wie er antwortet:
› Betont er die gute Atmosphäre? Dass er sich dort wohlfühlt? Dann ist er ein Generell-Sortierer.
› Erzählt er detailliert von den Gerichten, von der Tischdekoration? Dann ist er ein Detail-Sortierer.
› Spiegeln Sie sein Meta-Programm, indem Sie bei einem neuen Thema entweder generalisieren oder in die Einzelheiten gehen.

Lassen Sie anschließend das Gespräch Revue passieren. Fühlte sich Ihr Gegenüber anerkannt? War es ein guter Austausch? Machen Sie sich Notizen, welchen Filter diese Person bevorzugt. Wenn Sie sie demnächst von etwas überzeugen möchten, wissen Sie, welches Programm Sie auswählen sollten.

Sam und sein Chef: Beförderung? Nein, danke

Eigentlich hätte es ein Glückstag für Sam sein können: Sein Chef hat ihn zu einem Gespräch gebeten. Gleich am Anfang eröffnet er seinem Mitarbeiter eine gute Neuigkeit: »Ich habe Sie dazu ausersehen, eine ganze Abteilung zu übernehmen!« Doch Sam runzelt die Stirn und atmet schwer. Sein Chef ist höchst irritiert. »Sie bekommen mehr Kompetenzen, mehr Gehalt, ein eigenes großes Büro und einen Dienstwagen. Na, klingt das nicht gut?« Nein, für Sam klingt das gar nicht gut. Er holt tief Luft. »Danke, Ihr Angebot ehrt mich, aber da kommen eine Menge Probleme auf mich zu: mehr Stress auf jeden Fall. Die Urlaubsplanung wird komplizierter, weil ich nicht mehr ohne Weiteres verreisen kann, wenn ich so viel Verantwortung trage. Und die Kollegen sind bestimmt neidisch, das wird mir dann jeden Tag aufs Brot geschmiert.« Nun ist sein Chef völlig von der Rolle. Er versteht nicht, wie man diese Chance derart verkennen kann. Düpiert beendet er das Gespräch.

Offensichtlich kennt dieser Vorgesetzte seinen Mitarbeiter nur oberflächlich. Vielleicht hätte er sich mit Sam erst einmal über Belangloses unterhalten sollen, damit er versteht, wie Sam mit Informationen umgeht: Er ist jemand, der nicht »auf etwas hin« denkt, sondern »von etwas weg«. Der Chef bewegt sich in seiner Argumentation allerdings zu etwas hin, in Form der Vorteile, die er aufzählt. Damit erreicht er Sam nicht, der ein Vermeider ist: Für ihn geht es immer darum, sich von etwas Negativem wegzubewegen. Deshalb können ihn die unterbreiteten Benefits nicht locken. Sein Chef weiß aber auch, dass er die sachliche Kompetenz hat, dass er für Sam also nur die Hürde niedriger legen muss.

Sam und sein Chef: Bewusste Spiegelung

Schon länger hatte der Chef seinen Mitarbeiter für eine Beförderung im Auge und hat ihn deshalb gründlich studiert. Er ist
vorbereitet. Deshalb sagt er: »Ich habe Sie für eine Beförderung
vorgesehen, Sie können eine ganze Abteilung übernehmen.
Natürlich enthält mein Angebot diverse Vorteile.« Sam hebt eine
Augenbraue. »Ja?« »Für Sie lösen sich einige Probleme. Kollege
Meier sind Sie los, der hat Sie ja schon lange genervt. Sie müssen nicht mehr in einem Großraumbüro sitzen, wo den ganzen
Tag das Telefon klingelt und Sie sich vor lauter Störungen nicht
richtig konzentrieren können. Sie müssen sich auch nicht mehr
über Entscheidungen von oben ärgern, weil Sie selbst künftig
die relevanten Entscheidungen treffen. Das bedeutet wesentlich weniger Stress. Und mit dem Dienstwagen können Sie leidige Werkstattbesuche vergessen, denn ein Servicepaket ist
inkludiert: keine Werkstatttermine mehr, keine verlorene Zeit
während der Wartungen. Übrigens müssen Sie auch nicht mehr
bei Wind und Wetter einen Parkplatz suchen, denn die Dienstwagen haben einen eigenen Parkplatz in der Nähe des Ein-
gangs.« Sam ist sprachlos, dann nickt er. »Okay, ich glaube, ich
mach's.«

Sams Chef weiß genau, wie er die Information so aufbereitet, dass
sie Sams Filter entspricht. Beim zweiten Mal spiegelt er Sams
Meta-Programm, das vorgibt, eine Sache sei nur von Vorteil,
wenn man damit etwas Negatives vermeidet oder hinter sich
lässt. Deshalb erwähnt er nur Dinge, die Sam sofort als Vorteil
begreift (von etwas weg) und die ihn überzeugen. Eine Verbesse-
rung ist für ihn ein Synonym, bestimmte Probleme nicht mehr zu
haben. Das ist für ihn wichtiger als die positiven Auswirkungen
seiner neuen Position.

Übung: Richtungsfilter erkennen

Für diese Übung wählen Sie am besten ein Gespräch, bei dem Sie jemandem eine Idee oder einen Vorschlag unterbreiten. (Zum Beispiel möchten Sie einen Kollegen davon überzeugen, dass er sich finanziell an einer teuren Espressomaschine fürs Büro beteiligt.)

› Beginnen Sie mit einer Unterhaltung über ein neutrales Thema – »Was ist Ihr Traumauto? Warum würden Sie es Ihrem aktuellen Wagen vorziehen?«

› Achten Sie darauf, wie Ihr Gesprächspartner reagiert: Beschreibt er vor allem, was ihn am aktuellen Auto stört (von etwas weg)? Oder schildert er die Vorzüge seines Traumautos (auf etwas hin)?

› Identifizieren Sie anhand der Antworten das Meta-Programm.

› Beim »Auf etwas zu«-Sortierer sagen Sie beispielsweise: »Der Espresso wird köstlich schmecken, und wenn wir mal einen Hänger haben, macht er uns wieder munter.«

› Beim »Von etwas weg«-Sortierer argumentieren Sie in der folgenden Art: »Nie wieder die fiese Filterbrühe aus der Kaffeeküche! Und wir müssen auch nicht mehr für einen Espresso extra zum nächsten Coffeeshop rennen.«

Mit der Spiegelung des jeweiligen Meta-Programms ist es wesentlich leichter, den Gesprächspartner wirklich zu erreichen. Also lohnt die Mühe, sich in den passenden Filter hineinzudenken und die Information entsprechend zu sortieren.

Corinna und Agnes: Spaziergang mit Hindernissen

Corinna und ihre Cousine Agnes treffen sich zum Spazierengehen. Sie sind in einem Park verabredet, wo prächtige Blumenbeete angelegt sind.

Corinna: »Was für ein schöner Tag! Dieser Sommer ist so herrlich wie der vorletzte, in dem wir auch immer zusammen hier waren.«

Agnes: »Ja, aber es ist viel zu trocken für die Jahreszeit, die Pflanzen brauchen dringend Regen.«

Corinna: »Stimmt, für die Rosen – sind sie nicht traumhaft? – ist die Trockenheit zu viel.«

Agnes: »Ja, aber durch den fehlenden Regen gibt es weniger Mücken.«

Corinna: »Weniger Mücken sind natürlich angenehm.«

Agnes: »Ja, aber andererseits ist das schlecht für die Vögel, sie brauchen schließlich ausreichend Nahrung.«

Corinna bleibt stehen: »Weißt du was? Du nervst! Immer findest du ein Haar in der Suppe! Kannst du nicht einfach mal entspannt spazieren gehen?«

Na, hier hakt es, aber richtig. Corinna ist ein Matcher. Sie kann sich an etwas freuen, weil sie auf Harmonie bedacht ist und sich wohlfühlt, wenn alles »passt«. Deshalb sucht sie auch das Passende, Angenehme und kommt oft nicht mit Agnes zurecht, die ein Dismatcher ist: Agnes ist Harmonie nicht geheuer, sie muss immer eine Dissonanz finden und thematisieren. Corinna mag gemeinsame Meinungen, Agnes muss geradezu zwanghaft davon abweichen. Sie kann nichts so stehen lassen, wie es ist. Mit ihrer Nörgelei geht sie Corinna gewaltig auf die Nerven. Wenn Agnes diese Beziehung aufrechterhalten will, sollte sie ihren Filter zuweilen ausblenden und Corinnas Matching-Filter spiegeln.

Corinna und Agnes: Bewusste Spiegelung

Corinna: »Was für ein schöner Tag! Dieser Sommer ist so herrlich wie der vorletzte, in dem wir auch immer zusammen hier waren.«

Agnes: »Ja, ich erinnere mich. Ich gehe hier auch so gerne spazieren. Übrigens jogge ich neuerdings.«

Corinna, begeistert: »Du joggst jetzt auch? Das ist ja wunderbar. Ich habe es vor Kurzem für mich entdeckt.«

Agnes: »Ich auch. Wenn ich gleich morgens laufe, wird der Tag viel besser.«

Corinna: »Geht mir genauso. Man hat mehr Energie, wenn man morgens joggt. Schau mal – sind die Rosen nicht traumhaft?«

Agnes: »Oh, die sehen hübsch aus, tolle Farbe, dieser Pfirsichton.«

Corinna: »Solche hatte ich mal im Garten.«

Agnes: »Ich erinnere mich. Die passten super in deinen Garten.«

Bewusst verzichtet Agnes darauf, an allem herumzumäkeln. Sie möchte die Bindung zu Corinna erhalten, deshalb stellt sie sich auf deren Harmoniebedürfnis ein und sucht nach Übereinstimmungen, nicht nach Unterschieden. Ihr waches Problembewusstsein lässt sie beiseite. Während sie Corinnas Meta-Programm spiegelt und eine gute Gesprächsbasis aufbaut, hat sie durchaus Einwände im Kopf (»ja, aber Joggen belastet die Gelenke«), doch die kann sie zurückhalten, ohne eigene Grundüberzeugungen über Bord zu werfen.

Übung: Matchingfilter erkennen

Haben Sie einmal darüber nachgedacht, ob Sie eher kritisch sind und gern problematisieren oder lieber alles in Harmonie und Gemeinsamkeit erleben möchten? Versuchen Sie, bei nächster Gelegenheit herauszufinden, wie Ihr Partner/Ihr Kollege oder Freunde matchen.

> Erzählen Sie von etwas, das neu ist in Ihrem Leben. Eine vegane Ernährungsweise, zum Beispiel.
> Achten Sie darauf, wie Ihr Gegenüber reagiert.
> Kommen Einwände? (»Ja, aber Veganer haben Risiken bei der Nährstoffversorgung.«)
> Oder wird Übereinstimmung signalisiert? (»Interessant. Ich habe auch schon mit dem Gedanken gespielt.«)
> Spiegeln Sie dieses Meta-Programm während des Gesprächs.

Die empathische Spiegelung von Meta-Programmen ist auch angebracht, wenn Sie jemanden für etwas interessieren wollen. Dem Dismatcher sagen Sie: »Ich habe da eine gute Idee. Aber es gibt einige Probleme, die auftauchen könnten.« Dem Matcher gegenüber betonen Sie Vorzüge und Gemeinsamkeiten: »Ich habe da eine Idee, die dir gefallen wird, weil sie deiner Vorliebe für X entspricht.« Sie werden sehen, dass die Kommunikation viel entspannter und konstruktiver verläuft, wenn Sie das Meta-Programm bewusst auf dem Schirm haben.

Jens und André: Der Ball ging daneben

Jens ist Fußballtrainer mit Leidenschaft. Regelmäßig trainiert er den Nachwuchs und hält Ausschau nach neuen Talenten. Schon seit einiger Zeit beobachtet er, dass sich André ganz großartig entwickelt. Er sucht das Gespräch mit ihm.

Jens: »Ich würde dir gern eine Chance geben. In den Sommerferien veranstalten wir ein vierwöchiges Fußballcamp, davon könntest du enorm profitieren.«

André: »Vier Wochen? In den Ferien?«

Jens: »Denk mal an die Zukunft. Du hättest große Vorteile, weil du deine Technik verfeinern könntest.«

André: »Na ja, aber ich habe mich auf Chillen gefreut. So ein Trainingscamp macht meine Ferien total kaputt.«

Jens: »Betrachte es als eine Investition in deine Zukunft.«

André: »Ich finde, dass meine Leistungen jetzt schon okay sind. Klar möchte ich dazulernen, aber nicht, wenn meine Ferien gecrasht werden.«

Jens: »Ich habe aber in der Vergangenheit sehr gute Erfahrungen mit diesen Camps gemacht. Die Spieler konnten sich entscheidend verbessern.«

André: »Danke, aber ich habe keine Lust dazu.«

Jens ist von Andrés Reaktion enttäuscht. Als Trainer macht er sich permanent Gedanken über die Weiterentwicklung seiner Spieler, doch damit stößt er bei André auf taube Ohren. Der Grund ist die Differenz der zeitorientierten Meta-Programme. André lebt in der Gegenwart. Ihn interessiert nicht, welche Erfahrungen Jens in der Vergangenheit gemacht hat, und wie die Zukunft eventuell aussieht. Für ihn ist nur die Zeitqualität des Jetzt von Relevanz. Das könnte Jens in seine Argumentation einbeziehen.

Jens und André: Bewusste Spiegelung

Jens: »Ich würde dir gern eine Chance geben. In den Sommerferien veranstalten wir ein vierwöchiges Fußballcamp, das wird dir gefallen.«

André: »Vier Wochen? In den Ferien?«

Jens: »Das werden die besten Ferien deines Lebens. Ihr fahrt zu zehnt an die Ostsee, da gibt es eine tolle Anlage. Tagsüber spielt ihr Fußball, abends wird gegrillt, und Zeit zum Schwimmen bleibt natürlich auch.«

André: »Wow.«

Jens: »Du wirst sehen, du hast Spaß, und nebenbei verfeinerst du deine Technik. Da ist richtig Action angesagt. Da stehst du doch drauf.«

André: »Stimmt.«

Jens: »Ich zeige dir mal Fotos von der Anlage. Es gibt auch Mini-golf und ein Spaßbad in der Nähe.«

André: »Super.«

Hier hat Jens seinen Schützling richtig eingeschätzt. Er spiegelt das Meta-Programm Jetzt-Orientierung. Für André sind die Be-nefits wichtig, die er sofort haben kann. Bei einem Zukunfts-Sortierer hätte die erste Variante der Geschichte zum Erfolg geführt. Dagegen hätte ein Vergangenheits-Sortierer – beispiels-weise Andrés Vater – gefragt: »Gibt es denn gesicherte Erkennt-nisse, wie sich so ein Sommercamp auswirkt? Haben Sie Zahlen, wie viele Spieler danach in die A-Mannschaft gekommen sind?« Wer solche Orientierungen berücksichtigt, kann seine Anliegen individuell zugeschnitten formulieren und damit überzeugen.

Übung: Zeitorientierungsfilter erkennen

Versuchen Sie, den Zeitfilter Ihres Gegenübers herauszufinden. Als Beispiel dient hier das Gespräch mit einer älteren Person (etwa einem Vater im Rentenalter), der man eine Ayurveda-Kur empfehlen möchte.

› Sprechen Sie zunächst über ein neutrales Thema.
› Achten Sie darauf, ob im Informationsfilter des Gesprächs-partners eher Dinge hängen bleiben, die in der Vergangenheit, in der Gegenwart oder in der Zukunft liegen.
› Bringen Sie das Gespräch auf Ihr Anliegen (Ayurveda-Kur).
› Wählen Sie die passende Zeitschiene.
› Gegenwart: »Das ist richtig entspannend und genussvoll. Du kannst dich verwöhnen lassen und Energie tanken.«

> Vergangenheit: »Die Kur hat sich in der Vergangenheit schon tausendfach bewährt. Das beweisen einschlägige Gesundheitsstudien, und ich kenne viele Leute, die begeistert zurückkamen.«

> Zukunft: »Die positiven Auswirkungen wirst du noch lange spüren. Den nächsten Winter wirst du viel besser überstehen, wenn du Energie bei dieser Kur getankt hast.«

Mit der Zeit bekommen Sie ein gutes Gespür dafür, welches Meta-Programm bei Ihrem Kommunikationspartner aktiv ist. Generell kann man feststellen, dass junge Menschen mehr im Jetzt leben (vergleiche das Beispiel mit Melly und dem Eis auf Seite 154). Menschen mittleren Alters richten ihren Aufmerksamkeitsfilter eher auf Ergebnisse in der Zukunft, und Menschen reifen Alters filtern alles heraus, was sie auf Bewährtes in der Vergangenheit beziehen können. Doch es gibt natürlich immer wieder Abweichungen. Also stellen Sie sich empathisch auf andere ein, und finden Sie heraus, welcher Filter vorliegt.

Woran erkenne ich, dass ich gut spiegele?

Falls Sie nicht ganz sicher sind, ob Ihnen die Spiegelung gelingt, gehen Sie folgende Punkte durch:

› Stimmt Ihnen Ihr Gesprächspartner vermehrt zu? Achten Sie auf seine Ja/Nein-Signale. Wenn er häufiger als am Anfang nickt und bejahende Äußerungen macht, haben Sie sein Vertrauen gewonnen.

› Testen Sie, ob Sie zurückgespiegelt werden. Verändern Sie bewusst Ihre Haltung und Ihre Stimmlage und beobachten Sie, ob das spiegelnd beantwortet wird. Ein synchroner Haltungswechsel ist ein guter Gradmesser dafür, dass Sie einander spiegeln.

› Suchen Sie nach mikromimischen Anzeichen dafür, ob sich Ihr Gegenüber wohlfühlt – Lächeln, strahlende Augen, stetiger Blickkontakt. Dann haben Sie's geschafft.

› Beachten Sie die Dynamik des Gesprächs. Fließt es leicht vor sich hin, in einem organischen Wortwechsel, ohne peinliche Stille zwischendurch? Auch dann spiegeln Sie gut.

› Behalten Sie den emotionalen Pegel im Blick. Sind gute Gefühle im Spiel, die auch thematisiert werden? Prinzipiell kann sogar gemeinsames Ablästern über Dritte ein gutes Zeichen sein, weil die gemeinsame emotionale Haltung verbindet. Gespräche ohne emotionale Ausschläge hingegen laufen eindeutig weniger gut.

› Agiert Ihr Gegenüber lebendig? Verwendet es Gesten, ist die Mimik facettenreich? Wirkt die Gesichtshaut rosiger? Das sind Signale dafür, dass Sie Ihren Gesprächspartner innerlich gelockert und »gepackt« haben, sodass er aus sich herauszugehen wagt.

> Wird ab und an gelacht? Humor ist ein perfekter Indikator für gelungene Spiegelung. Weniges in der Kommunikation zeigt derart eindeutig, dass Sie sich auf derselben Wellenlänge befinden. Wobei mit Humor weder Sprüche noch Witze gemeint sind, sondern Schlagfertigkeit, Ironie und spontane Wortspiele.

4

Warum Empathie eine Frage des Bewusstseins ist – und wie sie sich auf Ihre Kommunikation auswirkt

Der Unterschied zwischen bewusster und unbewusster Kommunikation

Glückwunsch! Nach den ersten drei Kapiteln sind Sie schon tief in die Geheimnisse des empathischen Spiegelns vorgedrungen. Durch die Übungen in Kapitel 3 haben Sie außerdem ein gutes Gespür für Gesprächssituationen entwickelt. Um diese Erfolge zu befestigen, möchten wir Ihnen die Möglichkeit geben, das Thema empathische Kommunikation zu einem festen Bestandteil Ihres Lebens zu machen. Deshalb erweitern wir an dieser Stelle die Perspektive und widmen uns den Werten und inneren Einstellungen, die Ihr Bewusstsein prägen.

Die wichtigste Unterstützung für kontinuierlich
erfolgreiche empathische Kommunikation erhalten
Sie von einem entwickelten Bewusstsein.

Diese Feststellung beruht auf unseren eigenen Erfahrungen. Wesentliche Impulse für unser Coaching gab uns der Buddhismus, den man als Bewusstseinsreligion bezeichnen kann, oder, besser noch, als gelebte Bewusstseinsphilosophie. Alles dreht sich darum, höhere Bewusstseinsstufen zu erlangen, auf denen Achtsamkeit, Mit-Fühlen, Akzeptanz und Vertrauen möglich werden. Aber Bewusstsein ist nicht einfach eine Frage des Wollens, es muss nach und nach entwickelt werden. Man kann sich alles Mögliche vornehmen – empathisch spiegeln, zugewandt kommunizieren, gute Beziehungen leben, doch wenn man glaubt, den Entwicklungsprozess des Bewusstseins überspringen zu können, werden die guten Vorsätze bald im Sande verlaufen.

Oft hören wir von unseren Seminarteilnehmern: Okay, ich komme klar, und irgendwie schaffe ich das auch mit dem Spiegeln. Beobachten wir sie dann, stellen wir meist fest, dass sie das keineswegs in dem Maße tun wie angenommen. Die Selbstwahrnehmung und die Außenwahrnehmung klaffen also weit auseinander. Deshalb haben wir ein Stufenmodell entwickelt, in dem sich jeder selbst verorten kann, um seine kommunikativen Kompetenzen besser einschätzen zu können.

Stufe 1 Unbewusste Inkompetenz:

Ein Großteil der Menschen befindet sich im Zustand vorbewusster Kommunikation. Sie kommunizieren natürlich täglich, tun es jedoch, ohne groß darüber nachzudenken. Daher entgeht ihnen vieles: Ihnen ist weder bewusst, wie sie sich verhalten, noch beobachten sie ihre Gesprächspartner, um die Auswirkung ihres Verhaltens zu überprüfen. In diesem Fall kann man von unbewusster Inkompetenz sprechen.

Stufe 2 Bewusste Inkompetenz:

Deutlich weniger Menschen haben das Stadium bewusster Kommunikation erreicht. Sie kennen wichtige kommunikative Regeln und wissen auch einiges über empathische Spiegelung, haben aber Schwierigkeiten, sie im Alltag anzuwenden. Solche Menschen nehmen durchaus wahr, welche negativen Folgen das Ausbleiben der Spiegelung hat, sind aber nicht in der Lage, das empathische Verhalten so weit zu verinnerlichen, dass es ein Kennzeichen ihrer Kommunikation wird. Hier liegt eine bewusste Inkompetenz vor.

Stufe 3 Bewusste Kompetenz:

Den geringsten Anteil machen Menschen aus, die eine bewusste Kommunikationskompetenz erlangt haben. Sie wissen nicht nur viel über erfolgreiches kommunikatives Verhalten, sie haben es zu einem Teil ihrer Persönlichkeit werden lassen. Empathische Spiegelung ist für sie keine Strategie, sondern eine Lebenshaltung. Daher reflektieren sie zwar ihre Kommunikation, müssen aber keine speziellen Techniken abrufen. Völlig selbstverständlich können sie sich auf ihre empathische Kompetenz verlassen und genießen es, lebendige Beziehungen zu gestalten. Der Grund dafür ist ein entwickeltes Bewusstsein.

Die Unterschiede zwischen diesen drei Stufen werden besonders offensichtlich, wenn Probleme auftauchen.

Bei unbewusster Inkompetenz neigt man zu Schuldzuweisungen. Sich selbst hält man für okay, wirft aber den Gesprächspartnern vor, sie verhielten sich seltsam oder seien ein Ärgernis, weil sie bestimmte Erwartungen nicht erfüllen. Menschen mit unbewusster Inkompetenz beschweren sich häufig: Mein Kind nervt, mein Kollege ist eine Schlafmütze, meine Frau ist nie zufrieden. Die Ursache dafür suchen sie nicht in ihrer defizitären Kommunikation, immer nur in den vermeintlich negativen Eigenschaften der Menschen ihres Umfelds.

Bei bewusster Inkompetenz ist oft eine resignative Haltung zu beobachten. Solche Personen erkennen durchaus ihre kommunikativen Defizite, meinen jedoch, sie seien eben unfähig, all das umzusetzen, was sie wissen. Achselzuckend geben sie bei Problemen auf oder haben sogar Angst vor Gesprächen, weil sie befürchten, dass sie es beim nächsten Mal wieder nicht hinbekommen. Die Schuldzuweisung richtet sich gewissermaßen gegen sich selbst.

Bei bewusster Kompetenz stellt sich eine große Sicherheit und Gelassenheit im Umgang mit anderen ein. Diese Menschen nehmen ihre Kommunikationspartner gleichsam spielerisch als Teampartner wahr. Kommen Probleme in Sicht, wissen sie, dass sie durch ihre bewusst empathische Haltung Konfliktlösungskompetenz besitzen, und scheuen sich nicht, auch auf schwierige Gesprächspartner offen zuzugehen.

An dieser Stelle werden Sie sich vermutlich fragen, wie Sie die dritte Stufe erreichen können. Was hat es mit dem Bewusstsein auf sich? Welche Haltungen stehen dahinter?

> Bewusste empathische Kommunikation beruht auf
> der Absicht, dass sie zum Wohle aller geschieht.

Es handelt sich also um die Bereitschaft, das eigene Verhalten so zu gestalten, dass es nicht nur einem selbst, sondern allen gut geht. Auf sich selbst zentrierte Menschen sagen: Was muss ich tun, damit ich mich wohlfühle und meine Ziele erreiche? Empathische Menschen fragen hingegen: Wie kann ich dazu beitragen, dass sich auch meine Gesprächspartner wohlfühlen und ich im Einklang mit ihnen meine Ziele erreiche? Sie haben verinnerlicht, dass sie Teil eines Ganzen sind, und dass alles mit allem in Verbindung steht.

Die Konsequenz daraus ist die permanente Offenheit für den Perspektivwechsel. Und nicht nur das: Die innere Landkarte eines

Menschen können Sie erst lesen und verstehen, wenn Sie zutiefst davon überzeugt sind, dass sich dieser Perspektivwechsel immer lohnt, auch dann, wenn Sie keinen direkten Vorteil daraus ziehen. Niemand muss beispielsweise nett zu einer Blumenverkäuferin sein. Die Blumen bekommen Sie auch, wenn Sie sich abweisend verhalten oder mit dem Blick auf Ihr Handy das Geld hinblättern. Spiegeln Sie die Verkäuferin jedoch, sodass ein Gespräch voller Sympathie entsteht und Sie sich voneinander mit einem Lächeln verabschieden, dann haben Sie einen ideellen Wert geschaffen: positive psychische Energie. Und die kommt allen zugute – Ihnen, der Blumenverkäuferin, zufällig anwesenden Kunden sowie allen, die Ihnen, der Blumenverkäuferin und den Kunden an diesem Tag noch begegnen.

> Wer im Ich denkt, kreiert Kälte, wer im Wir denkt, Wärme.
> Beides breitet sich daraufhin aus.

Fälschlicherweise neigen wir oft dazu, uns isoliert zu betrachten, unabhängig vom Umfeld. Schauen wir überhaupt über den Tellerrand, dann sehen wir gerade noch denjenigen, mit dem wir gerade kommunizieren, missachten aber das große Ganze, dessen Teil wir sind. Kein Wunder in der Ich-Gesellschaft. Aus dieser egozentrischen Haltung heraus initiiert man jedoch ungewollt negative Kettenreaktionen.

Svenja und ihre Schwiegermutter: Die Ablehnung

Svenja ist seit fünf Jahren glücklich verheiratet und hat zwei Kinder. Nur einen Wermutstropfen gibt es in der Ehe: ihre Schwiegermutter. Svenja lehnt sie ab, weil sie meint, ihre Schwiegermutter mische sich zu oft ein. Deshalb verhält sich Svenja konfrontativ. Erscheint die Mutter ihres Mannes etwa bei den Kindergeburtstagen, behandelt Svenja sie kühl und herablassend. So liegt bei solchen Anlässen immer eine gewisse Anspannung in der Luft. Ihr Mann leidet darunter, die Kinder sind irritiert und begegnen ihrer Großmutter reserviert. Wird Svenja von ihrem Mann zur Rede gestellt, zuckt sie mit den Achseln: »Wieso, deine Mutter darf doch dabei sein. Kann ich doch nichts dafür, wenn sie sich nicht wohlfühlt. Außerdem betrifft das ja nur sie und mich. Alle anderen haben doch ihren Spaß.«

Das Beispiel belegt den Irrtum, man könnte manche Beziehungen ruhig schlecht laufen lassen, ohne andere damit zu beeinträchtigen. Svenja meint, die Kälte zwischen ihr und ihrer Schwiegermutter sei nur ein Binnenphänomen, in Wahrheit aber vergiftet sie die Atmosphäre für alle. Es reicht nicht, der Form Genüge zu tun, indem sie ihre Schwiegermutter einlädt. Die doppeldeutige Botschaft: Du darfst zwar dabei sein, aber ich zeige dir, dass mich das stört, stiftet Unsicherheit und eine bedrückende Atmosphäre in der gesamten Familie. Ihr Mann spürt es, ihre Kinder spüren es: Etwas stimmt nicht.

Svenja verhält sich also unbewusst inkompetent. Bei bewusster Inkompetenz würde sie zumindest registrieren, dass ihr Verhalten negative Auswirkungen für alle hat. Sofern sie aber eine bewusste Kommunikationskompetenz ausgeprägt hätte, würde sie ihre Schwiegermutter spiegeln und ihr damit volle Zugehörigkeit signalisieren – was der gesamten Familie zugutekäme.

Die positive Wirkung von Akzeptanz

Die Geschichte mit Svenja und ihrer Schwiegermutter führt uns zu einer weiteren Erkenntnis: dass man andere grundsätzlich akzeptieren sollte, und zwar genau so, wie sie sind, mit allen vermeintlichen Macken und Fehlern. Das fällt schwer, weil die meisten Menschen überzeugt sind, ihre subjektiven Werturteile seien objektive Gradmesser für Integrität und ohne Weiteres auf andere übertragbar. Nur zu gern vermitteln sie ihren Mitmenschen: »Ich weiß, was richtig und falsch ist« oder: »Ich weiß, was gut und richtig für dich ist.« Oft suchen sie auch fieberhaft nach Gründen, warum jemand ganz anders denkt, fühlt und handelt. Sehr beliebt ist das voreilige Psychologisieren. Vermissen sie beispielsweise emotionale Nähe beim Partner, heißt es dann: »Du hattest bestimmt eine gefühlskalte Mutter« oder: »Du stürzt dich in Arbeit, weil du so gut wie kein Privatleben hast.« Und schon haben die Bewertungen eingesetzt, die Einflussnahmen, die Änderungsversuche. Dabei geht viel Energie verloren, denn ändern können wir Menschen nicht, sehr wohl aber vor den Kopf stoßen.

Sobald wir anfangen, Kommunikationspartner abzuwerten, zu erziehen oder sogar zu manipulieren, führt das zu tiefer Entfremdung: Wir versagen ihnen das Gefühl der Zugehörigkeit.

Bei einer empathischen Haltung geht es weder um den Versuch, sich Menschen zurechtzubiegen, noch darum, Mutmaßungen über ihren Werdegang anzustellen. Vielmehr gilt es, sie in all ihrer individuellen Subjektivität im Jetzt zu erkennen. Wie tickt jemand? Welche Vorlieben hat er, welche Überzeugungen und Bedürfnisse? Was meidet er, wovor fürchtet er sich? Viel zu selten stellt man sich solche Fragen, wenn man mit jemandem kommuniziert, und doch hängt alles davon ab, ob man zur Haltung bewertungsfreier Akzeptanz findet – und damit zu einer hohen Qualität der Kommunikation.

Nicht-Akzeptanz bedeutet:
Wir kommunizieren egozentrisch und unbeweglich.
Akzeptanz bedeutet:
Wir kommunizieren empathisch und flexibel.

Wer nicht anerkennt, dass andere so sind, wie sie sind, baut unsichtbare innere Barrieren zwischen sich und seinen Kommunikationspartnern auf. Man bleibt auf die Unterschiede fixiert und ist unfähig, die Gemeinsamkeiten zu sehen. Daraus resultieren viel Stress und Leid. Im Buddhismus, der friedfertigsten aller Religionen, hat Akzeptanz daher einen sehr hohen Stellenwert. Die buddhistische Weisheit stützt sich auf die Erfahrung, dass Menschen, Dinge und Ereignisse nicht änderbar sind, dass sie einfach existieren und geschehen. Sich dagegen aufzulehnen, sei ein Zeichen geistiger Unreife, sie hingegen zu akzeptieren, beschere tiefen Seelenfrieden und eine altruistische Haltung.

Diese Einstellung ist nicht mit Resignation zu verwechseln. Ein Buddhist hat sehr wohl Ziele, und er weiß auch, wie er sie verwirklicht: nicht gegen etwas, sondern mit etwas. Also auch nicht gegen einen anderen Menschen, sondern mit ihm, im Bewusstsein eines geklärten Geists, der sich nicht mehr mit Trotzreaktionen blockiert.

Der Vorteil uneingeschränkter Akzeptanz:
Wir müssen nicht kräftezehrend mit der kognitiven
Dissonanz kämpfen, die sich bei der Fokussierung
auf Unterschiede, Störfaktoren und unerwünschtes
Verhalten ergibt.

Bei unserer Coachingarbeit machen wir häufig Bekanntschaft mit Blockaden, die durch Nicht-Akzeptanz entstehen. Manchmal, etwa in Unternehmen, ziehen sich die daraus resultierenden Kommunikationsschwierigkeiten über Jahre hin, ohne dass irgendeine Besserung in Sicht wäre. So im Fall der Leiterin einer IT-Abteilung, die regelmäßig Auseinandersetzungen mit einem leitenden Kollegen aus der Personalabteilung hatte. Für ihn bedeutete Professionalität unter anderem, perfekte E-Mails zu senden. Die Leiterin der IT-Abteilung nahm es damit nicht so genau, sie verschickte schon mal Mails mit Rechtschreibfehlern oder ohne ausgefüllte Betreffzeile. Darüber entbrannte immer wieder Streit, weil der Kollege aus der Personalabteilung dieses Detail nicht akzeptieren konnte.

Die Kunst liegt darin, Unterschiede zu erkennen, sie zu respektieren und dadurch Akzeptanz zu erschaffen – statt durch Ablehnung Mauern aufzutürmen. Im genannten Beispiel gibt es bestimmt Eigenschaften, die der Kollege aus der Personalabteilung spiegeln kann. Er muss ja nicht gleich fehlerhafte Mails schreiben, es reicht schon, wenn er Werte oder andere Meta-Programme der IT-Leiterin spiegelt. Denn: Wie soll eine Annäherung zustande kommen, wenn man nur die Unterschiede betont? Wie soll man Gemeinsamkeiten entdecken, wenn man dem Gegenüber jede Zugehörigkeit versagt? Nur durch Akzeptanz kann man in der empathischen Spiegelung zur Steuerungsphase gelangen, in der der Gesprächspartner ebenfalls zu spiegeln beginnt. Auf diese Weise findet man zueinander, ohne dass einer von beiden seine Identität aufgibt. Eine sehr aufschlussreiche Geschichte ist uns in diesem Zusammenhang besonders eindringlich in Erinnerung.

Die verfeindeten Bereichsleiter

Vor einigen Jahren bat uns ein großes, deutschlandweit verzweigtes Unternehmen um Rat. Zwei Bereichsleiter, einer in

Hamburg, der andere in München, kamen absolut nicht miteinander klar. Sie waren unfähig, professionell zu kooperieren, weil sie sich ständig in den Haaren lagen und dadurch auch ihre Abteilungen gegeneinander aufbrachten. Da das Unternehmen beide Bereichsleiter für hoch kompetent hielt und keinen von ihnen entlassen wollte, schaltete der Vorstand uns ein.

Rasch wurden die Unterschiede deutlich, als wir die beiden nacheinander besuchten. Der Hamburger saß gehemmt und verkrampft auf seinem Stuhl. Er atmete schwer und sprach stockend, mit langen Pausen zwischen den Sätzen. Der Münchner war emotional, sprach laut, schnell und mit raumgreifenden Gesten. Unaufgefordert beschwerte er sich über den Hamburger Kollegen: »Ach, der Lahmarsch, der kriegt doch nichts auf die Reihe.«

Wir bestellten die beiden zu einem Meeting nach Frankfurt, auf neutrales Terrain. Zunächst spiegelten wir den Hamburger. Wir sprachen betont langsam, mit langen Pausen, in verspannter Haltung. Danach spiegelten wir den Münchner, indem wir genauso temperamentvoll und emotional agierten – wir hielten ihnen also einen Spiegel vor. Anschließend fingen die beiden an zu lachen. Das Lachen lockerte und befreite sie. So konnten wir den Dissens während einer Seminareinheit klären, in der beide offen sagten, was sie übereinander dachten. Sie begriffen, dass sie inhaltlich durchaus auf einer Linie lagen, sich aber durch das Verhalten des Gegenübers provoziert fühlten. Es hatte lediglich an der Akzeptanz der unterschiedlichen Temperamente gefehlt. Die weitere Zusammenarbeit – auch der jeweiligen Abteilungen – lief daraufhin vollkommen konfliktfrei.

Solche Erlebnisse bestätigen uns, wie wertvoll das Ethos der Akzeptanz ist. Selbst beim Partner und bei engen Freunden werden Sie immer wieder Dinge entdecken, die Sie stören. Wie oft haben

Sie schon darüber gestritten, ohne dass sich etwas änderte? Wie oft haben Sie wie Don Quichotte vergeblich gegen Windmühlen gekämpft? Genauso gut könnten Sie in einem Stau auf der Autobahn wild hupen und mit den Fäusten auf das Lenkrad einhämmern. Damit ändern Sie nichts, verlieren aber viel Energie und bauen Aggressionen auf. Wesentlich weiser wäre es, tief durchzuatmen, die Situation zu akzeptieren und zu fragen: Was fange ich jetzt mit der geschenkten Zeit an? Vielleicht Musik hören? Oder in Ruhe über ein Thema nachdenken, das mich schon lange beschäftigt?

Vergleichbar können Sie Ihren Frieden mit dem machen, was Sie an anderen Menschen stört. Jammern Sie nicht darüber, dass Ihre Ansprüche und Erwartungen nicht erfüllt werden. Gehen Sie konstruktiv mit den Eigenschaften um, die Sie vorfinden – und seien diese auf den ersten Blick noch so ärgerlich oder anstrengend. Unser Tipp: Bei der nächsten Begegnung mit einem Menschen, der provozierend anders ist, versuchen Sie es bitte einmal mit der empathischen Haltung. Benennen Sie im Stillen die trennenden Eigenschaften und Verhaltensweisen. Spiegeln Sie sie kommentarlos auf der Basis bewusster Akzeptanz. Beobachten Sie, wie sich Ihr Gegenüber öffnet und verändert. Sie werden sich wundern, wie viel Ruhe und Frieden in Ihre Kommunikation einzieht, und wie viel Energie frei wird, die Sie für einen harmonischen Austausch nutzen können.

Vertrauen, die Brücke zum Gegenüber

Das Meta-Ziel empathischen Verhaltens lautet Vertrauen, und das ist ebenfalls eine Frage des Bewusstseins. Im Buddhismus rangiert das Vertrauen nicht zufällig ganz oben auf der Werteskala: Um den Pfad der Erleuchtung zu absolvieren, wird Vertrauen als Erstes genannt, danach erst folgen Achtsamkeit, Tatkraft, Konzentration und Weisheit. Dasselbe gilt für bewusste Kommunikation. Ob wir uns in einer Gesprächssituation sicher und geborgen fühlen, oder ob ein gewisses Misstrauen bleibt, hängt vom Grad des Vertrauens ab, der erreicht wird.

Dafür muss man sich vergegenwärtigen, dass jeder Kommunikationspartner zwar Absichten verfolgt, aber nicht notwendigerweise schlechte Absichten. Die Unterstellung, jemand wolle uns schaden oder sei vorsätzlich böse, bestimmt oft das Scheitern von Kommunikation. Meist ist eine falsche Interpretation des Verhaltens anderer schuld daran: Mit einem unentwickelten Bewusstsein kultivieren wir häufig Vorurteile und verstellen uns die Sicht durch Misstrauen. Dafür gibt es viele Beispiele, wie sie uns täglich begegnen:

› Ein Mann sagt seiner Frau, er habe noch einen dringenden Termin und komme später zur Familienfeier – sie schließt daraus, er nehme den Job wichtiger als die Familie.
› Eine Angestellte erklärt ihrem Chef, sie habe eine Aufgabe nicht in der verabredeten Zeit geschafft – er folgert, sie engagiere sich nicht genug im Job.
› Ein Kind weigert sich, seine Schulaufgaben zu erledigen – die Mutter meint daraufhin, das Kind sei störrisch und aufsässig.

In allen drei Beispielen könnten auch ganz andere Bedingungen vorliegen: Der Ehemann steht tatsächlich unter beruflichem Druck und muss schweren Herzens Überstunden einschieben. Die Angestellte wird von Kollegen gemobbt und kann sich nicht ausreichend auf ihre Aufgaben konzentrieren. Das Kind fühlt sich vom Schulstoff überfordert, ist niedergeschlagen und will nicht an den Misserfolg erinnert werden. Haben sich aber bereits Fronten gebildet, bleiben diese Bedingungen ungesehen, Konflikte zeichnen sich ab. Sofern es jedoch gelingt, vertrauensvolle Gesprächssituationen zu ermöglichen, sind diese Konflikte vermeidbar.

> Im Buddhismus wird das Vertrauen mit einem Edelstein verglichen, der schmutziges Wasser reinigen kann.

Das funktioniert übrigens tatsächlich auch im physikalischen Sinne, denn bestimmte Edelsteine lagern Verunreinigungen aus dem Wasser an und klären es auf diese Weise. Für Buddhisten ist der Edelstein jedoch eine Metapher, mit der sie verdeutlichen wollen: Vertrauen eliminiert die Schlacken innerer Vorbehalte. Man kann das Gute im Menschen nicht sehen, wenn man mangels Vertrauen nur die Fehler wahrnimmt oder negative Unterstellungen mit sich herumschleppt. Genauso wenig kann man konstruktiv kommunizieren, wenn man jemandem misstrauisch, ablehnend und abwertend gegenübertritt.

Der Weg zur bewussten Kommunikationskompetenz ist von vier Säulen flankiert:

> › lebendiger, flexibler Kontakt durch empathische Spiegelung
> › uneingeschränkte Akzeptanz als Zeichen von Zugehörigkeit
> › Aufbau von Vertrauen, das langfristige gute Beziehungen ermöglicht
> › subtile Steuerung, um auf einer gemeinsamen Ebene Ziele und Veränderungen zu verwirklichen

Zuweilen werden wir gefragt: »Ja, aber muss ich denn wirklich jeden akzeptieren und ihm mein Vertrauen schenken, auch wenn er bösartig, rücksichtslos, intrigant ist?« Die Antwort ahnen Sie bestimmt schon: Ja, auch solche Menschen haben Akzeptanz und Vertrauen verdient. Kein blindes, vorbewusstes Vertrauen, wohlgemerkt, aber jenes gegenseitige Vertrauen, das in der empathischen Spiegelung entsteht und das die Buddhisten meinen: reinigendes Vertrauen.

Was auch immer Sie über einen Menschen denken – falls Sie sich empathisch verhalten und Vertrauen herstellen, werden Sie feststellen, dass dieser Mensch gar nicht so bösartig, rücksichtslos oder intrigant ist wie gedacht. Sondern, dass er einfach nur ein Mensch ist, mit allen Fehlern und Vorzügen.

Es ist unendlich hilfreich, sich diese Sicht der Dinge zu eigen zu machen. Denn Sie wissen ja: Ihren Partner und Ihre Freunde können Sie sich aussuchen, die meisten anderen Menschen Ihres Umfelds jedoch nicht. Also kommt es darauf an, mit wirklich jedem in lebendigen, kooperativen Kontakt zu treten, indem Sie sich empathisch verhalten. Die Buddhisten haben diese Haltung von jeher vertreten: Sobald Vertrauen entstehe, stelle sich auch Wertschätzung ein, die das Gegenüber seinerseits mit Wertschätzung beantworte.

Empathisches Spiegeln ist die Chance, jemanden aus einem negativen in einen wünschenswert vertrauensvollen Zustand zu führen.

Stellen Sie sich vor, der eben erwähnte Ehemann kommt verspätet zu der Familienfeier. Seine Frau kann jetzt ärgerlich reagieren, und spätestens auf der Heimfahrt wird ein Streit losbrechen. Ganz gleich, wie sich der Mann verteidigt, seine Frau wird ihm Gleichgültigkeit im Hinblick auf Familiäres unterstellen. Zudem wird sie bewusst eine Asymmetrie zulassen, also seinen Stress und seine kleinlaute Zerknirschung nicht spiegeln, sondern ihn lautstark beschimpfen. Vermutlich revanchiert er sich dann mit Gegenangriffen.

Spiegelt die Ehefrau jedoch den inneren und äußeren Zustand ihres Mannes, stellt sie Vertrauen her. Daraufhin ist ein Gespräch möglich, in dem sich der Ehemann offenbart, und zwar so freimütig, dass sie gemeinsam nach Lösungen für die äußeren Probleme suchen können. Möglicherweise bestätigt sich sogar der Verdacht der Frau, ihr Mann habe wenig Interesse am Familienleben. Dann ist auch das ein gutes Gesprächsergebnis, weil sie ihn bitten kann, die Gründe für sein Desinteresse zu nennen. Normalerweise würde er sich das nicht trauen, aber in der sicheren Zone von Akzeptanz, Zugehörigkeit und Vertrauen kann nun ein echtes Beziehungsgespräch beginnen.

Durch Vertrauen, das aus einer empathischen Haltung resultiert, gibt man dem Gegenüber Raum, aus einem positiven Gefühl heraus seine Beweggründe und Absichten zu offenbaren. Leider geschieht genau das oft nicht. So stellen wir alle möglichen, oft negativen Vermutungen an, die eine offene Kommunikation verhindern. Womit nicht gesagt sein soll, dass es nicht zuweilen negative Absichten und Beweggründe gibt. Aber auch diese herauszufinden, bringt uns weiter. Schädlich ist nur, wenn wir im Dunkeln tappen. Dann wird die Kommunikation schwer und belastend, eine Spirale des Misstrauens und der Missverständnisse entsteht.

Gesine und ihr Chef: Peinliche Begegnung im Lift

Für Gesine ist es ein Albtraum: Sie will mit dem Aufzug nach unten ins Erdgeschoss fahren, und im letzten Moment steigt ihr Chef dazu. Obwohl nur eine kurze gemeinsame Zeit vor ihnen liegt, ist sie starr vor Schreck, denn sie weiß nicht, was der Chef von ihr hält. Er gilt als streng und spricht selten ein Lob aus. Ist er zufrieden mit ihren Leistungen? Oder hat er sie womöglich längst auf die Abschussliste gesetzt? Munkelt man nicht, es werde demnächst Entlassungen geben?

Ihr Chef steht sehr gerade, mit durchgedrücktem Kreuz da und schaut ihr direkt ins Gesicht. Gesine weicht seinem Blick aus und schickt ein Stoßgebet zum Himmel, dass der Aufzug bloß nicht stecken bleibt. Mit ängstlich hochgezogenen Schultern drückt sie sich an die Wand des Lifts. Das muntere, mit lauter Stimme vorgebrachte »Hallo, wie geht's?« ihres Chefs beantwortet sie leise und mit angespannter Miene: »Mir? Äh, ganz gut so weit.« Prompt verzieht er ebenfalls das Gesicht, er runzelt die Stirn, sie schweigen angespannt. Als der Lift im Erdgeschoss hält, flieht Gesine mit einem hastig gemurmelten »schönen Tag noch«, ihr Chef schaut ihr skeptisch hinterher.

Nicht gut gelaufen, gar nicht gut. Klar, viele Menschen haben gewisse Probleme, spontan face to face mit dem Chef zu kommunizieren. Sie sind unsicher, wie sie sich gegenüber einem hierarchisch Höhergestellten verhalten sollen, und fühlen sich wie in einer Prüfungssituation. Doch hier scheitert die Kontaktaufnahme völlig. Gesines Verhalten ist typisch für unbewusste Inkompetenz. Sie ist nicht in der Lage, so zu kommunizieren, dass sich eine vertrauensvolle Gesprächsebene ergibt, weil sie von ihrem eigenen Misstrauen blockiert ist. Alle Merkmale empathischer Kommunikation fehlen:

›   Sie nimmt ihren Chef nicht bewusst wahr
›   Sie spiegelt ihn nicht
›   Sie baut kein spontanes Vertrauen auf
›   Sie steuert die Situation nicht
›   Sie hat kein Feedback, da die Kommunikation misslingt und sie nach wie vor nicht weiß, wie ihr Chef sie einschätzt

Falls etwas nicht in Ordnung ist mit ihren Leistungen, hat sie die eventuell existierenden Probleme durch ihr Verhalten ungewollt vergrößert. Aber selbst dann, wenn alles okay ist, wird ihr Chef den Aufzug mit dem Gefühl verlassen, etwas stimme nicht mit Gesine. Eine kurze missglückte Begegnung – und schon zeigen sich dunkle Wolken am Horizont. Das Beispiel demonstriert, wie unglücklich Kommunikation ablaufen kann, so unglücklich, dass sie Probleme erzeugt, obwohl es vordergründig überhaupt keine Probleme gibt. Das heißt: Oft produzieren wir Probleme durch unbewusste oder bewusste kommunikative Inkompetenz, weil wir die falschen oder aber missverständliche Signale geben.

Der Sinn der empathischen Spiegelung ist es,
durch eindeutige Signale der Akzeptanz Vertrauen zwischen
zwei Kommunikationspartnern aufzubauen.

Während der Aufzugfahrt könnte Gesine rasch eine erste Bestandsaufnahme vornehmen: Was sagen Körpersprache und Mimik ihres Chefs aus? Wie ist die Tonalität, das Tempo, der Inhalt der verbalen Kontaktaufnahme? Entspricht sie den kulturellen Normen, oder passiert etwas Auffälliges? In dieser konkreten Situation könnte sie sehr leicht das lockere, muntere »Hallo, wie geht's?« im gleichen Tonfall und mit der gleichen Körpersprache beantworten. Dann fühlt sich der Chef akzeptiert, und Svenja zeigt ihm ihre Zugehörigkeit, also Loyalität, und baut Vertrauen auf. Da sie aber verdruckst kommuniziert, wird der Chef misstrauisch: Führt sie etwas im Schilde? Ist sie unzufrieden? Rührt ihre Unsicherheit daher, dass sie sich ihrer Aufgabe nicht gewachsen fühlt?

Jede Kommunikation erzeugt Gefühle, angenehme oder unangenehme – neutrale Gefühle gibt es nicht! Gesine hat leider negative Gefühle der Unbehaglichkeit und damit Misstrauen und Skepsis ausgelöst. Von nun an wird jede Begegnung mit ihrem

Chef unter dem Eindruck der verklemmten Aufzugfahrt stehen. Durch Vertrauens-Kommunikation hätte sie stattdessen Gefühlserinnerungen wie Sympathie, Leichtigkeit, Freude hinterlassen können. Mit äußerst positiven Auswirkungen:

Wenn man sich wohlfühlt, projiziert man seine eigenen guten Gefühle auf das Gegenüber – die Begegnung wird also zukünftig mit positiven Emotionen assoziiert.

Entsteht eine vertrauensvolle Gesprächssituation mit Freude, Lachen, Austausch, so wird der betreffende Mensch mit Freude, Lachen und Austausch im Gehirn gespeichert. Jedes Mal, wenn man an ihn denkt oder ihn sieht, werden diese positiven Werte unwillkürlich wieder abgerufen. In Beziehungen ist Vertrauen deshalb eine wichtige immaterielle Ressource. Sie ist zugleich die Voraussetzung für eine positive Weiterentwicklung der Beziehung – im Beispiel für eine bessere professionelle Beziehungsqualität zum Chef. Jeder weiß, dass auf einer gut gesicherten menschlichen Basis auch berufliche Belange besser funktionieren. Die Begegnung im Aufzug wäre für Gesine eine Chance gewesen, sich als angenehme, vertrauenswürdige und kompetente Mitarbeiterin zu positionieren und diesen Eindruck nachhaltig zu verankern.

Veränderungsmanagement mithilfe von Ressourcen

Wir alle wünschen uns starke, sichere Beziehungen, und meist meinen wir damit konkret: eine positive Veränderung bestehender Beziehungen. Doch so paradox es auch klingen mag, mindestens so groß wie der Wunsch nach Veränderungen ist die Angst davor. Fragt man Menschen nach ihren Plänen, so formulieren sie zwar durchaus große Lebensziele, bei der Verwirklichung machen sie dann aber oft einen gedanklichen Rückzieher: Sollte man nicht doch zufrieden sein mit dem, was man hat? Wer gibt einem die Gewissheit, dass »anders« wirklich »besser« bedeutet? Und wenn man überhaupt versucht, etwas zu ändern – steht einem nicht die Beharrungskraft des Faktischen im Wege?

Skrupel dieser Art hindern Menschen immer wieder daran, ihre Beziehungen zu verbessern. Sie finden sich mit Defiziten ab, mit wiederkehrenden Missverständnissen und Auseinandersetzungen, obwohl sie theoretisch wissen, dass es Änderungsbedarf gibt. Wir sprechen hier von den bewusst Inkompetenten, die vor der Schwelle zur dritten Stufe, der bewussten Kommunikationskompetenz verharren. Um dies zu verdeutlichen, lassen Sie uns einige typische Beispiele für übergeordnete Ziele näher anschauen:

› Ich möchte flüssiger und effizienter mit meinen Kollegen kommunizieren.
› Ich möchte liebevoller und stressfreier mit meinem Kind umgehen.
› Ich möchte mehr konfliktfreie Quality Time mit meinem Partner.

So weit die Ziele. Zwischen dem Jetzt-Zustand und dem Wunsch-Zustand liegt allerdings der mit Stolpersteinen gepflasterte Pfad innerer Vorbehalte:

› Man möchte die Veränderung nicht wirklich (insgeheim scheue ich den Kontakt zu meinen Kollegen und bleibe lieber auf Distanz).

› Man fürchtet, eine Veränderung könnte Bestehendes ins Wanken bringen (eigentlich ist die Beziehung zu meinem Kind doch ganz okay).

› Man hat Angst davor, sich eventuell selbst ändern zu müssen (in der Partnerschaft möchte ich unbedingt so bleiben, wie ich bin).

Solche Vorbehalte sind normal, wenn auch nicht unüberwindlich. Letztlich handelt es sich um negative Beliefs (Glaubenssätze), die wir qua Erziehung in uns verankert haben und deren Botschaft die immer gleiche ist: Du weißt nie, ob anders wirklich besser bedeutet, also lass besser alles beim Alten. Bei der Alternative Sicherheitsbedürfnis oder Änderungsbedürfnis entscheiden wir uns deshalb meist für die Sicherheit. Es wäre jedoch verfehlt, nur auf Kontinuität zu setzen, weil das Leben selbst aus Wandlungsprozessen besteht. Nichts bleibt, wie es ist, und auch Beziehungen sind nicht in Erz gegossen. Da sich die Menschen und Konstellationen unseres Umfelds permanent ändern, haben wir also einen Grund mehr, flexibel zu reagieren und uns weiterzuentwickeln.

> Überschreiten Sie die Schwelle zur bewussten
> Kommunikationskompetenz, indem Sie nicht Ihre
> Vorbehalte gegen Veränderungen fokussieren,
> sondern stattdessen Ihre Ressourcen aktivieren.

Welche Ressourcen denn, könnten Sie jetzt fragen. Beantworten müssen Sie sich das selbst, aber es gibt eine Strategie dafür: Nehmen Sie Kontakt mit Ihrem Selbst auf. Ja, wir raten Ihnen sogar: Sprechen Sie mit sich! Hier kommen einige Anregungen für diese Art der Selbsterfahrung, mit denen Sie Ihre mentalen Ressourcen entdecken und kraftvoll entfalten können. Dabei geht es immer darum, den Kontakt zu sich selbst wiederzufinden, der im Alltag verloren gegangen ist. Zugleich werden Sie feststellen, dass Sie dabei innere Ruhe, Erholung und Entspannung spüren. Formulieren Sie

› positive Aussagen, die mit »Ich kann …« beginnen, weil diese Worte zu Ihren kostbarsten Ressourcen führen;

› positive Aussagen, die mit »Ich bin …« beginnen, um Ihre Gesamtpersönlichkeit zu erfassen;

› positive Aussagen, die mit »Ich bin überzeugt, dass …« beginnen, um sich Ihrer aufbauenden Beliefs bewusst zu werden;

› positive Aussagen, die mit »Ich möchte künftig besser …« beginnen, um neue aufbauende Beliefs auszuprobieren;

› positive Aussagen, die mit »Ich habe schon erreicht, dass …« beginnen, um Ihren Ressourcen zu vertrauen.

Solche Selbstgespräche sind natürlich gewöhnungsbedürftig. Deshalb zitieren wir hier aus unseren Seminaren modellhaft einige Sätze erfolgreicher Menschen, die Sie mit Ihrem eigenen Erleben füllen können:

»Ich bin ein kraftvoller Mensch.« – »Ich genieße das Leben.« – »Ich freue mich an meinem Erfolg.« – »Ich arbeite im besten Team.« – »Alle arbeiten gern mit mir zusammen.« – »Ich kann mich auf meine Fähigkeiten verlassen.« – »Ich habe Glück im Leben.« »Ich bin in Harmonie mit mir selbst.« – »Was ich anpacke, wird gut.« – »Ich schaffe alles, was ich mir vorgenommen habe.« – »Herausforderungen machen mir Spaß.«

Wenn wir diese Sätze bei unserem Coaching vorstellen, hören wir oft: »Moment mal, ich bin aber gar nicht kraftvoll, ich genieße das Leben auch nicht und so weiter.« Unsere Reaktion verblüfft dann die Seminarteilnehmer, denn wir antworten: »Stimmen denn deine negativen Beliefs? Hast du nicht doch Kräfte in dir? Und gibt es nicht viele Augenblicke, in denen du das Leben genießt? Warum vergeudest du deine Energie mit negativen Glaubenssätzen, die dich schwächen, statt die positiven in den Fokus zu nehmen, die dich stärken?«

Das Bewusstsein für die beflügelnde Kraft Ihrer inneren Ressourcen hilft Ihnen ganz entscheidend beim Aufbau guter Beziehungen. Sobald Sie Ihre Ressourcen erschlossen und abrufbar gemacht haben, spüren Sie das, was Entwicklungspsychologen Selbstwirksamkeit nennen: Sie glauben fest daran, dass Sie empathische, vertrauensvolle Gesprächssituationen erschaffen können. Dieser neue Glaubenssatz wird Ihre gesamten Beziehungen verändern.

> In Bezug auf Ihre Kommunikation sind positive Glaubenssätze Ressourcen, die gute Beziehungen fördern und wiederum als Beziehungsressourcen zur Verfügung stehen.

Wer in ein Gespräch mit dem Belief geht: »Ich kann mich auf jeden Menschen einstellen und mich in ihn einfühlen«, wird von einer ungeheuren kommunikativen Energie getragen. Es fällt ihm viel leichter, empathisch zu sein, und das spürt auch das Gegenüber. Machen Sie die Gegenprobe, gehen Sie in ein Gespräch mit der negativen Überzeugung: »Was andere Menschen betrifft, bin ich ein totaler Versager« – dann werden Sie es kaum schaffen, empathisch zu kommunizieren, weil Sie sich selbst sabotieren.

Genauso wenig erschaffen Sie eine empathische Beziehungsqualität, wenn Sie sich mit negativen Ansichten über den Kommunikationspartner blockieren. Verzichten Sie auf abwertende

Diagnosen und aufs Psychologisieren, weil das zu nichts führt und Sie – metaphorisch – im Stau stecken bleiben (meine Kollegen sind anstrengend, mein Kind ist nervig, mein Partner ist egoistisch). Schließlich geht es ja um eine neue Richtung, um Ziele und deren Verwirklichung.

Gelebte Empathie ist eine Chance, neue Ressourcen zu bilden, die Beziehungen festigen. Die Vertrauensressource spielt dabei eine entscheidende Rolle, doch es gibt auch andere Ressourcen wie gemeinsame positive Erfahrungen, die Sie nach und nach erschließen können. Damit untermauern Sie Ihr Veränderungsmanagement, wie in der folgenden Formel dargestellt:

Gegenwärtiger Zustand plus Ressourcen = gewünschter Zustand.

Um positiven Veränderungen einen Weg zu bahnen, sollte man sich bewusst machen:
› Wie sieht der gegenwärtige Zustand der Beziehung aus?
› Welchen Zustand der Beziehung wünsche ich mir wirklich?
› Welche eigenen Ressourcen (Talente, Gaben, Fähigkeiten) und welche Beziehungsressourcen (Empathie, Akzeptanz, Vertrauen) stehen mir zur Verfügung oder müssen noch gebildet werden?
› Welche Störfaktoren könnten mir in die Quere kommen? (Ängste, Bequemlichkeit, Vorbehalte.)
› Wie kann ich mithilfe von Ressourcen Störungen beheben und positive Veränderungen herbeiführen?

Wenn diese Fragen beantwortet sind, haben Sie sich bewusst die eigenen Positionen und Überzeugungen vergegenwärtigt und können anschließend ein Zielbild formulieren: Genau so soll die betreffende Beziehung künftig aussehen. Stellen Sie sich den gewünschten Beziehungsmodus sinnlich vor: Wie fühlen Sie sich dabei, wie fühlt sich Ihr Gegenüber? Was sind Anzeichen für Entspanntheit, Akzeptanz, Vertrauen, Freude, Wärme? Auf der Meta-Ebene können Sie sich jederzeit klarmachen, welches Ihre Haltungsmaximen sind:

› Bewusstsein statt Unbewusstheit und Gleichgültigkeit
› Empathie statt Abgrenzung und Frontbildung
› Akzeptanz statt Verstärkung negativer Gefühle und abwertender Diagnosen
› Vertrauen statt Unsicherheit und Misstrauen
› Empathische Steuerungsfähigkeit statt unbewusster, zufallsbedingter Kommunikation

Überlegen Sie sich, welche Ihrer Verhaltensweisen Sie zum Ziel fester Bindungen bringen und welche nicht. Stellen Sie sich dann erneut mit allen Sinnen vor, wie es sich anfühlt, wenn Sie Ihr Ziel erreicht haben: Welche Emotionen herrschen vor? Was werden Sie sehen? Was wird Ihre innere Stimme sagen? Wie wird die bessere Beziehungsqualität Ihr Leben beeinflussen? Die Beantwortung dieser Fragen wird Ihr Bewusstsein verändern, schon lange, bevor Sie Ihre Beziehungen positiv verändert haben. Man kann auch einen berühmten Satz von Mahatma Gandhi variieren, um die Essenz dieses Abschnitts auf den Punkt zu bringen:

Sei selbst die Veränderung, die du dir von anderen wünschst.

Unser Tipp: Es kann nicht schaden, wenn Sie diesen Satz als Bildschirmschoner installieren, ausdrucken und an die Wand hängen oder bei sich tragen wie ein Mantra. Es erinnert Sie daran, dass Sie kein Spielball des Schicksals sind – Sie selbst können Ihr Schicksal in Richtung Freude, Wärme und Erfolg steuern!

In einen guten inneren Zustand gelangen

Selbst wenn Sie sich Ihrer Ressourcen sicher sind, kann es immer einmal passieren, dass Sie einen schlechten Tag erwischen. Sie haben miserabel geschlafen, sich gleich beim Frühstück mit Ihrem Partner gestritten und dann auch noch den Bus verpasst. Niemand ist vor solchen Störungen alltäglicher Abläufe gefeit, die einem reichlich miese Laune bescheren. Wie um Himmels willen soll man in diesem Zustand auch noch empathisch kommunizieren, wenn man doch genug mit sich selbst zu tun hat?

Den meisten Menschen bereitet es große Schwierigkeiten, sich aus Gefühlslagen wie Wut, Ärger oder Pessimismus zu befreien, vermutlich auch Ihnen. Leider ist das die denkbar ungünstigste Ausgangslage für jedwede Kommunikation und ein Killer für Empathie. Gut möglich, dass Sie in alte Verhaltensmuster zurückfallen, ungeduldig werden, selbstbezogen und abweisend agieren. Da Beziehungen wichtiger sind als Inhalte, könnte es also von Zeit zu Zeit geschehen, dass Sie trotz Ihrer inhaltlichen Kompetenzen auf der Beziehungsebene Verwüstungen anrichten. Klar, es gibt sicher eine gute Entschuldigung dafür. Aber wäre es nicht bedauerlich, wenn Ihre kommunikativen Fähigkeiten von der Tagesform abhängig wären?

> Es ist weniger wichtig, was Sie sagen, sondern »wie« Sie es sagen, und dieses »Wie« hängt von Ihrem inneren Zustand ab.

Auch wenn Sie meinen, innere Zustände seien äußeren Umständen geschuldet, können wir Ihnen das Gegenteil versichern: Sie ganz allein entscheiden, in welchem inneren Zustand Sie sein möchten. Weder Schlafmangel noch ein verpasster Bus sollten Sie daran hindern, Verantwortung für Ihre Beziehungen zu übernehmen. Das ist eine Frage des Bewusstseins. Ein vorbewusster Mensch wird sich schon über Kleinigkeiten aufregen und aus der Balance geraten. Ein bewusster Mensch wird sofort gegensteuern, weil er weiß, dass negative Emotionen binnen Minuten Gespräche torpedieren und Vertrauen zerstören können.

Stellen Sie sich der Herausforderung, durch Ihr Bewusstsein systematisch einen ausgeglichenen inneren Zustand herzustellen, unabhängig von widrigen Bedingungen. Natürlich können Sie nicht von heute auf morgen die sprichwörtliche Gelassenheit entwickeln, die uns an den buddhistischen Mönchen beeindruckt. Dafür bedarf es jahrelanger Meditation. Doch Sie können auch sofort etwas tun: Ihre Reaktionen auf bestimmte Ereignisse reflektieren. Ist es wirklich ein Naturgesetz, dass Sie sich den ganzen Tag lang über den verpassten Bus ärgern? Denken Sie an das, was Sie in diesem Kapitel über Akzeptanz gelesen haben: Was man nicht ändern kann, lohnt den Ärger darüber nicht. Wäre es daher nicht klüger, nach dem ersten Ärger rasch wieder in die Balance zu kommen?

Physiologisch gesprochen, sind Gefühle wie Freude, Glück, Trauer oder Frustration nichts weiter als elektrochemische Muster, die sich durch unser Gehirn bewegen. Die Art, wie sie sich bewegen, können wir beeinflussen.

Pawlow: Das Phänomen der Konditionierung

Der legendäre russische Verhaltensforscher Iwan Petrowitsch Pawlow wies bereits 1905 nach, dass Reaktionen erlernt werden. Berühmt wurde sein Hunde-Experiment: Bei der Futterausgabe ertönte stets eine Glocke, und irgendwann lief den Hunden schon das Wasser im Maul zusammen, wenn sie lediglich die Glocke hörten. Ihr Hirn hatte den Zusammenhang während des Experiments gespeichert, mithilfe einer synaptischen Verschaltung: »Achtung, Glocke bedeutet Fütterung«. Der anfänglich neutrale akustische Reiz des Glockentons wurde durch den Lernprozess mit Bedeutung aufgeladen, sodass eine unwillkürliche physische Reaktion erfolgte, der Speichelfluss.

Pawlow nannte dieses Phänomen Konditionierung. Auf ähnliche Weise werden auch wir Menschen konditioniert, sogar emotional. Kennen Sie das? Im Radio läuft der Song, den Sie gehört haben, als Sie einst Ihre große Liebe kennenlernten. Sofort geraten Sie in eine weiche, sentimentale Stimmung. Andere lässt dieser Song völlig kalt, Sie aber schwelgen wieder in den Gefühlen von einst. Ihr Hirn hat die Verbindung gespeichert, und Sie können gar nicht anders, als in die damals gespeicherte Emotionalität zu geraten.

Allerdings ist das noch nicht das Ende der Geschichte. Denn im Gegensatz zum Tier verfügt der Mensch über die Gabe, seine Reaktionen, auch seine Gefühle zu reflektieren. Stellen Sie sich vor, Ihre große Liebe hat Sie tief verletzt. Während Sie den Song erneut hören, erinnern Sie sich nun aktiv an die nervenzerfetzenden Streitigkeiten, die mit der Trennung einhergingen. Daraufhin geben Sie dem Lied eine neue Bedeutung. Sie assoziieren es nicht mehr nur mit Glückseligkeit, sondern auch mit dem unerfreulichen Ende der Beziehung. Damit haben Sie bewusst die Konditionierung durchbrochen, und wenn der Song das nächste Mal im Radio läuft, wechseln Sie möglicherweise den Sender.

Wir sind unseren Emotionen nicht hilflos ausgeliefert, wir können Sie durch Reflexion bewusst beeinflussen.

Alles ist vom Bewusstsein veränderbar: Ihre Gewohnheiten zu denken, zu fühlen und Ereignisse zu bewerten. Deshalb können

Sie auch Ihre inneren Zustände bewusst verändern. Jeder Mensch hat die Freiheit, darüber zu reflektieren, in welchen Zuständen er sich befinden möchte. Alles, was er verändern muss, ist die Bewertung der jeweiligen Situation. Sie haben den Bus verpasst? Dumme Sache, zugegeben, denn Sie werden zu spät im Job erscheinen. Doch falls Sie sich nicht aus Ihrem verärgerten Zustand befreien, setzen Sie noch eins obendrauf: Parallel zu Ihrer Verspätung produzieren Sie selbst eine anhaltend negative Stimmung, die im Laufe des Tages sämtliche Arbeitsabläufe und natürlich auch die Kommunikation belasten wird.

Machen Sie sich bewusst, dass Sie Souveränität in Bezug auf Ihre inneren Zustände entwickeln können. Befreien Sie sich aus negativen Konditionierungen, die Sie irgendwann erlernt haben. Selbst den stundenlangen Ärger über den verpassten Bus haben Sie nämlich erlernt, durch Ihre Eltern oder andere prägende Personen Ihres Umfelds. Wären Sie hingegen in einem buddhistischen Kloster aufgewachsen, könnte Sie kein Bus der Welt irritieren. Dort hätten Sie Akzeptanz und Gelassenheit erlernt, und damit die Fähigkeit, jederzeit gute innere Zustände herzustellen.

Lernen Sie, ungeachtet äußerer Umstände bewusst Verantwortung für Ihre Gefühle zu übernehmen. Es geht nicht etwa darum, Emotionen zu unterdrücken oder zu verdrängen. Wir möchten Ihnen lediglich zeigen, wie Sie negative innere Zustände im Alltag schnell und kraftvoll ändern. Ihr neues Gefühlsmanagement beginnt damit, dass Sie zwischen spontanen Gefühlen und lang anhaltenden emotionalen Zuständen unterscheiden: »Ja, ich ärgere mich über den verpassten Bus – nein, ich lasse mir nicht den gesamten Tag verderben, indem ich dem Ärger erlaube, sich in mir einzunisten.« Beschließen Sie bewusst, Ihre Bewertung von Störfaktoren zu verändern – als lediglich vorübergehende Irritationen. Um Ihre Stimmung souverän zu steuern, nehmen Sie zunächst bewusst wahr, wie Sie sich fühlen:

entspannt / angespannt
selbstsicher / unsicher
konzentriert / zerstreut
respektvoll / abwertend
wachsam / apathisch
enthusiastisch / mutlos
friedlich / wütend

Was trifft zu? Wo möchten Sie ansetzen? Anders gesagt: Welcher innere Zustand blockiert Sie gerade, und welchen möchten Sie stattdessen erreichen? Nun haben Sie die Option, durch eine Reihe mentaler Techniken in den gewünschten Zustand zu kommen. Suchen Sie sich aus der folgenden Liste eine Technik aus, die zu Ihnen passt. Je nachdem, ob Sie beispielsweise eher auf Visuelles ansprechen, auf Worte oder auf Körperliches, gibt es Ihr ganz persönliches Tool.

Innere Bilder: Wenn Sie ein visueller Mensch sind, helfen Ihnen positiv aufgeladene Bilder, um sich aus einem Stresszustand zu befreien. Imaginieren Sie einen Ort, wo Sie glücklich und entspannt sind. Das kann ein palmengesäumter Strand sein, eine gemütliche Hütte in den Bergen, ein idyllischer Park, in dem Sie gern spazieren gehen, oder das Wohnzimmer Ihrer besten Freundin. Versetzen Sie sich in das Bild. Sehen Sie genau hin, und genießen Sie, wie Sie sich in diesem Bild bewegen. Niemand kann es Ihnen nehmen. Es ist Ihr inneres Paradies, zu dem Sie jederzeit Zugang haben, Ihre Wohlfühlzone, die Ihnen einen guten inneren Zustand schenkt.

Körperliche Anker: Wenn Sie starke körperliche Stresssymptome ausbilden, wählen Sie ein verlässliches Ritual, um Ihren physischen und damit auch Ihren inneren Zustand zu verbessern. Atmen Sie zum Beispiel tief und regelmäßig, um Negatives auszuatmen. Legen Sie die Fingerspitzen aneinander und konzentrieren Sie sich auf die Energie, die zwischen Ihren Händen fließt. Eine gute Übung ist es auch, Ihre Augen diagonal wandern zu lassen: von rechts oben nach links unten und von links oben nach rechts unten, mit vielen Wiederholungen.

Motivierende Sätze: Wenn Sie eher auf Sprache reagieren, sagen Sie halblaut Sätze, die Ihre Gedanken und Gefühle in eine positive Richtung lenken. Etwa: »In zwanzig Jahren wird der verpasste Bus keine Rolle mehr spielen. Ich werde ihn zu Recht vergessen haben.« »Egal, was passiert, ich freue mich darauf, heute Abend im Bett zu liegen und meinen Lieblingskrimi zu lesen.« »Ich bin stolz darauf, was ich in den vergangenen Wochen geschafft habe.« Damit richten Sie Ihre psychische Energie weg vom Ärgernis. Sie relativieren es, weisen es in seine Schranken und sind frei für die Vergegenwärtigung all jener Gründe, die für einen guten inneren Zustand sprechen.

Positive Vorbilder: Wenn Sie sich gern an Personen orientieren, hilft Folgendes: Suchen Sie sich jemanden aus, den Sie für seine Souveränität bewundern. Stellen Sie sich vor, diese Person wäre jetzt an Ihrer Seite. Malen Sie sich aus, wie sie achselzuckend »shit happens« sagt und zur Tagesordnung übergeht. Diese Person lässt sich überhaupt nicht aus der Ruhe bringen, und Sie folgen diesem Beispiel.

Entkrampfender Humor: Wenn Sie Komödien und witzige Anekdoten mögen, versuchen Sie es mit der humorvollen Relativierung. Nehmen Sie die Beobachterposition ein, und betrachten Sie Ihr Missgeschick unter dem komischen Aspekt. Ist es nicht absurd, was manchmal geschieht? War es nicht von außen betrachtet eine gute Nummer, wie Sie zur Bushaltestelle gerannt sind und dann nur noch die Rücklichter gesehen haben? Machen Sie es wie Woody Allen, der in seinen Filmen dem Ungemach immer eine witzige Seite abgewinnt. Ohnehin können wir oft mit einigem zeitlichen Abstand über Erlebnisse lachen, die im Moment wie ein Weltuntergang wirken.

Strategien zu nutzen, mit denen Sie sich bewusst
in einen guten inneren Zustand bringen,
bedeutet aktives Selbstmanagement.

Lösen Sie sich von Ihren negativen Konditionierungen. Streben Sie eine Grundstimmung heiterer Gelassenheit an, die nicht so leicht erschüttert werden kann. Lassen Sie nicht zu, dass Sie innerlich dauerhaft in der Schmollecke sitzen oder an die Decke gehen, denn in solchen Zuständen sind Sie auf sich selbst zentriert und unfähig, sich für andere zu öffnen. Empathie erfordert die Überwindung des Egos, empathische Spiegelung braucht eine achtsame Wahrnehmung des Gegenübers. Im Bewusstsein, dass Sie Ihren Beziehungen Priorität geben, messen Sie Störungen weniger Bedeutung zu, mit einem erfreulichen Ergebnis: Sie haben deutlich weniger schlechte Tage mit schlechter Kommunikation.

Die sichere Feedbackkontrolle

Sie haben gesehen: Wer sich sichere, konstruktive, harmonische Beziehungen wünscht, kann durch die Entwicklung bewusster Kommunikationskompetenz diese Ziele erreichen. Nun stellt sich die Frage: Woran kann ich die positive Veränderung festmachen? Was lässt mich sicher sein, dass meine empathische Haltung die erwünschten Konsequenzen nach sich gezogen hat? Mit Verstand und Intellekt ist das nicht zweifelsfrei erkennbar. Da Empathie eine Frage von Haltung und Bewusstsein ist, entzieht sie sich der rationalen Überprüfung.

Sie brauchen Wachsamkeit und Erfahrung auf der Ebene der bewussten sinnlichen Wahrnehmung, um festzustellen, ob und wann die erwünschte Veränderung tatsächlich eingetreten ist.

Die Betonung liegt hier auf der Kategorie des Bewusstseins. Für sich genommen, sind Ihre fünf Sinne nicht ausreichend, das Feedback zu analysieren. Sobald aber Ihr Bewusstsein mit Ihrer Sinneswahrnehmung zusammenarbeitet, gibt es Ihnen die Möglichkeit zu überprüfen, ob Sie Erfolg haben oder nicht. Denn die Bedeutung dessen, was Sie kommunizieren, zeigt sich in der Reaktion des anderen.

Wie könnte das nun konkret aussehen? Bereits bei der Frage, woran Sie die gelungene Spiegelung erkennen, sind einige Kriterien genannt worden. Dabei ging es um die Zuordnung äußerer Zustände zu inneren. Das Empathie-Training erleichtert Ihnen diese Zuordnung bei der Feedbackkontrolle, da Menschen »lesbar« für Sie geworden sind:

› Was sagt der Atem – ist er flach oder tief, regelmäßig oder unregelmäßig?

> Wie wirken die Augen – strahlen sie, oder ist der Blick unstet, matt und trübe?
> Welche Signale sendet der Mund – ist er verkniffen oder weich, lächelt er, oder ist er fest verschlossen?
> Wie verändert sich der Teint – wirkt er rosiger und lebendiger oder grau und fahl?
> Was sagt die Körperhaltung aus – wirkt sie geduckt und verkrampft oder aufrecht und voller Energie?
> Kann man Veränderungen des Muskeltonus erkennen – ist er schlaff oder straff?
> Wie hört sich die Stimme an – gepresst oder klangvoll, zu hoch oder in angenehmen Tonlagen?
> Was kann man aus dem Sprechtempo schließen – wirkt es gehetzt, stockend oder entspannt?

Diese Fragen beziehen sich auf die Vorher/Nachher-Analyse. Dafür gibt es zwei Zeitrahmen. Erstens den großen Bogen vom Zustand vor Beginn der empathischen Kommunikation bis zum Jetzt-Zustand, zweitens bei jedem einzelnen neuen Gespräch. Wie verändert sich das Gegenüber? Ist der Funke übergesprungen? Hat sich Vertrauen aufgebaut?

Achten Sie unbedingt darauf, ob Sie die Phase erreichen, in der Sie und Ihr Gesprächspartner *einander* tatsächlich spiegeln:

Sind Ihre Atemrhythmen, Ihre Gesten, Ihre Mimik synchronisiert? Haben sich Stimmhöhe und Sprechtempo angeglichen? Synchronisation, das wissen Sie bereits aus dem ersten Kapitel, ist immer ein Zeichen für vertrauensvolle gegenseitige Annäherung – so wie bei den beiden Verliebten im Restaurant, oder wenn ein Erwachsener ein Kind spiegelt und umgekehrt. Es sind dann keine Abwehrmechanismen aktiv, die sich bei ablehnender oder feindseliger Kommunikation durch Asymmetrien zeigen.

Mit weiteren Kriterien können Sie eine Feinabstimmung des Feedbacks vornehmen. Hier geht es um den Grad Ihres Einfühlungsvermögens. Fragen Sie sich: Kann ich mir vorstellen, im Körper des anderen zu sein? Kann ich fühlen, wie es sich in seinem Körper anfühlt? Kann ich mir vorstellen, seine Gedanken und inneren Bilder zu sehen? Kann ich hören, was der andere zu sich selbst spricht? Welche Informationen sammle ich, wenn ich mich in mein Gegenüber hineinversetze?

Für eine sichere Einschätzung hilft es, immer wieder für kurze Momente eine Beobachterposition einzunehmen. Auch Abstandnehmen hilft: Versuchen Sie, die Situation von außen zu betrachten, also sich und Ihren Gesprächspartner zu beobachten wie ein Zuschauer im Theater. Erst aus dieser gedachten Distanz heraus können Sie die Beziehungsqualität neutral und emotionsfrei analysieren. Probieren Sie es aus! Zum Beobachter zu werden, ist eine uralte buddhistische Technik, um sich aus emotionalen Verstrickungen zu lösen. Aber warum stützen wir uns bevorzugt auf die buddhistische Tradition, wenn es um die Überprüfung der Beziehungsebene geht?

Der Buddhismus nimmt eine äußerst scharfsinnige Unterscheidung vor: zwischen dem Selbst, zu dem das Ich und das Ego gehören, und dem »höheren Selbst«. Mit dem spirituellen Begriff des »höheren Selbst« wird das göttliche Prinzip im Menschen bezeichnet – Liebe, Mitfühlen, Empathie, Vertrauen, Solidarität, Altruismus, gelebte Verbundenheit. Zugleich ist es eine innere Instanz: Handele ich so, dass ich all diese wunderbaren Werte verwirkliche? Daher ist das »höhere Selbst« zum neutralen Beobachter prädestiniert. Es ist unbestechlich, weil es wertorientiert zum Wohle aller ausgerichtet ist. Genauso leuchtet ein, dass das Ich im Sinne des Egos kein guter Beobachter zweier Menschen sein kann. Es ist sozusagen parteiisch und im wahrsten Sinne des Wortes egoistisch.

Sie können das »höhere Selbst« auch bereits vor einem Gespräch hinzuziehen. In diesem Fall imaginieren Sie ein bevorstehendes Gespräch, als seien Sie Autor und Regisseur eines inneren

Films. Aufgrund der Werte Ihres entwickelten Bewusstseins und Ihres »höheren Selbst« bestimmen Sie das Drehbuch. Wie sähe der ideale Austausch aus? Wie setzen Sie Ihre Ziele so um, dass sich beide Akteure wohlfühlen? Innerhalb dieses Films können Sie die Szene als Beobachter betrachten, Sie können sich aber auch mühelos in die beiden Gesprächspartner hineinversetzen. So haben Sie die Wahl zwischen verschiedenen Perspektiven.

Der innere Film eignet sich sowohl für die Vorbereitung auf ein Gespräch als auch für die spätere Feedbackkontrolle. Stimmen Film und Realität überein? Was lief wie gewünscht, wo gab es unvorhergesehene Komplikationen? Für die Schulung Ihres Bewusstseins ist dies eine hervorragende Übung. Spätestens beim zweiten oder dritten inneren Film, den Sie erschaffen, können Sie sogar Komplikationen einbauen und sich überlegen, wie Sie adäquat darauf reagieren. Wenn Sie dann in der realen Situation die Beobachterposition einnehmen, ziehen Sie eine Bilanz:

› Wie wirken die Personen aufeinander?
› Wie beeinflussen sie sich gegenseitig?
› Welches Verhalten führt zu welcher Reaktion?
› Welche Erkenntnisse gewinnen Sie?

Im Laufe der Zeit und mit der entsprechenden Übung wird die Reflexion Ihrer Kommunikation zu einer festen Gewohnheit werden. Da Sie bewusst kommunizieren, entwickeln Sie ganz beiläufig eine höhere Sensibilität für die Feedbacks, die Sie erhalten. Sie werden immer leichter erkennen, ob Sie sich in Gesprächen wirklich wohlfühlen und Ihr Gesprächspartner ebenfalls. Genauso werden Sie auch sensibler für Verstimmungen. Was Sie früher vielleicht eher verdrängt haben, tritt nun deutlich zutage: Plötzlich blockt Ihr Gegenüber ab, oder es ist mit den Gedanken woanders. Möglicherweise zeigt es auch Anzeichen von Ungeduld oder Unlust. Übergehen Sie diese Störungen nicht. Ergründen Sie, warum Sie den empathischen Kontakt verloren haben. War es ein bestimmtes Wort? Ein heikles Thema? Oder eine zu schroffe Bemerkung?

Jedes Gespräch ist so einzigartig wie der Mensch, mit dem Sie Kontakt aufnehmen. Der eine ist reservierter, der andere temperamentvoller. Manche Menschen zeigen ihre Emotionen offen, bei anderen muss man genauer hinschauen, um ihre Gefühle zu entschlüsseln. Doch es gibt sichere Indikatoren dafür, dass ein empathischer Kontakt und eine positive Beziehungsebene entstanden sind. Wir haben sie in Form einer Checkliste zusammengestellt:

> Angenehmes Gesprächsklima
> Harmonischer Gesprächsfluss ohne Pausen
> Lebendiger Austausch
> Betonen von Gemeinsamkeiten
> Humor, echtes gemeinsames Lachen
> Kompromissbereitschaft, Flexibilität
> Kooperativer Umgang mit Konflikten
> Teamgeist, Wir-Gefühl, Solidarität

Empathie als Krisenkompetenz

Zu den Störungen, die Ihre empathische Haltung durchkreuzen können, gehören auch Angriffe und unsachliche Kritik. Meist stehen wir dann erst mal völlig unter Schock: Um Gottes willen, was passiert da mit mir? Habe ich richtig gehört? Was tue ich denn jetzt? Schon diese Fragen verraten, dass man auf der Stelle den Blick fürs Gegenüber verliert und auf sich selbst zurückgeworfen ist. Der Angreifer wird nicht mehr ganzheitlich als Partner, sondern nur noch als Feind wahrgenommen. Deshalb geht man entweder in eine Schutzhaltung, oder man wappnet sich für den Gegenangriff: Wie kann ich diese Verletzung heimzahlen? Wie schaffe ich es, jetzt nicht mein Gesicht zu verlieren?

Diese Frontbildung ist ein natürlicher Reflex, ein evolutionäres Erbe, das sich in Körpersprache, Mimik und allen anderen nonverbalen Signalen ausdrückt, bevor wir überhaupt antworten. Abrupt hören wir auf, das »feindliche« Gegenüber zu spiegeln, weil die Spiegelung Menschen vorbehalten ist, denen wir uns zugehörig fühlen oder denen wir Zugehörigkeit signalisieren wollen. Ein Feind hat in diesem empathischen System vermeintlich nichts zu suchen. Wir machen dicht, blocken ab, schwanken zwischen Angriff und Verteidigung. Doch gerade in solchen Situationen bewährt sich die empathische Kommunikation. Sofern Sie nämlich weiterhin empathisch bleiben, sammeln Sie wertvolle Informationen über den Angreifer und können adäquat reagieren.

Steve Jobs, der geniale Konfliktmoderator

Bereits zu Lebzeiten war Apple-Gründer Steve Jobs eine Legende. Als Erfinder und Produktentwickler schrieb er bekanntlich Technologiegeschichte, indem er der breiten Masse die Errungenschaften des digitalen Zeitalters zugänglich machte – etwa durch den Personal Computer und das iPhone. Ein weiteres Geheimnis seines Erfolgs war seine kommunikative Kompetenz. Obwohl viele Weggefährten ihn als schüchtern beschrieben, trat er regelmäßig vor die versammelte Belegschaft, um über den Stand der Dinge zu referieren. Auch Fragen waren zugelassen. Bei einer dieser Versammlungen wurde er von einem Mitarbeiter hart angegriffen: Jobs habe Fehlentscheidungen getroffen und den Erfolg des Unternehmens gefährdet. Alle hielten den Atem an. Wie würde Jobs reagieren? Wütend? Verletzt? Beschämt? Für jeden anderen Chef wäre diese Situation heikel gewesen, nicht aber für Steve Jobs. Seine Reaktion war beispielhaft für empathische Kommunikation.

Timing: Statt sofort zu antworten, ließ er sich erst einmal Zeit. Bedächtig nahm er einen Schluck aus seiner Wasserflasche, sah den Mitarbeiter lange direkt an und dachte nach. Es waren drei positive Dinge, die sein Verhalten charakterisierten: Mit dem Wassertrinken erholte er sich von dem »Schlag« des Mitarbeiters, durch die Wahrnehmung des Angreifers machte er sich ein Bild von dessen innerem Zustand, und durch die Denkpause konnte er seine emotionalen Reflexe (Betroffenheit, Verletztheit, Wut, Scham) unter Kontrolle bringen. Zugleich zeigte er dem Mitarbeiter: Ich bügele deinen Einwand nicht ab, ich nehme dich und das Gesagte ernst, denn ich nehme mir Zeit für dich.

Empathische Spiegelung: Nun hätte Steve Jobs zu einer Entgegnung ansetzen können, auch zu einem Gegenangriff. Was er nicht tat. Zum Erstaunen aller Anwesenden gab er dem Mitarbeiter recht: Ja, es habe Fehlentscheidungen gegeben. Jobs zeige also, dass er das Gesagte nachvollziehen konnte und den Kritiker akzeptierte, womit er ihn empathisch spiegelte, statt ihn abzulehnen oder auszugrenzen. Gleichzeitig signalisierte er damit Gesprächsbereitschaft. Übrigens blieb er auf der Bühne in einer stehenden Position, obwohl ein Stuhl vorhanden war, denn auch der Mitarbeiter im Auditorium war für seinen Redebeitrag aufgestanden. Allein schon diese Synchronisierung der Körpersprache zeigte seine Empathie.

Sachliche Argumente: Sehr ruhig und ausführlich erläuterte Jobs nun das Problem der Fehlentscheidungen. Dabei merkte er an, er habe eine Vision für das Unternehmen, und bei der Umsetzung müsse es unweigerlich zu Fehlern kommen: »Einige Fehler werden auf dem Weg gemacht. Und das ist gut. Denn wenigstens werden dabei Entscheidungen getroffen.« Ein brillantes Argument – dass Entwicklung nur mit einer hohen Fehlertoleranz möglich ist. Doch die Botschaft wäre nicht angekommen, wenn er nicht vorher in die Spiegelung gegangen wäre.

Integrativer Lösungsansatz: Um sein Statement abzurunden, wählte Jobs eine aufbauende Perspektive, die alle Anwesenden mit einschloss: »Wir werden die Fehler finden und sie beheben«, versicherte er. »Aber ich denke, dass es schon sehr viel besser läuft als noch vor kurzer Zeit, und ich denke, dass wir es schaffen werden.« Diese Schlusssätze wurden vom Publikum mit tosendem Applaus belohnt. Auch der Kritiker applaudierte. Jobs hatte ihn mit Empathie und seinem unbeirrbaren Wir-Gefühl überzeugt, das auch die anderen Mitarbeiter begeisterte.

Ist es nicht immer wieder interessant, erfolgreichen Menschen über die Schulter zu sehen und ihre kommunikativen Fähigkeiten zu beobachten? Bei Steve Jobs kann man davon ausgehen, dass er auf einem hohen persönlichen Bewusstseinslevel stand, da er in den Siebzigerjahren Indien bereiste und sich intensiv mit dem Buddhismus auseinandersetzte. Spirituelle Ideen beschäftigten ihn ein Leben lang, so, wie er sich auch bis zuletzt zum Buddhismus bekannte – und damit zu einer Geisteshaltung des Wir.

Seine Vorbilder waren bezeichnenderweise keine Wirtschaftstycoons, sondern die Beatles, über die er sagte: »Das waren vier Typen, die gegenseitig ihre negativen Tendenzen in Schach hielten. Sie balancierten sich gegenseitig aus, sodass das Gesamte viel mehr als die Summe der Einzelteile wurde. Große Dinge in der Geschäftswelt werden nicht von einer Person gemacht, sondern von einem Team.«

Als Buddhist war Steve Jobs bewusst Teamplayer – das erklärt seine empathische Kommunikationsfähigkeit und seine Krisenkompetenz. Man kann aus dem Beispiel lernen, wie viel Souveränität die empathische Haltung verleiht. Und mit Haltung ist hier wirklich eine innere Grundhaltung gemeint, keine raffinierte Strategie. Steve Jobs lebte die buddhistischen Werte Respekt, Akzeptanz, Vertrauen, Wir-Orientierung. Er verkörperte sie und streifte sie nicht etwa wie Ballast ab, wenn es hart auf hart kam. Das gab ihm unter anderem die Authentizität, mit der er in der angespannten Situation des Angriffs seine Gefühlsreflexe kommen und wieder gehen ließ. Vor allem aber bezog er die harte Kritik nicht auf sich als Person. Da er als Buddhist sein Ego reflektierte und im Zaum halten konnte, war er weit davon entfernt, den Angriff als narzisstische Kränkung zu behandeln. Vielmehr betrachtete er die Situation als willkommene Gelegenheit, das Wir-Gefühl und damit die Werte des Unternehmens zu stärken.

Die Werte des »höheren Selbst«, die Steve Jobs so sichtbar vorlebte, erzeugen darüber hinaus einen entscheidenden Benefit: Gelungene empathische Kommunikation läuft immer auf die souveräne Steuerung eines Konflikts hinaus. Solange das Ego die Oberhand behält, herrschen verwirrende Emotionen vor. Man ist beleidigt, beschämt, wütend oder ängstlich, also im Bann seiner Gefühle. Wer sich aber in den Angreifer einfühlt und ihn einbezieht, kann das Gespräch buchstäblich »führen«, im Sinne des Quiet Leadership.

Empathisches Konfliktmanagement heißt:
Man nimmt den Angriff nicht persönlich (Ich, Ego, Selbst),
sondern als Option, die Beziehungsqualität zu sichern
(Wir, Werte, »höheres Selbst«).

Wie hätten Sie in einer ähnlichen Situation reagiert? Und was können Sie aus dieser Geschichte mitnehmen? Sehen wir uns die einzelnen Elemente einmal näher an.

Timing: Werden wir angegriffen, geraten wir binnen Sekunden unter emotionalen Druck und fühlen uns zu einer schnellen Reaktion gedrängt. Oft lassen wir den Kritiker nicht einmal ausreden, sondern schießen entweder sofort zurück oder gehen in die Schutzhaltung – wir streiten die Verantwortung ab oder erklären die Vorwürfe für nichtig. Gerade die überhastete Antwort aber blockiert einen echten Austausch. Wer zu schnell antwortet, blendet das Gesagte und den Kritiker aus, weil keine Zeit für die bewusste Wahrnehmung des Gegenübers bleibt.

Spiegelung: Auch und gerade in Konfliktsituationen ist empathische Spiegelung der Königsweg. Jetzt kommt es darauf an, dem Angreifer zu zeigen, dass man ihn sieht und hört, dass man sein Anliegen versteht und respektiert. Man muss die Meinung des Gegenübers keineswegs teilen, wichtig ist allein, dass man erst einmal eine Ebene der Akzeptanz installiert.

Argumente: Auch die Formulierung der Argumente sollte dem Spiegelprinzip folgen, durch eine ähnliche Wortwahl und in einem Sprachmodus, der dem des Angreifers ähnelt. Eingedenk der Tatsache, dass es auf die Beziehung ganz entscheidend ankommt und dass sie prinzipiell wichtiger ist als der Inhalt, sollten

Schlüsselbegriffe wiederholt werden und die Benennung der Vorwürfe Teil der Antwort sein.

Lösungsperspektive: Absolut jede Kritik enthält wichtige Informationen über den Angreifer, und diese Informationen müssen in die Reaktion eingebaut werden. Hierfür ist eine bewusste Zielsetzung nötig: Was ist das übergeordnete, was ist das aktuelle Ziel? Beim aktuellen Ziel geht es um die Klärung der Sachebene. Das übergeordnete Ziel sollte immer auf die Beziehungsqualität und damit auf gemeinsame Lösungen hinarbeiten. So wird die Kritik, sei sie nun begründet oder unbegründet, sachlich oder unsachlich, zum Teil der Lösung.

Die empathische Reaktion baut darauf, dass fast jeder Kritiker auch eine positive Absicht verfolgt – neben möglichen anderen Motiven wie Angriffslust, Selbstdarstellung oder Frustration. Konzentrieren Sie sich bei Ihrer Antwort einzig und allein auf die positive Absicht, und lassen Sie sich nicht von dieser Haltung abbringen. Fasst man die eben skizzierten Punkte zu einem Handlungsablauf zusammen, so ergibt sich die folgende Dramaturgie:

Wie Sie souverän mit Kritik und Angriffen umgehen

1. Sie hören aufmerksam zu, nehmen den Kritiker mit all seinen Signalen wahr und machen sich ein Bild von seinem inneren Zustand. Dafür nehmen Sie sich genügend Zeit. Eventuell sagen Sie: »Moment, darüber muss ich erst einmal nachdenken.«

2. Sie spiegeln den Kritiker verbal und nonverbal, sodass zwischen Ihnen eine gute Beziehungsebene entsteht. Fragen Sie ruhig: »Wie ist das genau gemeint?« Zeigen Sie ihm, dass er sich wahrgenommen, verstanden und akzeptiert fühlen kann. Paraphrasieren Sie den Vorwurf, damit kein Zweifel darüber besteht, wie ernst Sie ihn nehmen. »Sie sind also der Meinung,

dass …« und machen Sie deutlich, dass die Kritik angekommen ist: »Ich bin betroffen, dass Sie …«

3. Bei der Formulierung Ihrer Argumente bleiben Sie verbal und nonverbal in der Spiegelung. Verwenden Sie die zentralen Begriffe des Kritikers, zitieren Sie den Vorwurf noch einmal, und erläutern Sie auf diese empathische Weise Ihre Sicht der Dinge. »Ich kann also davon ausgehen, dass Sie den Standpunkt vertreten … und dass dieser Standpunkt von meinem abweicht, weil ich denke, dass …«

4. Beziehen Sie beim Entwurf einer Lösung die Informationen ein, die Sie während des Angriffs gesammelt haben. Das betrifft neben den sachlichen Inhalten auch den inneren Zustand Ihres Gegenübers (unzufrieden, genervt, verärgert, enttäuscht, ungeduldig). Thematisieren Sie diesen Zustand aber auf keinen Fall verbal, denn das würde zu Fronten führen, und berücksichtigen Sie ihn lediglich auf der Meta-Ebene. Bleiben Sie verbal bei den Fakten, und denken Sie integrativ bei der Lösung: im Wir, nicht im Ich. Hier können Sie den Kritiker auch direkt ansprechen: »Haben Sie einen Vorschlag? Wie können wir das am besten lösen?«

Dieses Modell kann Ihnen als wertvolle Orientierung dienen. Spielen Sie es gedanklich mit Situationen durch, die Sie selbst erlebt haben. Wie war das noch beim letzten Streit mit der Partnerin/dem Partner? Und was hat Ihnen Kollege X vor Kurzem an den Kopf geworfen? Versuchen Sie, sich so genau wie möglich an die kontroversen Gespräche zu erinnern, wie an einen Film, den Sie im Kino gesehen haben. Dann drehen Sie einen neuen Film, in dem Sie bewusst empathisch reagieren. Womöglich werden Sie es nun kaum abwarten können, dass jemand Sie angreift, weil Sie Ihre neu erworbenen Kommunikationskompetenzen ausprobieren möchten. Nur zu.

Testen Sie Ihre empathische Krisenkompetenz.
Es wird eine positive Erfahrung sein, schon allein deshalb,
weil Sie nicht mehr überrumpelt werden können.
Sie sind vorbereitet und haben damit auch die Steuerungs-
optionen auf Ihrer Seite.

Schwierig wird es natürlich, wenn der Angreifer Sie vorsätzlich verletzt, bloßstellt oder beleidigt. Selbst grundentspannte Zeitgenossen mit einem gut kontrollierten Ego können dann schon mal die Nerven verlieren. Das ist nur menschlich. Aber bedenken Sie, dass Ihnen mit der Beherrschung auch Ihre Steuerungsmöglichkeiten abhandenkommen. Wer sich seinerseits mit Verletzungen, Bloßstellungen und Beleidigungen revanchiert, wird zur Marionette des Angreifers. Deshalb raten wir Ihnen: Bleiben Sie selbst in solchen Extremsituationen empathisch. Spiegeln Sie den Übeltäter nach dem obigen Modell, und gehen Sie keinesfalls auf die Abwertungen ein, nur auf den sachlichen Kern. Die Gefahr wäre groß, dass Sie die fehlenden empathischen Kompetenzen Ihres Gegenübers mit faktischen Inhalten verwechseln.

Ignorieren Sie gezielte Kränkungen. Gehen Sie darüber hinweg, und bewerten Sie sie ausschließlich als eine wichtige Informationsquelle über Ihren Kontrahenten. Um Ihr Gegenüber dennoch zu spiegeln, bedanken Sie sich bei ihm für seine Offenheit. Das wird ihm die schmerzlich vermisste Anerkennung vermitteln, die er bewusst oder unbewusst durch sein provozierendes Verhalten bekommen möchte. Danach überführen Sie die kränkenden Aussagen auf eine neutrale Sprachebene. Sagt ein Kollege: »Sie sind ein lächerlicher Versager«, formulieren Sie den Satz neu und zwingen Sie Ihr Gegenüber zur Konkretisierung: »Sie sind also der Ansicht, dass ich an bestimmten Aufgaben scheitere. Könnten Sie mir bitte ein Beispiel geben?«

Erfahrungsgemäß lässt man mit dieser Reaktion »die Luft raus«, wie es so schön heißt. Sie bringen den Angreifer aus dem Konzept. Er hatte sich auf eine offene Konfrontation eingestellt, ist im Kampfmodus und voller negativer Emotionen. Mit Ihrer Frage lenken Sie seine psychische Energie weg von seinen Aggressionen und hin zur Verstandesebene, ohne die Beziehungsebene zu verlassen. Denn Sie vermitteln ihm ja, dass Sie an seiner Sicht der Dinge interessiert sind und das Gespräch weiterlaufen lassen, statt sich verstimmt abzuwenden.

> Steuern und Führen ist sogar in den heikelsten
> Situationen möglich, sofern man die empathische
> Haltung verinnerlicht hat.

Bedenken Sie, dass noch die schlimmste Beleidigung ein Versuch der Kontaktaufnahme ist: Jemand ist interessiert an Ihnen, kann das jedoch nur negativ artikulieren. Wenn Sie ihn dann spiegeln und dadurch Ihrer Akzeptanz versichern, werden Sie etwas Interessantes feststellen: Auch hinter der Aggression verbirgt sich der geheime Wunsch nach Anerkennung und Zugehörigkeit.

Selbstwahrnehmung und Selbstkompetenz

Kommunikation richtet sich zwar nach außen, doch man sollte sich immer aufs Neue bewusst machen, wer da überhaupt mit dem Außen Kontakt aufnimmt. Womit die Frage aufgeworfen wird: Wer sind Sie eigentlich? Eine banale Frage ist das keineswegs. Natürlich glauben Sie, sich selbst zu kennen. Andererseits ist Selbsterkenntnis ein Projekt, das immerhin alle großen Philosophien und Religionen thematisieren. Bestimmt haben Sie schon einmal von der altgriechischen Tempelinschrift gehört: Erkenne dich selbst! Dahinter steht das Eingeständnis, dass nur wenige ein klares Bewusstsein dafür haben, was sie antreibt, wofür sie stehen, welche Ziele sie haben, zumal die Antworten je nach biografischer Phase unterschiedlich ausfallen können.

Das Selbst ist keine unveränderliche Größe, es wandelt sich in einem andauernden, abwechslungsreichen Prozess. Das sieht man beispielsweise an der Verschiebung der Werte im Laufe des Lebens. Als Jugendlicher möchte man vor allem Spaß haben, beim jungen Erwachsenen dominiert möglicherweise die berufliche Zielstrebigkeit, ältere Menschen verlagern den Schwerpunkt oft auf eine höhere Lebensqualität. Um Aufschluss über unsere aktuellen Gedanken, Gefühle und Handlungen zu erlangen, ist es wichtig zu wissen, worauf wir unsere psychische Energie richten. Was beschäftigt Sie aktuell? Welche neuen Menschen gibt es in Ihrem Leben? Haben Sie kürzlich Interessen oder Hobbys entdeckt, die Sie vorher nicht hatten? Welches sind Ihre unerfüllten Wünsche? Was sagt all das über Ihren Status quo?

> Nur wer sich selbst erforscht und mit sich im Reinen ist,
> kann empathisch kommunizieren.

Empathie ist schließlich nicht gleichbedeutend mit Opportunismus. Sie sollten immer genau wissen, wo Sie stehen, welche Werte Sie motivieren und was Sie anderen geben können. Wer sich seiner selbst nicht sicher ist, dreht sein Fähnlein nach dem Winde, ist leicht beeinflussbar und kommuniziert unzuverlässig, also nicht kontinuierlich mit derselben Haltung. Unbewusstes, auch Unaufgearbeitetes schiebt sich dann zwischen ihn und seine Gesprächspartner – Ängste, Unsicherheiten, Unentschlossenheit. Und das kommt eins zu eins beim Gegenüber an, weil die Entscheidung darüber, ob eine Kommunikation erfolgreich ist oder nicht, von unserem Unterbewusstsein getroffen wird. Wir spüren intuitiv, ob jemand in sich stimmig ist und ob wir ihm vertrauen können. Das Unterbewusstsein erfasst blitzschnell den Input, wobei unserer Erfahrung nach nur zehn Prozent des Gesagten Relevanz hat, während die Stimmlage vierzig Prozent ausmacht und die Körpersprache fünfzig Prozent. Worte können lügen, und der Verstand wird sie möglicherweise nicht sofort als solche identifizieren können, doch die nonverbalen Botschaften sprechen eine eindeutige Sprache. Deshalb erkennen wir ein aufgesetztes Lächeln, so, wie wir trotz aller gespielten Selbstsicherheit des Gegenübers seine Nervosität an feinsten Mikrosignalen erkennen.

Das alles spricht schon unter dem Aspekt gelingender empathischer Kommunikation für die Notwendigkeit der Selbsterkenntnis. Die Soziologin und Psychologin Gundl Kutschera nennt den Weg dahin »einen Tanz zwischen Bewusstsein und Unbewusst-sein«. Sie ist überzeugt, dass wir uns selbst besser kennenlernen, wenn wir:

> unseren Körper bewusst wahrnehmen, ihn als Geschenk annehmen und als Instrument betrachten, mit dem wir unserem Leben Klang und Rhythmus verleihen;

> unsere fünf Sinne bewusst entfalten und sie als Sensoren für mehr Intensität und Lebendigkeit begreifen;
> uns bewusst in Beziehung mit anderen Menschen, aber auch mit Tieren, Pflanzen oder Gegenständen erfahren;
> uns in Verbindung mit unserer Kraftquelle entdecken – das kann der religiöse Glaube sein, ein leidenschaftlich betriebenes Hobby oder die Familie.

Achtsamkeit ist also nicht nur eine empathische Qualität, sie bezieht sich auch auf uns selbst. Seien Sie gut zu sich. Horchen Sie in sich hinein, und fragen Sie sich, was Sie brauchen, um entspannt und glücklich zu sein. Sehr wahrscheinlich sind das keine Luxusurlaube in der Karibik, sondern die kleinen Dinge: mindestens einmal am Tag Zeit für sich selbst haben; täglich etwas für den Körper tun, seien es Spaziergänge, Sport, Yoga oder Massagen; regelmäßig Menschen treffen, mit denen Sie sich auch ohne Worte verstehen; gezielt Talente und Gaben im Beruf oder in Hobbys ausleben; stille Momente in der Natur genießen.

Haben Sie den Mut, Ihre ureigenen Bedürfnisse zu benennen und sie zu erfüllen. Meist nehmen wir uns zu wenig Zeit für unsere wahren Bedürfnisse, weil immer etwas anderes vorgeht: der Job, das Familienleben, die täglichen Pflichten. Darüber vergessen wir leicht, uns über unsere Werte und Anliegen klar zu werden, was dazu führt, dass wir unzufrieden und frustriert sind. Stellen Sie sich der Tatsache, dass Ihre Werte die stärkste Kraft Ihres Bewusstseins und Unterbewusstseins sind, und dass sie deshalb auch die höchste Sorgfalt verdienen. Aus dieser Kraft speist sich Ihr Selbstkonzept, das gelebt werden will. Andernfalls geraten Sie aus der Balance. Der Bankangestellte, der lieber mit Tieren arbeiten würde, die Karrierefrau, die ihren Kinderwunsch unterdrückt, der Rechtsanwalt, der wider besseres Wissen seinen Mandanten rauspaukt – sie alle können großartig funktionieren, mit sich im Reinen sind sie allerdings nicht.

Der Coach Anthony Robbins schreibt sehr treffend: »Wir können zwar lernen, die wirksamsten Verhaltensweisen in uns zu erzeugen. Wenn diese Verhaltensweisen aber anderen Dingen, die in uns wichtig sind, entgegenwirken, entsteht ein innerer Konflikt, und wir werden inkongruent, was verhindert, dass wir wirklich Erfolg haben.« Robbins empfiehlt für Beziehungen, bewusst Prioritäten zu setzen, im Einklang mit den Werten, die man leben möchte. Was ist am wichtigsten? Leidenschaft? Unterstützung? Ehrlichkeit? Freiheit?

Definieren Sie Ihre Werte, und entschließen Sie sich, sie zu Ihren Lebensprinzipien zu machen. Bewerten Sie Ihre Werte nicht. Was auch immer Sie an die erste Stelle setzen, Sie haben das Recht dazu, denn diese Werte dienen Ihnen dazu, Wachstumsbedürfnisse zu erkennen und den Weg der Selbstverwirklichung zu beschreiten. Es ist zugleich der Weg, der Sie zur Verstärkung der eigenen Individualität und Authentizität führt, eine Voraussetzung für empathisches Verhalten. Sie müssen »echt« sein, um mit anderen eine starke Verbindung aufzubauen. Unsicherheit erzeugt Diskontinuitäten und Missverständnisse, Selbst-Sicherheit erzeugt Vertrauen und verlässliche Kommunikation.

Selbsterkenntnis ist die Grundlage der Selbstkompetenz.

Selbsterkenntnis bedeutet: Sie wissen, wer Sie sind und was Sie wollen, und Sie haben deshalb auch genaue Vorstellungen von Beziehungen. Gleichzeitig werden Sie sich der Subjektivität Ihrer Werte und Bedürfnisse bewusst, was Ihnen empathische Toleranz für die Werte anderer beschert.

Mit dieser Haltung sind Sie ein Segen für sich und andere. Man wird sich in Ihrer Gegenwart wohlfühlen, weil Sie gleichermaßen Integrität und Offenheit ausstrahlen. Sie zeigen persönliche Beteiligung und Anteilnahme, bleiben aber immer Sie selbst. Durch Ihre Empathie, Ihre aufmerksamen Fragen und das spiegelnde Zuhören können sich auch Ihre Gesprächspartner der eigenen Werte bewusst werden, selbst wenn sie vorher noch ratlos und unentschlossen waren.

Je mehr Sie über sich, Ihre Werte und Ihre Denkprozesse wissen, desto besser. Also schauen Sie neugierig, vorurteilsfrei und erwartungsvoll in den eigenen Spiegel, bevor Sie andere spiegeln.

5

Zusammenfassung: Tipps für mehr Empathievermögen – und wie Sie dadurch Ihren Alltag entstressen

Mehr Leichtigkeit in die Kommunikation bringen

Oft beobachten wir bei Seminaren, dass den Teilnehmern in der Kennenlernphase unverbindliche Konversation sehr schwerfällt. Manche wirken einfach nur schüchtern und sagen wenig, andere bleiben völlig stumm. Sprechen wir sie darauf an, so hören wir von Schwierigkeiten mit dem sogenannten Smalltalk. Sie fühlen sich unsicher und gehemmt. Auf Nachfrage gestehen sie dann, dass sie häufig in peinliche Situationen geraten. Der Exfreund begegnet ihnen zufällig auf der Straße, und sie wissen nicht, was sie sagen sollen. Der neue Kollege sitzt allein in der Kantine, und sie trauen sich nicht, sich dazuzusetzen, weil sie nicht wissen, wie sie ein Gespräch beginnen sollen. Die Schwiegermutter möchte nach Hause gefahren werden, und nach dem gemütlichen Familienabend fällt ihnen zu zweit im Auto absolut kein Thema mehr ein.

Funkstille, betretenes Schweigen, peinliche Gefühle –
das sind typische Probleme der Alltagskommunikation.

Solange ein konkretes Thema fokussiert wird, fühlen sich die meisten Menschen einigermaßen sicher. Ist es aber angebracht, Kontakte zu knüpfen oder ein zufälliges Zusammentreffen zu gestalten, setzt Ratlosigkeit, manchmal sogar Panik ein: Oh Gott, was sage ich denn jetzt? Kurios genug: Die Gabe, entspannt mit jemandem spontan zu plaudern, wird gemeinhin unterschätzt, obwohl dies eine basale kommunikative Fähigkeit ist. Und, nebenbei gesagt, ein Lackmustest empathischer Fähigkeiten.

Smalltalk, also das »kleine« Gespräch, in dem es um nichts weiter geht, als ein paar Worte zu wechseln, ist alles andere als »klein«. Vielmehr ist es ein Eisbrecher, um leicht und spielerisch mit jemandem in Kontakt zu kommen oder einen bereits bestehenden Kontakt zu festigen. Nur vordergründig wird dabei Belangloses thematisiert. Wer empathisch auf andere zugeht, ist ein Siegertyp. Das Geheimnis besteht darin, so zu kommunizieren, dass spontan Wärme und Freude entsteht. Und das ist ganz allein eine Haltungsfrage. Ob das Wetter zur Sprache kommt, ein nachrichtliches Ereignis oder der Drink, den man gerade in der Hand hält – jeder mag Menschen, mit denen man sich auf der Stelle wohlfühlt.

Guter Smalltalk entwickelt sich auf der Grundeinstellung
des empathischen Wohlwollens.

Stellen Sie sich vor, Sie sind auf eine Party oder eine Firmenfeier eingeladen, kennen aber kaum jemanden. Auf einmal tritt jemand auf Sie zu. Jemand, den Sie noch nie gesehen haben. Begegnen Sie ihm misstrauisch, verkrampft oder ängstlich, wird kein angenehmes Gespräch möglich sein. Verhalten Sie sich dagegen offen und wohlwollend, überträgt sich diese Haltung sofort auf Ihren Gesprächspartner. Sie geben ihm gewissermaßen sozialen Kredit, indem Sie ihn von vornherein akzeptieren: Ich kenne dich nicht, aber ich gehe fest davon aus, dass es positiv ist, dich kennenzulernen. Ich freue mich auf den Kontakt. Und ich bin sicher, dass wir ein gutes Gespräch haben werden.

Dieser innere Monolog entstresst auf der Stelle die Situation. Im Bewusstsein empathischer Hinwendung können Sie diese vorbehaltlose Akzeptanz durch eine persönliche Bemerkung unterstreichen: »Schön, dass wir uns kennenlernen, Sie sind mir gleich aufgefallen, weil Sie ein nettes Lächeln haben / ein tolles Kleid tragen / Ihr Handy in der Tasche lassen / besondere Schuhe anhaben.« Komplimente? Ja, Komplimente sind angebracht. Leider haben sie in unserer Gesellschaft keinen guten Ruf. Speziell in Deutschland ist man der Ansicht, freundliche oder lobende Bemerkungen seien per se unaufrichtig oder kriecherisch. Wir sind vorsichtig mit Komplimenten, weil die Kommunikation einer quasi protestantischen Strenge unterliegt: Man sagt nur das Nötigste und lässt alles weg, was irgendwie charmant klingen könnte, weil Charme fälschlicherweise als unzulässige Manipulation abgewertet wird. In den USA beispielsweise kennt man diese Strenge nicht. Dort sagt man einander gleich bei der Begrüßung oder auch schon beim ersten Kennenlernen freundliche Dinge: »Hey, ich mag Ihr T-Shirt«, »dieser Ring ist außergewöhnlich« oder: »Wow, Sie müssen einen fantastischen Friseur haben.« Eine kleine Unterhaltung entsteht – und schon fließt das Gespräch entspannt dahin.

Unverbindliche Kommunikation wird menschlich verbindlich, wenn wir dem Gegenüber zeigen: Ich nehme dich wahr, und es gibt etwas, was mir an dir gefällt. Also machen Sie Komplimente!

Nun könnte man einwenden, diese Art der Kontaktaufnahme sei aufdringlich. Probieren Sie es aus – sofern Sie mit Wohlwollen auf Ihr Gegenüber zugehen, also ohne Berechnung und ohne Misstrauen, fühlen Sie nichts anderes als eine große Leichtigkeit und Lebendigkeit. Das Gehemmte, Spröde in der Kommunikation rührt nämlich meist daher, dass wir nur uns selbst sehen und uns selbst furchtbar ernst nehmen. Wir fokussieren das Ich, statt im Wir zu denken. Viel flüssiger gestalten sich Kontakte, wenn wir den ersten Schritt tun und Interesse – nicht Neugier – signalisieren. Man sollte also keine indiskreten Fragen stellen oder mit der Tür ins Haus fallen. Ein angemessenes, unaufdringliches Kompliment ist artikuliertes Interesse schlechthin. Darauf kann man aufbauen, mit Fragen, die sich wie von selbst daraus entwickeln.

Eine befreundete Journalistin sagte einmal: »Es gibt keine uninteressanten Menschen, es gibt nur uninteressante Gespräche.« Jeder Mensch werde interessant, wenn man ihm die Chance gebe, seine Geschichte zu erzählen, selbst die knochentrockensten Zeitgenossen. Damit bewies die Journalistin ihre soziale Kompetenz. Sie hatte begriffen, dass sich jedes Gegenüber öffnet, sofern man ihm den Eindruck vermittelt, man halte ihn für wert, einander näher kennenzulernen. Spiegelt man den Gesprächspartner, so kann sich vollkommen unkompliziert eine gemeinsame Ebene aufbauen. Was später eventuell daraus wird, steht auf einem anderen Blatt. Aber Sie erschließen sich immer die Option, mit einem Menschen bekannt zu werden, der Sie bereichert.

> Übrigens: Menschen, die beim Erstkontakt gut
> spiegeln können, sind fantastische Flirter.

Da beim ersten flüchtigen Kennenlernen meist keine gewichtigen Themen eine Rolle spielen, sind Körpersprache, Mimik und Stimme umso wichtiger. Wer spiegelt, hat hier klare Vorteile, denn ein spontanes Zusammengehörigkeitsgefühl ist die beste Voraussetzung dafür, dass aus einem flüchtigen Blickkontakt mehr wird. Und wer anschließend auf empathische Weise Fragen stellt, kann das Gespräch in jede beliebige Richtung steuern.

Fragetechniken kultivieren

Die Reflexion darüber, wie man empathisch kommuniziert, auch wenn streng genommen keine inhaltliche Notwendigkeit dafür besteht, führt uns tiefer in das Geheimnis gelingender Gespräche. Wie erwähnt, fühlen sich viele Leute wie das Kaninchen vor der Schlange, falls unerwartet der Chef vor ihnen steht oder eine andere Person, bei der sie gern einen guten Eindruck hinterlassen wollen. Sie verfallen in eine Art Schockstarre. Das Missverständnis beim Smalltalk und auch bei längeren Unterhaltungen besteht in der Annahme, man müsste eine großartige Performance abliefern. Und schon landet man wieder beim Ich. Nein, es ist viel einfacher – Sie dürfen Fragen stellen, und das sollten Sie sogar tun.

Man muss auch keine Angst haben, zu wenig zu wissen. Erstens will niemand durch langatmig vorgetragene Spezialkenntnisse angeödet werden, zweitens ist die Angst vor Unwissen unbegründet, weil man durch das Stellen intelligenter Fragen Wissenslücken ausgleichen kann. So wie Komplimente haben auch Fragen leider kein gutes Image. Wir scheuen sie meist, weil wir fürchten, jemand könnte sich »ausgefragt« fühlen. Immerhin wollen wir nicht wie Staatsanwälte auftreten, die einen Angeklagten aushorchen. Doch diese Sorge ist unbegründet, solange Sie die weiter unten aufgeführten Punkte beachten. Ja, im Gegenteil, die meisten Menschen sind sehr glücklich, wenn man ihnen Fragen stellt und sie etwas über sich erzählen dürfen. Sie fühlen sich wohl, wenn sie merken, dass andere an ihnen interessiert sind – das bestätigt die Beobachtung der Journalistin. Die begehrtesten Gesprächspartner, das lehrt die Erfahrung, sind Menschen, die gute Fragen stellen.

Wer nicht fragt, bleibt dumm, heißt es im Titelsong der ›Sesamstraße‹. Wir sagen: Wer nicht fragt, bleibt allein.

Im Allgemeinen wird davon ausgegangen, dass man mit Fragen in die passive Rolle eines Gesprächs driftet. Man erkundigt sich nach etwas, und der andere darf ein Statement von sich geben. Das erscheint dann leicht so, als gebe man die Hoheit über das Gespräch ab. Dabei läuft es genau andersherum: Abhängig von ihrer Qualität, sind Fragen ein wertvolles Instrument für die Steuerungsphase. Das hat mit der Angewohnheit vieler Gesprächspartner zu tun, unwissentlich Informationen verborgen zu halten: über ihre Einstellungen und Werte, ihre Interessen und Prioritäten im Leben. Wer nicht nachfragt, wird niemals an diese Informationen kommen, und so entstehen Missverständnisse, die den weiteren Austausch erschweren. Aber was sind eigentlich kluge Fragen?

> Als Einstieg beim Kennenlernen eignen sich Fragen, die aus der gemeinsamen Perspektive entstehen – der Kaffee, den man trinkt, der Raum, in dem man sich befindet. Fragen Sie Ihr Gegenüber danach, wie ihm der Kaffee schmeckt, ob ihm der Raum gefällt. Schon haben Sie ein Thema, das Ihnen Gelegenheit zur Spiegelung gibt und zugleich erste Informationen über die Einstellungen Ihres Gesprächspartners ermöglicht.

> Entwickeln Sie aus dem ersten Eindruck ein weiter gehendes Thema. Aus dem Kaffee-Einstieg könnte sich das Thema Coffeeshops oder Restaurants ergeben, aus dem Raum-Einstieg das Thema Hotels. Wie sollte das Hotel eingerichtet sein, in dem sich Ihr Gegenüber wohlfühlt? Welche Erlebnisse hatte der andere?

> Fragen Sie nach. Gespräche laufen oft langweilig, weil man sich mit der ersten oberflächlichen Antwort zufriedengibt. Seien Sie aber nicht zu forsch. Statt »Wie war das genau?« könnten Sie sagen: »Oh, das interessiert mich, könnte ich mehr erfahren?«

> Achten Sie darauf, ob es Fragen gibt, auf die Ihr Gesprächs-

partner reserviert oder unwillig reagiert, und wechseln Sie sofort das Thema.

› Stellen Sie keine Warum-Fragen. Solche Fragen wirken oft ungewollt schulmeisterlich und führen in die negative Schleife der Rechtfertigung. Manchmal lösen sie sogar Schuldgefühle aus.

› Fragen Sie nicht nach allzu Privatem. Hier entsteht die Gefahr, dass sich der Gesprächspartner bedrängt fühlt.

› Beginnen Sie Fragen nie mit dem Wort »ich«. Es signalisiert, dass Sie unbedingt etwas mitteilen wollen und Ihren Gegenüber zum Statisten Ihrer Performance degradieren.

Fragen bedeuten Führung.

Wer bewusst fragt, hat Erfolg, denn er steuert das Gespräch und vermittelt Interesse. Dennoch muss man einiges beachten, denn Fragen ohne Ziele sind definitiv keine guten Fragen. Sie wissen ja: Bei der empathischen Kommunikation geht es nicht nur ums Spiegeln, es kommt auch auf die Steuerungskompetenz an. Viele Leute verzichten auf Fragen, weil sie keine Ziele haben. Was also wollen Sie erreichen? Eine angenehme Plauderei? Eine bessere Beziehung zu jemandem? Oder verfolgen Sie ein konkretes inhaltliches Ziel? Sie haben es in der Hand. Wichtig ist: Bei den Antworten geht man in die Spiegelung, bei den Fragen in die Steuerung.

Ziel: Ich möchte mit Freunden einen heiteren Abend verbringen. *Steuerung:* Sie stellen Fragen, die das Gespräch auf angenehme Themen lenken.
Kontraindiziert: Fragen, die zu Streit führen könnten, zum Beispiel absehbar kontroverse politische Debatten oder negative Themen wie Krankheiten.

Ziel: Ich möchte mit meinem Partner über seine Angst vor Überforderung im Job sprechen.

Steuerung: Fragen, die seinen jetzigen inneren Zustand betreffen: Wo siehst du dich gerade? Was hindert dich daran, mehr Verantwortung zu übernehmen? Was würde passieren, wenn du es versuchst?

Kontraindiziert: Fragen nach dem Warum des Überforderungsgefühls, abwertende Vorwürfe, dass er Angst hat.

Ziel: Ich möchte mit meiner Mutter in den Urlaub fahren und den Urlaubsort klären, denn sie will nach Sylt und ich nach Mallorca.

Steuerung: Offene Fragen wie: Was würde dir gefallen? Was wünschst du dir? Geschlossene Fragen: Was genau gefällt dir an Sylt? Gäbe es das auch auf Mallorca?

Kontraindiziert: Suggestivfragen, etwa: Wieso muss es gerade Sylt sein, wenn es auf Mallorca doch viel wärmer ist? Abwertende Fragen: Wieso versteifst du dich so auf Sylt?

Ziel: Ich möchte mit meinem Chef ein lockeres Gespräch führen, um das Verhältnis zu ihm zu verbessern.

Steuerung: Einstiegsfragen aus der gemeinsamen Situation heraus: Sind Sie auch auf der Suche nach einem guten Kaffee? Wie lief Ihr Tag in der Firma bisher? Tiefer gehende Fragen: nach der Vision, die er in der Firma verwirklichen möchte, nach neuen Ideen.

Kontraindiziert: Klatsch und schlecht über andere reden, Fragen nach dem Privatleben.

Ziel: Ich möchte mit meinem Partner essen gehen und einen schönen, interessanten Abend verbringen.

Steuerung: Sie überlegen: Was könnte meinen Partner interessieren? Worüber würde er gern sprechen? Könnte ich mich vorher über eines seiner Lieblingsthemen informieren und gezielt Fragen dazu stellen?

Kontraindiziert: Vorwürfe, Beschwerden, Probleme.

Unabhängig davon, welche Ziele Sie verfolgen, am Anfang steht immer das Bewusstsein dafür, dass man kein Gespräch dem Zufall oder der Tagesform überlassen sollte. Sogar, wenn man einander innig liebt, kann man die Beziehungskommunikation nicht einfach laufen lassen, sondern muss immer wieder Wärme und Liebe herstellen. Viele Paare schweigen sich an, wenn sie im Restaurant essen oder im gemeinsamen Urlaub nebeneinander am Strand sitzen. Besonders in langjährigen Beziehungen stellt sich die Frage, wie man stets aufs Neue bereichernde Themen findet.

Gerade Langzeitbeziehungen brauchen gemeinsame Erlebnisse und Erfahrungen, über die man sich austauschen kann. Durch die ähnlichen Reaktionen stellen sich wieder Symmetrien und Synchronizitäten her, die der Bindung neue Nahrung geben.

Menschen, die qua Bewusstsein jedes Gespräch mit Empathie führen und gute Fragen stellen, sind Gewinner. Sie übernehmen Verantwortung für ihre Beziehungen, geben dem Gegenüber ein gutes Gefühl, lassen ihm Raum und können dennoch auf ihre Ziele zusteuern.

Und wenn das Gespräch dennoch ins Stocken kommt?

Auch wer mit empathischer Kommunikation vertraut ist, erlebt zuweilen plötzliche Gesprächspausen, die er als unangenehm empfindet. Solche Pausen sind immer ein Zeichen dafür, dass die Spiegelung unterbrochen ist, sei es aus Zerstreutheit, Müdigkeit oder Überforderung. Jetzt kommt es darauf an, sofort wieder in die Spiegelung zu gehen.

1. Passen Sie Ihre Körperhaltung an.
2. Gleichen Sie Ihre Mimik an.
3. Schneiden Sie ein Thema an, das dem Gegenüber angenehm ist, ein sogenanntes Jokerthema.

Was Jokerthemen sind und wie Sie sie erkennen, erfahren Sie im folgenden Abschnitt.

Komfortzonen erkunden

Zugegeben, man begegnet immer wieder mal Menschen, die es einem schwer machen, sich ihnen zu nähern. Ihre Verschlossenheit wirkt wie ein Panzer aus Stahl, durch den einfach nichts hindurchdringt. Oder man verliert nach einem guten Gesprächsstart auf einmal den Kontakt zu ihnen, und die Konversation gerät ins Stocken. Allerdings haben auch solche Menschen ihre Komfortzonen, in denen sie sich wohlfühlen. Genau die sollten Sie herausfinden, um Jokerthemen in petto zu haben und angespannte Situationen überbrücken zu können. Denn Sie wissen ja: Positive Gefühle, die jemand aktuell hat, projiziert er auf Sie. Es kommt also darauf an, jemanden durch gezielte Fragen gedanklich dorthin zu führen, wo er auflebt.

Alles Glück der Erde …

… liegt auf dem Rücken der Pferde? Ja, für manche schon. Unlängst erfuhren wir von den kommunikativen Problemen in einem Rechenzentrum. Zwischen Chef und Mitarbeitern herrschte tiefste Eiszeit, es gab keinen Flow, die gesamte Kommunikation war extrem schwierig. Dann fand ein Mitarbeiter heraus, dass der Chef Pferde mochte. Wir empfahlen ihm, dieses Thema bewusst anzuschneiden. Also sprach er ihn vor einem Strategiegespräch darauf an. Sofort veränderte sich die Miene des Chefs. Mit zunehmender Begeisterung erzählte er von seinem Reitpferd und von dem Gestüt, wo es untergebracht war. Er war kaum wiederzuerkennen. Denn während er von dem Pferd sprach, von den Ausritten, von dem Stall, hatte er all das sinnlich vor Augen. Er sah sein Pferd, er atmete den Duft des Heus, er spürte den Wind auf seinem Gesicht während des Ausritts – er befand sich in seiner Komfortzone. Dadurch veränderte er sich völlig. Er öffnete sich und verhielt sich beim anschließenden Strategiegespräch als kooperativer und mental aufgeschlossener Partner.

Finden Sie heraus, welches das Glücksthema Ihres Gegenübers ist. Da Sie ihn spiegeln und deshalb genau beobachten, merken Sie schnell, bei welchem Thema sich seine Züge entspannen und ein begeisterter Glanz in seine Augen tritt: Ist es seine Familie, sind es seine Kinder? Ist es ein Hobby wie Motorradfahren, Kunst sammeln oder alte Hollywoodklassiker anschauen?

Manchmal lassen sich auch ganze Themenwelten erschließen, die die jeweilige Komfortzone definieren. Wer gern über Autos spricht und dabei PS-Zahl, Hubraum und Beschleunigungszeit erwähnt, ist höchstwahrscheinlich ein Technikfreak. Er wird sich freuen, wenn Sie mit ihm über Zahlen, Statistiken und andere quantifizierbare Fakten sprechen. Erzählt jemand bevorzugt Geschichten über Essen, Weine und Urlaube, handelt es sich um einen Genusstyp, den Sie spiegeln können, indem Sie ebenfalls Genussthemen einbringen und ihn um seine Meinung dazu bitten.

Unser Tipp: Legen Sie zu Ihren Gesprächspartnern im Geschäftsleben kleine Dossiers an. Das ist schnell getan. Tippen Sie einfach nach einer Begegnung den Namen und ein paar Notizen ins Handy. Was waren die Lieblingsthemen? Wo öffnete sich Ihr Gegenüber? Was lief richtig gut? Vor dem nächsten Gespräch können Sie einen Blick auf Ihre Aufzeichnungen werfen und sind daraufhin in der Lage, von vornherein eine angenehme Atmosphäre zu erschaffen. Zugleich haben Sie damit einen Überblick über die Werte, die mit den Themen verbunden sind.

Individuelle Komfortzonen sind Indikatoren für Werte,
die Sie spiegeln und nach denen Sie fragen können.

Wer gern über seine Kinder spricht, hat einen ausgeprägten Familiensinn und mag Fragen zu Schulen und Erziehungsthemen. Wer nur über seinen Job spricht, für den ist Arbeit ein kardinaler Wert. Nun müssen Sie nur noch herausfinden, welche weiteren Werte damit verbunden sind – beispielsweise Selbstverwirklichung, Ehrgeiz, Erfolg oder Freude an der Arbeit –, und Sie haben eine Fülle von Themen, über die Sie sich bei ihm erkundigen können. Wer häufig über Fußball spricht, verrät mit der Affinität zu diesem Sport ebenfalls etwas über seine Werte, etwa Fair Play, Teamgeist, Stürmerqualitäten oder intelligente Reaktionen auf taktische Manöver des Gegners. Je dichter Sie sich an den Themen und Werten Ihres Gesprächspartners bewegen, desto angenehmer und leichter wird die Kommunikation.

Durch Empathie Konflikte moderieren

Viele Beispiele in diesem Buch haben Ihnen bereits Lösungsmöglichkeiten im Sinne eines Konfliktmanagements gegeben. An dieser Stelle möchten wir Ihnen quasi als Bonusmaterial einige Alltagssituationen schildern, die Ihnen bewusst machen, wie positive Konfliktlösungen auf der Grundlage empathischer Kommunikation und gegenseitigen Respekts aussehen. Anhand typischer Beispiele können Sie noch einmal Ihre eigenen Überlegungen und Lernfortschritte überprüfen.

Markus und Lara:
Morgendlicher Streit um das Badezimmer

Markus hämmert an die verschlossene Tür. So wie jeden Morgen verbringt Lara mal wieder so viel Zeit im Badezimmer, dass ihm der Kamm schwillt.

Markus (ärgerlich): »Warum brauchst du immer so lange?«

Lara (genervt): »Soll ich dir 'ne Liste geben? Duschen, föhnen, eincremen, schminken …«

Markus: »Das ist doch Wahnsinn! Wieso geht das denn nicht schneller?«

Lara: »Du bist echt daneben. Ich soll toll aussehen, aber es darf keine Zeit kosten.«

Markus: »Das heißt, du blockierst einfach stundenlang das Badezimmer?«

Lara: »Pech gehabt!«

Dass der Morgen gelaufen ist, versteht sich von selbst. Schon der Einstieg mit der Warum-Frage setzt Lara unter Druck und bringt sie in den Zugzwang der Rechtfertigung. Besser wäre es, wenn Markus bei seinen Fragen durchblicken ließe, dass er Laras Bedürfnisse respektiert, und dennoch auf seine eigenen Bedürfnisse verweist.

Markus und Lara: Empathische Fragetechnik

Markus: »Schatz, wie lange brauchst du noch im Badezimmer?«
Lara: »Ungefähr zehn Minuten.«
Markus: »Hm, das wird dann etwas knapp für mich.«
Lara: »Okay, verstehe. Ich versuche, mich zu beeilen.«

So effizient und stressfrei kann die Kommunikation laufen, wenn man davon absieht, lediglich die eigenen Bedürfnisse zu fokussieren. Auch hier ist offensichtlich, dass man bei Fragen stets reflektieren sollte: Wohin führen sie? Was will ich erreichen? Einen Streit oder eine Einigung? Übrigens kann man den Fragen auch durch die Art des Sprechens eine neue Dimension verleihen und damit ein Ziel verfolgen. Die folgende Geschichte erzählte uns eine Seminarteilnehmerin, die als Lehrerin arbeitet.

Elena und Ben: Der schwierige Schüler

Elena unterrichtet in der Mittelstufe eines Gymnasiums. Zu Beginn des Winterhalbjahrs kam ein neuer Schüler in ihre Klasse: Ben. Die Kollegen hatten sie bereits vorgewarnt. Er sei ein schwieriger Junge, renitent, unaufmerksam, unerzogen. Es hatten bereits erbitterte Auseinandersetzungen mit anderen Lehrern stattgefunden, lautstarke Verweise und Bestrafungen wie Nachsitzen und Zusatzarbeiten.

Offensichtlich hatten die Lehrer bisher auf ein konfrontatives Verhalten gesetzt, allerdings ohne befriedigende Ergebnisse, denn Ben galt als Problemschüler und notorischer Störenfried. Da Elena in einem unserer Coaching-Seminare das empathische Spiegeln kennengelernt hatte, entschied sie sich dafür, es bei Ben damit zu probieren.

Elena und Ben: Bewusste Spiegelung

Als Elena Ben im Unterricht zum ersten Mal eine Frage stellte, brummte er demonstrativ genervt: »Keine Ahnung.« Statt sich über seine mangelnde Motivation und seinen Tonfall aufzuregen, brummte Elena im tiefsten Bass: »Keine Ahnung? Okay, alles klar, verstehe.« Dann setzte sie im gewohnten Tonfall den Unterricht fort. Bei der nächsten Frage an Ben erwiderte er mürrisch: »Interessiert mich so was von überhaupt nicht.« Wieder spiegelte sie ihn, auf betont mürrische Weise: »Aha, das interessiert dich also nicht? Okay, hab's kapiert.«

Eine Weile verging, und irgendwann brach Ben in Lachen aus, als Elena wieder einmal seine Verweigerungshaltung spiegelte. Auch sie lachte. Im Laufe des Schuljahres wurde Ben immer umgänglicher, seine Noten verbesserten sich. Am Ende des Halbjahres nahm sie ihn beiseite und fragte ihn: »Was meinst du? Woran liegt es, dass du ein guter Schüler geworden bist?« Er dachte kurz nach. »Weil ich mich selber mehr mag, seit ich bei Ihnen in der Klasse bin.«

Das sind die Erfolgsgeschichten, die uns immer wieder freuen. Ben war vermutlich nie gespiegelt worden. Sein Verhalten hatte provozierend gewirkt, deshalb hatte er lediglich ärgerliche oder wütende, in jedem Fall aber ablehnende Reaktionen geerntet. Im Grunde hatte er Aufmerksamkeit und Zugehörigkeit erheischt, nur mit negativen Mitteln. Durch Elenas Spiegelung fühlte er sich erstmals wahrgenommen, und zwar so, wie er war, nicht, wie er erwünscht war. Das lockerte und motivierte ihn. Elena hatte ihm allein durch ihre Stimme und ihre Mimik signalisiert, dass sie bereit war, sich auf ihn einzulassen. So weichte seine Verweigerungshaltung auf. Man kann daraus lernen, dass selbst die empathische Spiegelung negativer Gefühle und Stimmungen eine Gemeinsamkeit herstellen kann, die zur Konfliktlösung beiträgt.

Ganz anders verläuft die nonverbale Kommunikation, wenn bewusst Asymmetrien verstärkt werden. Besonders in familiären Beziehungen entsteht häufig ein stummer Kampf, der sehr belastend werden kann. Vermutlich werden Sie in der nächsten Geschichte ein, zwei Déjà-vu-Erlebnisse haben, da sie einige Elemente bereits geschilderter Beispiele in gesteigerter Form enthält.

Kerstin und ihre Familie: Mama macht Stress

Kerstin ist eine Powerfrau. Sie hat alles im Griff und behält unermüdlich ein hohes Tempo bei, um alles zu erledigen. Dieses Tempo ist zu einem Wesenszug geworden, auch wenn eigentlich kein Anlass dafür besteht. Wenn sie samstags wieder einmal durchs Haus wirbelt, hinterlässt sie eine Spur des Unfriedens. Entdeckt sie ihre fünfjährige Tochter, die selbstvergessen im Kinderzimmer spielt, weist sie sie ärgerlich an, das Zimmer aufzuräumen. Trifft sie ihren Mann Fußball schauend im Sessel an, holt sie den Staubsauger heraus und stellt ihn auf die höchste Stufe, oder sie räumt sehr geräuschvoll die Spülmaschine aus. Weder ihre Tochter noch ihr Mann fühlen sich in ihrer Gegenwart wohl. Beide atmen auf, wenn Kerstin am Wochenende endlich das Haus verlässt, um zum Sport zu gehen.

Gegensätzliche Tempi können eine starke Beeinträchtigung des Familienfriedens bedeuten. Kerstins Verhalten signalisiert einen unausgesprochenen Vorwurf: Du bist nicht in meinem Aktionsmodus, du darfst nicht genießen. Eine geheime Eifersucht auf ihren entspannten Mann und ihre selbstvergessen spielende Tochter führt sie in die passive Aggression: Sie stört Mann und Kind und sorgt dafür, dass sie ein schlechtes Gewissen bekommen.

Kerstin und ihre Familie: Bewusste Spiegelung

Kerstin ist sich bewusst, dass sie unter starkem Druck steht und deshalb in allem ein ungewöhnlich hohes Tempo vorlegt. Außerdem ist ihr klar geworden, welch eine unbehagliche Atmosphäre auf ihrer Familie lastet, wenn sie ihren Mann und ihre Tochter nicht spiegelt. Deshalb drosselt sie samstags ihr Tempo und lässt sich auf ihre Tochter und ihren Mann ein. Sie atmet tief durch, um aus dem Hamsterrad auszusteigen und in den Moment zu kommen. Dann spielt sie mit ihrem Kind, ohne auf die Uhr zu schauen, und trinkt auf der Couch einen Tee mit ihrem Mann, ohne die anstehenden Hausarbeiten zu thematisieren. Erst am Nachmittag regelt sie das Organisatorische während eines ruhigen gemeinsamen Gesprächs: Wer räumt auf, saugt Staub, leert die Spülmaschine aus? In entspanntem Tonfall und ohne Druck treffen alle drei Vereinbarungen darüber. Neuerdings genießen Mann und Kind das samstägliche Miteinander.

Durch die bewusste Hinterfragung ihres Verhaltens und durch das Wissen um die Relevanz empathischer Spiegelung kann Kerstin eine Entfremdung verhindern, die langfristig eingesetzt hätte. Sie begriff, dass Geschwindigkeit ein wichtiger Parameter der Kommunikation ist, und Asymmetrien des Tempos die Quelle von Ungeduld, Unlust und Missverständnissen sind. Nun durchschaut sie, dass sie permanent in einem anderen Modus gewesen ist, und will das ändern. Deshalb spiegelt sie ihre Tochter und ihren Mann, indem sie mit leiser, sanfter Stimme und einer ruhigen Körpersprache agiert. Auch bei den gemeinsamen Aktivitäten (Spielen, Tee trinken) spiegelt sie den inneren Zustand von Partner und Tochter. Das ist die ideale Voraussetzung dafür, dass die Verteilung der Pflichten vollkommen stressfrei abläuft. Entscheidend ist immer, dass sich ein Leidensdruck aufbaut, den man ehrlich anschaut und lösen will. Bei Kerstin war es das deutliche Gefühl, dass sich Mann und Kind emotional von ihr entfernten.

In der nächsten Geschichte entstand der Leidensdruck durch körperliche Symptome. Die Geschichte stammt von einer Seminarteilnehmerin, die massive Probleme mit einem Kollegen in ihrem Team hatte. Zunächst spielte sie mit dem Gedanken, sich versetzen zu lassen, dann lernte sie unser Coaching-Konzept kennen.

Dorothee und ihr Kollege: Training auf der Rolltreppe

Allmorgendlich hatte Dorothee Magenschmerzen. Schon, wenn sie aus der U-Bahn stieg und die Rolltreppe hochfuhr, stellte sie sich vor, dass sie gleich wieder den grässlichen Herrn Hase ertragen musste, worauf sich ihr Magen zusammenkrampfte. Sie fürchtete regelrecht, ihn zu sehen. Mit seiner schlechten Laune, seinem verkniffenen Gesicht und seinen abfälligen Bemerkungen machte er ihr das Leben zur Hölle. Sie hatte alles versucht: Freundlichkeit, neutrale Gleichgültigkeit, barscher Ton, nichts hatte etwas geändert. Inspiriert durch unser Empathie-Training, beschloss sie, etwas Neues auszuprobieren. Dorothee wollte Herrn Hase nicht nur spiegeln, sondern vor allem steuern. Ihr Kommunikationsziel: Blockaden beiseiteräumen, lockern, gute kollegiale Zusammenarbeit.

Dafür dachte sie sich ein Training aus. Wenn sie sich morgens auf dem Weg zum Büro und abends auf dem Weg nach Hause auf die Rolltreppe stellte, suchte sie sich aus den Männern, die ihr entgegenkamen, jene aus, die Herrn Hase ähnelten: genauso verbiesterte, mies gelaunte Aktenkofferträger. Dann nahm sie Blickkontakt auf und spiegelte den finsteren, abweisenden Gesichtsausdruck ihrer Übungsobjekte. Erst kurz, bevor sie aneinander vorbeifuhren, ging sie in die Steuerung und lächelte die Männer an. Ausnahmslos alle lächelten zurück. Einige Tage lang »trainierte« Dorothee. Beflügelt von dieser Erfahrung, beschloss sie eines Morgens, dass es so weit sei. Sie erwiderte den verkniffenen Blick von Herrn Hase. Verzog er verächtlich den Mund, tat sie es auch, legte er die Stirn in Falten, runzelte sie ebenfalls die Stirn. Danach ging sie in die Steuerung – sie lächelte. Herr Hase stutzte kurz, dann lächelte er zurück. Damit war das Eis gebrochen. Nach und nach entwickelte sich, was Dorothee immer erwünscht hatte: eine gute, vertrauensvolle Zusammenarbeit, ohne negative Bemerkungen, ohne schlechte Laune.

Eine wunderbare Geschichte, nicht wahr? Dorothee hatte nicht nur das Konzept empathischer Kommunikation verinnerlicht, sie verstand, dass es durchaus amüsante Komponenten enthält. Ihr Rolltreppen-Experiment hatte etwas befreiend Spielerisches, was ihr Spaß machte und kleine Erfolgserlebnisse bescherte. Das gab ihr die innere Lockerheit, schließlich auch Herrn Hase zu spiegeln. Letztlich spielte sie mit ihm, und das ist eine völlig andere innere Haltung, als sich jemandem ausgeliefert zu fühlen. Ihre neue Souveränität verdankte sie der Erfahrung, dass sie ihre Schüchternheit und damit auch das negative Verhalten von Herrn Hase überwinden konnte, weil sie bewusst die Steuerung übernahm.

> Es geht immer darum, die defensive oder
> konfrontative Haltung zu verlassen und sich zu trauen,
> aktiv eine Änderung herbeizuführen.

Wir kennen zahllose solcher Erfolgsgeschichten. Und wir möchten jeden ermutigen, die dunklen Wolken belastender Kommunikation beiseitezuschieben. Üben Sie ruhig wie Dorothee. Spiegeln Sie den muffeligen Barkeeper in Ihrer Stammkneipe oder den hochnäsigen Kellner im Restaurant. Achten Sie auf Menschen in Ihrem Umfeld, die Ihnen negative Signale geben und damit Ihre Lebensqualität beeinträchtigen: Also Menschen, die

> permanent klagen;
> verbittert sind;
> immer nur jammern;
> eine offene, positive Kommunikation verweigern.

Natürlich ist es nicht so einfach, wenn man selbst gut gelaunt ist und jemandem begegnet, der einen ungefiltert griesgrämig behandelt. Aber wir können Sie beruhigen. Sie müssen keine Angst haben, dass jemand Sie »runterzieht«. Genießen Sie stattdessen, wie sich die Atmosphäre verändert, wenn Sie solche unangenehmen Zeitgenossen spiegeln und dann zu steuern beginnen. Durchbrechen Sie die Erwartungen, indem Sie in solchen Momenten Ihren Beobachter aktivieren und Ihre innere Autorität, das »höhere Selbst« walten lassen: Ich möchte, dass es diesem Menschen gut geht, anschließend wird es uns beiden gut gehen. Es liegt an Ihnen, die Verantwortung für die Stimmung zu übernehmen, die in Ihrem Alltag herrscht. Sie selbst entscheiden, ob Ihre tägliche Kommunikation stressig oder entspannt abläuft.

Manchmal hören wir den Einwand, diese Art der Spiegelung beruhe lediglich auf einer oberflächlichen Freundlichkeit. Dann fragen wir zurück: Ist Miesepetrigkeit etwa tiefsinnig? Nein, ist sie nicht. Es gibt nur viel zu viele Leute, die emotional »unterernährt« sind, weil ihnen Zuwendung und Anerkennung fehlen. Das können Sie ändern, schon durch eine einzige empathische Kontaktaufnahme. Also keine Angst vor negativen Gefühlen – Sie selbst sind Ihres Glückes Schmied.

Gefühle zulassen

Empathische Kommunikation, das soll nicht verschwiegen werden, stellt uns vor eine große Herausforderung: den bewussten Umgang mit den Gefühlen anderer, aber auch mit den eigenen Gefühlen. Und zwar mit allen, auch den negativen, wie im vorherigen Abschnitt geschildert. Genau das fällt vielen schwer, aus nachvollziehbaren Gründen. Meist werden wir im Kindesalter so erzogen, dass wir belastende Emotionen wie Unlust, Wut, Angst, Enttäuschung und Trauer auf keinen Fall offen zeigen dürfen. Man bringt uns bei, all das sei unerwünscht und müsse unterdrückt werden: »Stell dich nicht so an«, wurde uns gesagt, wenn wir uns im Dunkeln fürchteten, »du musst doch keine Angst haben.« Oder wir wurden für Wutausbrüche bestraft: »Reiß dich zusammen, sei gefälligst wieder lieb.« Und bei Tränen sagte man uns: »Nicht weinen, alles wird gut.«

Im Laufe der Zeit geht uns die strikte Emotionskontrolle in Fleisch und Blut über. Wir verdrängen die unerwünschten Gefühle, stets bemüht, sie gar nicht erst an die Oberfläche gelangen zu lassen, weil wir fürchten, sie könnten uns aus der Bahn werfen oder bei anderen unbeliebt machen. Diese Angst, nicht sympathisch zu wirken oder auf einen Unsympathen zu treffen, nistet tief in unserem Unterbewusstsein. Deshalb sind wir oft hilflos, wenn uns Unfreundlichkeit, Frust, Wut, Angst oder Trauer bei anderen begegnen. Wir haben keinen sicheren Verhaltensmodus dafür. Und das bedeutet: Wir müssen erst den Zugang zu unseren eigenen Emotionen finden, wenn wir uns empathisch verhalten möchten – ein klares Gespür für unsere innersten Gefühle entwickeln, sie akzeptieren und reflektieren.

Gefühle, die wir bei uns selbst nicht zulassen,
können wir auch nicht spiegeln.

Am schwierigsten ist es sicherlich, Trauer zu spiegeln. Immer wieder entstehen Situationen absoluter Ratlosigkeit, wenn jemand zum Beispiel einen nahen Menschen verloren hat. Was tun? Wie geht man damit um? Viele Kulturen haben Rituale entwickelt, mit denen Trauer ausgedrückt und bewältigt wird. Im Orient, aber auch im Süden Europas kennt man noch Klageweiber, die in ein Trauerhaus kommen und mit den Hinterbliebenen weinen. Völlig selbstverständlich wird die Trauer gespiegelt. Auch Kondolenzbesuche, bei denen offen geweint wird, sind üblich. Ganz anders sieht es in den modernen westlichen Industriestaaten aus: Hier wird tiefe Trauer tabuisiert.

Mittlerweile fühlen sich manche Trauernde wie Unberührbare. Scheu machen andere einen großen Bogen um sie. Selbst nahe Verwandte und Freunde reden sich ein, man lasse einen Trauernden besser in Ruhe, und wenn man sich ihm doch nähert, dann mit tröstenden Worten: »Das wird schon wieder, du musst nicht traurig sein.« Diese Art von Trost mag von einem gewissen Punkt an hilfreich sein. Zunächst aber braucht jeder, der einen Schicksalsschlag erlitten hat und »untröstlich« ist, die empathische Spiegelung: das Mit-Gefühl der Mit-Trauer. Genau dieser Zustand ist es, den fast jeder in unserer Gesellschaft fürchtet: Um Gottes willen, was passiert mit mir, wenn ich die Trauer zulasse? Damit will ich nichts zu tun haben!

Viele Menschen haben Angst vor negativen Emotionen und können sie deshalb nicht spiegeln. Für alle, die solche Ängste hegen, ist ein offener Umgang mit dem gesamten eigenen Gefühlsspektrum befreiend – mit negativen wie auch positiven Emotionen. Unterdrücken Sie nicht länger, was Sie bewegt. Horchen und spüren Sie in sich hinein. Ist das Freude? Aufregung? Frust? Angst? Ärger? Durchleben Sie diese Gefühle bewusst, bevor Sie versuchen, wieder in einen Zustand der Gelassenheit zu kommen. Nichts ist erlösender, als Gefühle anzunehmen und zu zeigen, sogar in Situationen, die man im Allgemeinen nicht mit offen gelebten Emotionen in Verbindung bringt. Ein Teilnehmer in einem unserer Coaching-Seminare erzählte uns folgende Geschichte:

Der empathische Abteilungsleiter

Herrn M. graute schon seit Tagen vor dem Gespräch mit seinem Mitarbeiter: Nach fünfzehn Jahren guter Zusammenarbeit musste er ihn kündigen. Eine schwere, aber alternativlose Entscheidung, da die Firma am Abgrund stand und Entlassungen die Ultima Ratio waren. So ruhig wie möglich teilte Herr M. dem Mitarbeiter die Hiobsbotschaft mit. Zu seiner Überraschung brach der Mann ungehemmt in Tränen aus. Und Herr M.? Er weinte erschüttert mit. Er mochte diesen Mitarbeiter, und ihm wurde klar, dass es schwierig für ihn werden würde, in seinem Alter einen neuen Job zu finden. Natürlich machte diese Geschichte die Runde, und ein Kollege stellte Herrn M. zur Rede: »Man weint doch nicht!« Die wunderbare Antwort von Herrn M. lautete: »Auch Trauer gehört manchmal zum Job.« Der Mitarbeiter sagte später, diese emotionale Aufrichtigkeit habe ihm sehr geholfen, den Schlag zu verarbeiten: »Das hat gutgetan.«

Die Erfahrung zeigt: Mit-Trauer hat etwas Entlastendes, und zwar für alle Beteiligten. Denn demonstrative Gleichgültigkeit ist nicht nur verletzend für das Gegenüber, es ist auch ein empfindlicher Eingriff in das eigene emotionale Erleben. Was man bezüglich anderer verdrängt, verdrängt man zugleich in sich selbst. Herr M. hat spontan eine menschliche Reaktion gezeigt, ungeachtet dessen, was andere für »professionell« hielten. Damit gab er dem Kündigungsgespräch eine Aufrichtigkeit, die sowohl den Mitarbeiter als auch ihn selbst vom Zwang entmenschlichter Coolness befreite.

Die Conclusio aus der Geschichte ist ohne Weiteres verallgemeinerbar, beispielsweise gilt sie auch für Paare. Es ist oft beobachtet worden, dass Beziehungen nicht funktionieren, wenn Frauen keine negativen Gefühle wie Trauer bei ihren Männern akzeptieren. Sie wünschen sich einen Fels in der Brandung, die berühmte starke Schulter, an der jedes Ereignis spurlos abperlt. Da sie ihren Partner nicht spiegeln können, weil sie es innerlich ablehnen, fühlt sich der Mann oft emotional verwaist. Er vermisst Vertrauen, auch Mit-Gefühl, wird unsicher und entfernt sich innerlich von seiner Frau. Daraufhin wird er unbewusst woanders eine emotionale Heimat suchen, wo er authentisch sein darf.

> Mit-Gefühl schafft starke Bindungen, Empathie-Verweigerung entfernt Menschen voneinander.

Wenn wir merken, dass eine Person, die uns wichtig ist, uns nicht mehr spiegelt, entsteht ein hoher emotionaler Stress. Intuitiv stellen wir die Zugehörigkeit in Frage. Ist diese Person wirklich solidarisch? Oder lässt sie mich allein, wenn es darauf ankommt? Muss ich mich durch angepasstes Wohlverhalten für die Beziehung qualifizieren, oder darf ich mich in jeder Lebenslage so zeigen, wie ich bin, mit allen, auch unangenehmen Gefühlen? Jede Beziehung, sei sie partnerschaftlicher, freundschaftlicher oder professioneller Natur, zerbricht, wenn die emotionale Loyalität aufgekündigt wird.

Empathische Kommunikation basiert auf Integrität und Verantwortung. Es ist also nicht nur im eigenen Interesse sinnvoll, Gefühle zuzulassen und zu klären, es ist die Voraussetzung dafür, dass wir auch negative Gefühle anderer ohne Abwertung spiegeln können. Dafür bedarf es einer inneren Neutralität. Brechen Sie die erlernte Regel, emotionale Authentizität sei störend und unerwünscht. Nehmen Sie bewusst wahr, in welcher emotionalen Gestimmtheit sich jemand befindet, und gehen Sie empathisch darauf ein, bevor Sie eine Änderung herbeiführen. Freuen Sie sich mit, trauern Sie mit, teilen Sie Gefühle wie Aufregung und Frustration, indem Sie sie zunächst spiegeln.

Sie können jedem Gesprächspartner aus negativen Gefühlen heraushelfen, indem Sie diese Gefühle vorbehaltlos spiegeln und dann erst Trost oder Beschwichtigung artikulieren. Achten Sie auf die richtige Reihenfolge. Sie wissen ja: Spiegeln beinhaltet, in die Steuerung zu gehen, doch vorher muss sich Ihr Gegenüber anerkannt und sicher fühlen. Schließlich weiß jeder selbst, dass er mit negativen Gefühlen meistens aneckt und dass viele einen großen Bogen um ihn machen. Umso erleichterter wird Ihr Gesprächspartner sein, wenn Sie ihn nicht bestrafen, sondern ihm Aufmerksamkeit und Verbundenheit zeigen.

Die Seele entmüllen

Spiegeln erfordert eine gewisse innere Energie, und in der Auseinandersetzung mit negativen Gefühlen kann es passieren, dass Sie an Ihre Grenzen geraten. Es ist nicht immer leicht, unangenehme Emotionen an sich selbst festzustellen und dann auch noch gegebenenfalls zu spiegeln. Sofern Sie feststellen, dass Sie sich schwer und blockiert fühlen, können Sie sich jedoch relativ rasch davon befreien – durch Meditation. Dafür müssen Sie keine Räucherstäbchen anzünden. Es genügt völlig, wenn Sie es sich in einer ruhigen Minute bequem machen. Lassen Sie Ihren Geist wie einen Scanner arbeiten, der jetzt Ihre Gefühle abtastet.

› Schließen Sie die Augen und denken Sie an eine Person, mit der Sie Schwierigkeiten haben.

› Benennen Sie das Gefühl: Ist es Wut? Ärger? Überdruss? Druck?

› Spüren Sie ähnliche Gefühle und denken Sie unwillkürlich an belastende Situationen, die Ihnen selbst widerfahren oder noch aktuell sind?

› Lokalisieren Sie das Gefühl – sitzt es im Bauch? In der Herzgegend? Im Kopf?

› Welche Farbe hat das Gefühl? Hell? Dunkel? Glühend rot oder giftiges Gelb?

› Welche Konsistenz hat das Gefühl? Wie ein Stein? Wie Sand? Wie dicker Schleim oder ein metallischer Gegenstand?

› Fokussieren Sie Farbe und Konsistenz des Gefühls.

› Dann nehmen Sie es gedanklich in die Hand und holen Sie es heraus.

› Öffnen Sie ein Fenster (entweder in Ihrer Vorstellung oder ganz konkret) und werfen Sie das Gefühl hinaus.

› Oder pusten Sie in Ihre Hände, um das Gefühl aus sich heraus-
  zuatmen.
› Atmen Sie noch einmal tief durch und erleben Sie bewusst die
  Befreiung.

Auf unserer Website www.schwarzschwarz.com finden Sie viele
weitere Übungen und Meditationen, die Ihnen helfen, in einen
guten inneren Zustand zu kommen, falls es Ihnen schwerfällt,
mit eigenen und fremden negativen Emotionen umzugehen.

Sich abgrenzen

Es gibt vermutlich einige wenige Menschen in Ihrem Leben, die Sie manipulieren wollen und es möglicherweise auch erfolgreich tun. In unserem Buch ›Schluss mit Psychospielchen!‹ haben wir typische Dramapersönlichkeiten beschrieben, die andere emotional unter Druck setzen und in ihre Psychospiele verstricken. Gewinnen Sie den Eindruck, dass Sie solch eine Person vor sich haben könnten, müssen Sie sich ernsthaft fragen, ob Sie diese Person wirklich spiegeln wollen. Es könnte nämlich sein, dass Sie bei extrem manipulativen Personen zu viele Zugeständnisse machen, sich nicht mehr spüren und am Ende Ihre Identität verleugnen – und das ist das Gegenteil empathischer Kommunikation.

Die Gefahr der Manipulation besteht immer dann, wenn eine Dramapersönlichkeit erfreut auf Ihre empathische Spiegelung reagiert, aber nie die Phase des Zurückspiegelns erreicht, Ihnen also keinen Raum für Ihr eigenes Erleben gibt. Deshalb sollten Sie im Zweifelsfall immer eine Bilanz ziehen: Warum möchte ich diese Person spiegeln? Welche Erfahrung mache ich damit? Bleibt das Einfühlungsvermögen einseitig, oder bekomme ich zurück, was ich gebe? Lohnt es sich, diese Person zu spiegeln, oder ergeben sich keine Verbesserungen auf der Beziehungsebene?

Destruktive Psychospiele lassen sich auf einen Nenner bringen – es sind Rollenspiele. Das heißt: Jemand schlüpft in eine Rolle und zwingt andere dazu, eine dazu passende Rolle einzunehmen.

Um Ihre Wachsamkeit zu schärfen, sei ganz kurz angedeutet, welche Dramaspiele Ihnen eventuell aufgezwungen werden könnten. Dabei verhält sich die betreffende Person mal als Opfer, mal als Retter, mal als Verfolger. Der Opfer-Archetyp klagt: »Ich bin schwach; ich bin für nichts verantwortlich, die anderen sind schuld; deshalb musst du für mich da sein.« Der Retter-Archetyp sagt: »Ich kann dir helfen; ich weiß, was richtig für dich ist; du brauchst mich, ohne mich bist du verloren.« Der Verfolger-Archetyp dagegen tritt unverhohlen aggressiv auf: »Ich muss immer siegen; wer sich mir in den Weg stellt, ist wertlos; ich beherrsche andere, indem ich sie erniedrige.«

Meist werden alle drei Spiele von ein und derselben Person gespielt. Da diese Person Machtansprüche durchsetzen will, verlangt sie bestimmte Reaktionen, andernfalls wird sie wütend und spricht abwertende Urteile aus. Eine Dramaperson erzwingt etwas, was man »repressive Toleranz« nennt: Wir sollen etwas tolerieren, was wir nicht tolerieren wollen, und Dinge tun, die unseren Werten widersprechen. Erfüllen Sie jedoch die Erwartungen der Dramaperson, sind Sie schon im Netz des Psychospiels gefangen und verlieren jede Einflussmöglichkeit, da Sie nicht widergespiegelt werden. Nun haben Sie keine Chance mehr, die Situation durch Steuerung positiv umzuwandeln.

Dramapersönlichkeiten werden Sie völlig vereinnahmen, statt Sie zurückzuspiegeln. Damit verlieren Sie auch Ihre Steuerkompetenz.

Woran Sie merken, dass Sie manipuliert werden? Neben einer zeitweiligen inneren Leere spüren Sie dauerhaft unangenehme Gefühle, Verwirrungen und Blockaden. Man traut seinen eigenen Emotionen nicht, fühlt sich unwohl, unverstanden, überfordert. Auf einmal tut man Dinge, die man eigentlich nicht tun wollte. Man sagt Sätze, die gar nicht zu einem passen, und steht völlig neben sich. Sofern Sie solche Beobachtungen machen, wird es wichtig, sich abzugrenzen, also bewusst *nicht* in die Spiegelung zu gehen.

Empathische Kommunikation darf nie zur Einbahnstraße werden. Ihr Ethos ist die Logik der Gegenseitigkeit, des Sich-auf-einander-Einlassens, der Einfühlung, der Akzeptanz. Wenn Sie unsicher sind, ob das für einen bestimmten Gesprächspartner zutrifft, blättern Sie noch einmal zurück und schauen Sie unter »Woran erkenne ich, dass ich gut spiegele?« (S. 173) sowie unter »Die sichere Feedbackkontrolle« (S. 206) nach. Horchen Sie in sich hinein: Entsteht Leichtigkeit, Freude, Humor? Oder Schwere und Zwang? Freuen Sie sich auf eine erneute Begegnung, weil die Beziehung Fortschritte gemacht hat, oder würden Sie den weiteren Kontakt lieber meiden?

Das grundlegende Gefühl empathischer Kommunikation ist, Menschen zu mögen und an ihnen interessiert zu sein. Ob das auch auf Ihren Gesprächspartner zutrifft, werden Sie umso schneller herausfinden, je häufiger Ihnen die empathische Spiegelung gelingt. Ganz von selbst merken Sie, ob sich Vertrauen aufbaut, ob ein glückhaftes Geben und Nehmen die Kommunikation charakterisiert oder nicht. Zusammen atmen und zusammen lachen sind die intensivsten Formen gegenseitiger Spiegelung und zuverlässige Indikatoren für empathische Kommunikation. Sie ist frei von Missverständnissen und hinterlässt einen klaren Geist. Durch empathisches Verhalten und mehr Flexibilität in der Kommunikation gewinnen wir alle.

Hören Sie auf Ihr Grundbedürfnis, gesehen und gehört zu werden, sich anerkannt und zugehörig zu fühlen. Kreieren Sie gute Begegnungen und schöne Erlebnisse. Wir wünschen Ihnen viel Freude und viel Erfolg dabei!

Schlussbemerkung

Wie der Dalai Lama, sind wir gemeinsam unterwegs, um zwischenmenschliche Beziehungen tagtäglich zu verbessern. Wir wissen nun alle, wie es geht. Es ist eigentlich nicht so schwer. Deshalb wünschen wir Ihnen Beharrlichkeit im Sammeln erfolgreicher und glücklicher Momente in der Kommunikation mit anderen. Nehmen Sie es als Spiel, und spielen Sie oft und überall. Wir begleiten Sie mit unseren Wünschen:

Mögen Sie in Ihrem Herzen wohnen,
Mögen Sie sicher und geborgen sein,
Mögen Sie Heilung und Frieden erleben,
Mögen Sie glücklich sein.

Cornelia & Stephan Schwarz

Danksagung

Wir danken allen Teilnehmern, die in den letzten dreißig Jahren in unseren Seminaren waren. Das Leuchten in euren Augen zu sehen und euren wiederentdeckten Enthusiasmus für die eigene innere Entwicklung zu erleben, das beglückt uns immer wieder aufs Neue. Das und eure großartigen Ergebnisse inspirieren uns und motivieren uns jeden Tag.

Wir danken all unseren Lehrern auf unserem Weg des Wachsens. Dr. Gundl Kutschera hat das Potenzial erkannt und geweckt, als ich, Cornelia, noch wenig davon ahnte. Manfred Gührs war mein Mentor (Stephan) von Anfang an. Er hat für mich das entscheidende Fundament gebildet. Unser Dank gilt außerdem Dr. Robert Dilts und vielen anderen Koryphäen auf dem Gebiet von Neurolinguistic, Transaktionsanalyse, Gestalttherapie und vieles mehr. Das große Glück, von den Besten zu lernen, begleitet uns bis heute.

Besonders bedanken möchten wir uns bei Katharina Festner, unserer Lektorin. Sie öffnet uns immer wieder die Augen für unsere »Blindspots«. Christine, unsere Beste, dank deinem klugen Feedback und intelligenten Einwänden konnte unser Buch entstehen. Wir danken dir von Herzen.